马克思主义学院
教学与研究系列丛书

思想政治教育
前沿问题研究

李喜英 等 编著

南京大学出版社

总　序

习近平总书记在学校思想政治理论课教师座谈会上强调推动思想政治理论课改革创新,要不断增强思政课的思想性、理论性和亲和力、针对性,做到政治性和学理性、价值性和知识性、建设性和批判性、理论性和实践性等八个方面相统一。落实总书记讲话精神,南京大学马克思主义学院以"学科建设为龙头、队伍建设为核心、人才培养为根本",全面深化改革,积极探索马克思主义理论学科建设与人才培养的新路径,以科研提升教学水平,以发挥思政课立德树人的主渠道作用。

在建设世界一流大学与学科的进程中,南京大学思想政治理论课如何能与这一目标相匹配,与南京大学在C9高校中的地位相匹配?这是全体马院老师经常讨论的主题。大家一致认为,改变一个人的思想和观念需要有人格的魅力,这种人格魅力不仅表现为高尚的道德情操、良好的沟通能力和语言表达能力;对双一流高校的学生而言,教师还必须有扎实的理论功底与深厚的学术素养,就这一点而言,它比对专业课教师的要求更高。南京大学的思想政治理论课不能仅是一个信息传播、知识传授的过程,它必须与学生的能力培养结合起来,教给学生明辨是非的能力,教给学生观察社会、认识世界的能力。

实现这一目标,需要有学术的支撑。近年来,学院先后召开马克思主义理论前沿问题、全国首届"中国近现代史基本问题"等多次全国性学术研讨会,讨论思政课改革的重点与难点,努力解决统编教材内容的指导性与"双一流"高校学生需求的特殊性之间的矛盾。所有这一切都是要把马克思主义中国化最新理论成果转化为思政课课堂教学内容,使学生入脑、入心。为切实提高思想政治理论课的质量和水平,马克思主义学院以专题教学为导向,全面深化教学改革:一是要将教材体系转化为教学体系,增强理论对于生活实践的说服力,完成知识传授和价值塑造的任务;二是通过教师集体科研攻关,提升课程理论深度,提高自身理论素养,真正做到理论功底上自信和教学能力上自信。为此,学院结合老师的研究成果,筛选出版了四本辅助本科生教学的研究成果。

《马克思主义基本理论与实践问题研究》一书包括四个单元。从意识、存在、生产、实践等基本概念入手,思考马克思主义哲学研究的范式转换构成了本书的开篇内容。马克思主义是开放的理论体系,介绍德国"新马克思阅读"等西方马克思主义的热点问题是第二单元探讨的内容。纷繁复杂的生活世界构成了马克思主义需要研究的主题,也是要运用马克思主义基本理论回答的问题,由此构成了本书的第三单元。以学术彰显思政课的魅力,本书最后一部分是对马克思主义理论学科与课程建设的研究。

《跨学科视野下的中国近现代史基本问题研究》一书包括政治动员、政治认同、社会记忆、基层政治、两岸关系等五个单元。从政治学的视角来看,中国共产党通过建立战时财政动员体系,塑造劳动英雄,解放妇女运动,有效地动员了广大民众积极投身革命,也实现了政党与社会的良性互动。俄国十月革命后,中国早期先进分子对布尔什维克党的接受与思考,民国时期党治文化下的公民宣誓,新中国成立后知识分子的心路历程,以及改革开放以来党组织的"吐故纳新",反映了不同历史时期人们政治认同的特点。从历史学的视角来看,重要历史人物的社会记忆、符号界定以及各种纪念活动的开展,起到了表达政治理念和增进他者认同的作用。新中国成立初期的首次全国普选、烈属抚恤工作以及农业合作化运动等基层政治的深刻变化,赋予了新生政权以优越性与合法性。从社会学的视角来看,2008年以来,社会组织的兴起促进了两岸之间的相互信任和国家认同,为两岸关系的和平发展开辟了新路径。

《马克思主义中国化理论与实践研究》一书,根据马克思主义中国化的理论成果及建设中国特色社会主义的总体布局来编排。在"中国特色社会主义道路"单元,主要论述了中国道路的目标设计、政策选择、话语权建设以及中国道路的世界历史意义;在"政党与政治建设"单元,主要选取了中国特色政党制度、政府职能和反腐败问题研究方面的文章;在"经济与社会建设"单元,主要选取中国经济增长的特点、收入分配问题以及公共财政政策等社会热点方面的文章;在"文化与生态文明建设"单元,主要选取了中国传统文化、社会主义核心价值观、生态文明理论研究方面的文章。

《思想政治教育前沿问题研究》一书包括四个单元。"社会主义核心价值观研究"单元，主要选取有关社会主义核心价值观的认同与践行方面的研究成果；"中国传统德育思想研究"单元，选取了中华优秀传统文化如何涵养社会主义核心价值观、实现创造性转化和创新性发展的研究成果；"中国当代德育思想研究"单元，注重选取在全球化、网络化时代德育如何实现创新方面的研究成果；"西方德育思想研究"单元，选取了马克思主义正义理论、西方公民培育理论、情感主义、女性主义思潮对中国德育影响方面的研究成果。

最后，鉴于马克思主义理论学科自身的特点，丛书的内容之间很难建立内在的逻辑关系；好在围绕的主题都是一致的，那就是全面贯彻党的教育方针，解决培养什么人、怎样培养人、为谁培养人的问题。相信本套丛书的出版，有利于提升学生发现问题、分析问题、思考问题的能力，有利于提升学生明辨是非的能力。

王建华

2020 年 7 月 12 日

目 录

社会主义核心价值观研究

社会主义核心价值观嵌入日常生活的内在机理与实现路径 …… 吴翠丽 / 003

国家形象的文化塑造——基于价值认同的视角 ………… 张　伟 / 014

国家与公民：核心价值观建构的主体维度 ……………… 张　伟 / 024

现代敬业观的建构：从"敬事"到"敬业" ………………… 肖芬芳 / 031

中国传统德育思想研究

儒家治政伦理及其现代价值 …………………………… 王明生 / 045

从"契约"事件看儒家的诚信之辨 ……………………… 陈继红 / 054

中国传统文化与思想政治教育研究的论域、问题与趋向

………………………………………………… 陈继红　王　易 / 068

郭象的无为政治观述论 ………………………………… 暴庆刚 / 077

诠释学视域中的郭象圣人人格论 ……………………… 暴庆刚 / 088

儒家之"学"的德性意蕴 ………………………………… 暴庆刚 / 099

从"主义"之争到"问题"意识——传统道德文化研究的现代转向

………………………………………………………… 张　伟 / 111

本真而不神秘：儒家本源体验的特质 …………………… 李海超 / 118

论冯友兰的道德行为观 ………………………………… 赵　浩 / 130

中国当代德育思想研究

发挥高校网络文化育人功能 …………………… 王明生　王叶菲 / 143

经济全球化与弘扬培育民族精神 …………………………… 王明生 / 149

榜样之美与社会主流道德传播的主体转向 ………………… 陈继红 / 155

基于"信任"理论视角下的"好社会"建设 …………………… 李喜英 / 167

"接着讲"还是"重建"？——现当代中国哲学开展方式反思 …… 李海超 / 177

双重交互性：思想政治教育主客体关系新解——兼评学界几种代表性观点
　　…………………………………………………………… 王学荣 / 187

"乡贤"的伦理精神及其向当代"新乡贤"的转变轨迹 ……… 赵　浩 / 194

中国社会中的"幸"与"福"及其"德福一致"信念 …………… 赵　浩 / 204

西方德育思想研究

塑造公民政治文化认同的困境与出路——以中美公民教育比较为考察视角
　　…………………………………………………………… 李喜英 / 217

制度祛魅与德性复兴——关于公民培育理论的一个反思 …… 李喜英 / 226

自我与他者的永恒辩证——当代西方女性主义伦理论争探究 … 戴雪红 / 239

当代中国社会转型背景下女性气质、身体和情感的逻辑变迁与重塑
　　…………………………………………………………… 戴雪红 / 252

性别正义与家庭正义的建构——女性主义的政治学与伦理学视野
　　…………………………………………………………… 戴雪红 / 265

基于批判的超越：马克思社会正义思想的理论逻辑 …… 吴翠丽　李　佳 / 275

当代西方运气均等主义的理论演进及其问题 ……………… 吴翠丽 / 288

情感观念比较：生活儒学与情感主义德性伦理学 ………… 李海超 / 298

社会主义核心价值观研究

社会主义核心价值观嵌入日常生活的内在机理与实现路径[*]

吴翠丽

摘　要：社会主义核心价值观嵌入日常生活的本质在于获取"意识形态领导权"，产生基于认同的共识。社会主义核心价值观的日常生活向度，表明社会主义核心价值观与日常生活在内在机理方面有内合之处，决定了社会主义核心价值观可以嵌入日常生活。而要寻找社会主义核心价值观嵌入日常生活的实现路径，关键在于塑造二者之间的契合点：包括利益需求、认知图式、情感诉求，最终将社会主义核心价值观落实、落细、落小到日常生活之中。

关键词：社会主义核心价值观　意识形态　日常生活　机理

社会主义核心价值观作为社会主义意识形态的核心部分，对引领我国文化发展方向，加强社会价值整合，维护社会秩序稳定，有着重要的指导作用。习近平总书记也一再强调："一种价值观要真正发挥作用，必须融入社会生活，让人们在实践中感知它、领悟它。要注意把我们所提倡的与人们日常生活紧密联系起来，在落细、落小、落实上下功夫。"[①]日常生活是个体栖息的重要场所，只有将社会主义核心价值观嵌入日常生活中，才能促成社会主义核心价值观作用的最大化发挥。将社会主义核心价值观嵌入日常生活不是让社会主义核心价值观消极适应日常生活，迎合日常生活的过程，而是研究社会主义核心价值观发挥作用的社会基础问题，是对日常生活进行批判与改造的问题。

一、社会主义核心价值观嵌入日常生活的本质诠释

社会主义核心价值观本质上是一种科学的意识形态，而其嵌入日常生活的

---

* 基金项目：国家社科基金重大项目"推进当代中国社会公民道德发展研究"（12&ZD036）；江苏省社科基金项目"十六大以来党对马克思社会公正思想的理论发展与创新研究"（13MLB003）。

① 习近平：《把培育和弘扬社会主义核心价值观作为凝魂聚气强基固本的基础工程》，《人民日报》，2014年2月26日。

过程是社会主义核心价值观最大程度发挥先进引领作用的过程,亦是社会主义核心价值观获取"意识形态领导权"的过程。而这一过程,在当前语境之下,应当表现为以认同为基础,凝结成共识的过程。

(1) 本质在于获取"意识形态领导权"

依据马克思主义的界定和诠释,意识形态是指在某个人或某个社会集团的心理中占统治地位的观念和表述体系。社会主义核心价值观是对当代中国社会主义意识形态的新定位,是社会主义意识形态的核心部分,同时对全社会的价值观念有着毋庸置疑的统摄作用,其本质上是一种科学的意识形态。

所谓"意识形态的领导权"问题,首先由意大利马克思主义者葛兰西在其《狱中札记》中提出,后又由阿尔都塞、普兰查斯、拉克劳、墨菲等马克思主义者深化发展。在他们看来,一个国家的统治,不仅需要依靠暴力强制实行,而且需要赢得被统治者的认同和顺从,使一种意识形态成为整个社会成员的共同信仰。"一个社会集团的霸权地位表现在以下两个方面,即'统治'和'智识道德的领导权'。"① "统治"往往指向政治社会,以军队、法院、监狱为支撑物;而"智识道德的领导权"实际上指向市民社会,以政党、工会、教堂、学校、传媒为支撑,市民社会拥有丰富的观念、文化,对它产生领导权也就是获取"意识形态领导权",占据文化的主导地位。

非强制性是获取"意识形态领导权"的基本特征,是由人们提供的对于统治地位的社会阶级的总体方向的认可。葛兰西指出,"意识形态领导权"存在于上层建筑、市民社会领域,市民社会是传播和宣传意识形态和文化的重要阵地,使广大民众心悦诚服信仰他们宣传的价值观和世界观。"某种生活方式和思想方式是支配性的,某种现实观以其制度性、私人性的显现,传播到整个社会领域,同时使全部的趣味、道德、习俗、宗教原则和政治原则(特别是根据它们的知识、道德内涵),还有全部的社会关系,都充满了它(这种秩序)的精神。"② 也就是说,阿尔都塞所谓人们体验到的现实是经由"意识形态的过滤器"的现实。因此,人们或多或少都会受到意识形态的影响。这种非强制性的过程一般表现为显性的意

---

① [意]安东尼·葛兰西:《狱中札记》,曹雷雨等译,中国社会科学出版社2000年版,第38页。
② 季广茂:《意识形态》,广西师范大学出版社2005年版,第67页。

识形态转变为一种隐性的心理意识的过程,即显性的意识形态被构造成一定的理论体系,经由宣传为大众所接受,并在内心对这种思想观念进行沉淀,进而成为一种无意识的心理,渗透到日常生活中的行为之中。

社会主义核心价值观嵌入日常生活,本质上是要社会主义核心价值观获取日常生活中的"意识形态领导权"。日常生活领域是一个相对自主、相对开放的空间,生活在其中的人们会接收到来自各方的信息,这些信息都会对人们的思想观念、价值观产生影响。尤其是当今网络社会的崛起,人们获取信息的数量日益增大,信息的来源日益多元化,文化愈发纷繁芜杂,如果不加以引导,很容易丧失主流声音,而为一些消极的、不科学的思想所左右。社会主义核心价值观获取日常生活的"意识形态领导权"的过程是非强制性的,是社会主义核心价值观渗透到日常生活层面,从而对日常生活主体产生建构作用,由此对过去的日常生活进行超越的过程。

(2) 表现为产生"基于认同的共识"

如何理解"意识形态的领导权"的获取过程?事实上,这种非强制的转化过程表现为基于认同的共识的产生。认同是指个体对他人的模仿顺从,是一种放弃自身意向而以他人的意向作为自己的意向的结果。① 从根本上来说,这是主体将外在"他者"的价值标准和原则作为自身的价值规范的过程。因此,整个过程主体与他者之间是相互对立的关系,浸染着被动的色彩。

共识是指:"行动者之间在相互承认彼此意向的基础上经过反复的沟通与理性的取舍而形成一种共同的意向。"②因为有了互相承认的环节,主体形成自身的价值规范的过程便有了价值选择性,是积极的,主动的,又是理性的。具体说来,共识是"个体独立性和普遍实体性在其中完成的巨大统一的伦理精神"③。凝结成共识的过程是某种共同观念转化为个体自身的观念的过程,也是对立的"我"与他者成为"我们"的过程。

认同是社会主义核心价值观嵌入日常生活的基础。成功的核心价值观不是直接对公民提出要求,而是通过塑造国家形象、彰显制度精神以获得国民的认

---

① 张康之、张乾友:《共同体的进化》,中国社会科学出版社2012年版,第371页。
② 张康之、张乾友:《共同体的进化》,中国社会科学出版社2012年版,第374页。
③ [德]黑格尔:《法哲学原理》,范扬、张企泰译,商务印书馆1961年版,第43页。

同,并使之自觉规范自己的行为。在我国社会主义的基本价值理念中,只有那些以马克思主义指导思想为灵魂、以中国特色社会主义共同理想为主题、以民族精神和时代精神为精髓、以社会主义荣辱观为基础的价值观,才能称为社会主义核心价值观。根据时代的发展、国情的要求和民众思想实际,党的十八大报告又在原有基础上进一步对社会核心价值观进行了精炼和概括,指出要"倡导富强、民主、文明、和谐,倡导自由、平等、公正、法治,倡导爱国、敬业、诚信、友善,积极培育和践行社会主义核心价值观"。这"三个倡导",从国家理想、社会秩序、个人行为三个层面对社会主义核心价值观做了概括凝练。这"三个倡导"无疑体现着我国的国家精神,彰显着制度精神,规范着公民的社会行为,对塑造国家的形象大有裨益,容易使人们对国家产生一种崇敬信任的感觉。因而,其理念与精神也才能获得人们的广泛认同。

而社会主义核心价值观要真正嵌入日常生活还需要在认同的基础上凝聚成共识。"政治情绪,即爱国心本身,……只是国家中的各种现存制度的结果,因为在国家中实际上存在着合理性,它在根据这些制度所进行的活动中表现出来。这种政治情绪……是这样一种意识:我的实体性的和特殊的利益包含和保存在我把我当作单个的人来对待的他物(这里就是国家)的利益和目的中,因此这个他物对我来说就根本不是他物。"[①]换言之,国家精神以及制度精神要整合广泛的社会利益,还要尊重个人利益的差异性。通过人民群众具体利益的实现而不断实现全民族的整体利益。只有这样,国家利益与个人利益的内在的统一性才会促使人们自觉将国家精神内化为公民精神,内化为自己行事之准则。换而言之,才会凝聚成共识。

从认同走向共识,其中一个重要的环节是理性的价值选择,认同阶段还有可能是基于情感上的共鸣,但是要走向共识,就必须要符合人们的期待,要满足人们的需求,让人们能够以理性选择这一价值观作为自身的行为准备,让个人的全面发展与国家的复兴之路有机结合,让个体与国家成为利益相一致的"我们",只有这样,才是一种基于认同的共识。

由此可见,社会主义核心价值观嵌入日常生活的过程,从本质上来说,就是

---

① [德]黑格尔:《法哲学原理》,范扬、张企泰译,商务印书馆1961年版,第266—267页。

社会主义核心价值观取得"意识形态领导权"的过程,而其表现于社会凝聚一种基于认同的共识,从而以此为标准规范自身行为的过程。社会主义核心价值观与人们在日常生活中形成的社会结构、规范与原则在双向互动之中,基于理性形成一种共同的意向。这种意向是指向人以及社会的全面发展的。

二、社会主义核心价值观嵌入日常生活的内在机理

社会主义核心价值观嵌入日常生活的本质在于夺取其在日常生活领域的"意识形态领导权",其外在表现为形成以认同为基础的社会共识。那么,社会主义核心价值观为何可以嵌入日常生活?其逻辑前提在于社会主义核心价值观与日常生活的内在机理有相通之处。

20世纪以降,以黑格尔哲学为代表的理性形而上学解体之后,哲学开始了面向生活世界的转向,越来越多的哲学家将视野放在了日常生活之中。法国存在主义马克思主义流派的主要代表,日常生活批判理论的开拓者列斐伏尔认为日常生活是意识形态的居所。社会主义核心价值观作为一种科学的意识形态也不例外,也拥有日常生活的向度。

(1) 社会主义核心价值的逻辑起点是日常生活

社会主义核心价值观的逻辑起点是日常生活。作为一种意识,社会主义核心价值观源于日常生活,是人们日常生活的体现,是基于日常生活所做的理论凝练。马克思说:"意识在任何时候都只能是被意识到了的存在,而人们的存在就是他们的现实生活过程。"[①]这样,意识形态问题不再是一个纯理论问题,解释意识形态的形成也不应该以思辨为出发点,而应该放眼于现实的日常生活之中。"不是从观念出发来解释实践,而是从物质实践出发来解释观念的形成。"[②]

首先,社会主义核心价值观的产生与发展是以日常生活中的生产实践活动为基础的。思想观念无时无刻不与物质生产活动纠结于一体,具有社会制约性。"思想、观念、意识的生产最初是直接与人们的物质活动,与人们的物质交往,与现实生活的语言交织在一起的。人们的想象、思维、精神交往在这里还是人们物

---

① 马克思、恩格斯:《德意志意识形态(节选本)》,人民出版社2003年版,第16页。
② 《马克思恩格斯选集》第1卷,人民出版社1995年版,第81页。

质行动的直接产物。表现在某一民族的政治、法律、道德、宗教、形而上学等的语言中的精神生产也是这样。"①由此可见,意识形态从来不是理念上思辨空想的产物,而是以日常生活中现实的生产实践活动为基础而产生的。同时,日常生活中的生产实践活动也并非一成不变的,它的变化也会直接反映在意识形态领域。"人们的观念、观点和概念,一句话,人们的意识,随着人们的生活条件、人们的社会关系、人们的社会存在的改变而改变。"②即是说,意识形态的发展也依赖于日常生活中物质生产条件的发展。社会主义核心价值观的产生与发展亦如此,它是以现阶段中国现实的生产实践活动为基础的,与社会主义市场经济相适应的价值观,同时又是一个具体的、历史的、发展的范畴,会随着日常生活的改变而发生转变。

其次,社会主义核心价值观的性质是由日常生活中的生产方式所决定的。日常生活中的物质生产水平决定了生产关系,而生产关系又将决定其精神生产的性质,谁占有生产资料,谁也将在精神生产领域占据支配地位,也即马克思所说的"支配着物质生产资料的阶级,同时也支配着精神生产资料"③。精神生产的性质决定了物质生产关系的性质,意识形态的性质。"从物质生产的一定形式产生:第一,一定的社会结构;第二,人对自然的一定关系。人们的国家制度和人们的精神方式由这两者决定,因而,人们的精神生产的性质也由这两者决定。"④社会主义核心价值观的性质也是由日常生活中的社会结构和物质发展水平所决定的。

(2) 社会主义核心价值观的旨归在于构建更好的日常生活

社会主义核心价值观的日常生活向度还在于社会主义核心价值观的旨归在于构建更好的日常生活。社会主义核心价值观以构建更好的日常生活为最终旨归,决定了社会主义核心价值观必然要回归日常生活,其本质在于对日常生活中的主体进行重构,从而促使日常生活的根本改变。

一切社会的变革是为了日常生活的改变,最终也必然指向日常生活的重构。

---

① 《马克思恩格斯选集》第1卷,人民出版社1995年版,第72页。
② 马克思:《资本论》第1卷,人民出版社1975年版,第292页。
③ 《马克思恩格斯选集》第1卷,人民出版社1995年版,第98页。
④ 《马克思恩格斯全集》第26卷,人民出版社1972年版,第296页。

社会主义核心价值观的产生是为了重构良好的社会秩序，其价值诉求也必然是更美好的生活，因此也必将落脚于日常生活的改变。赫勒直接将日常生活作为目的本身，将在日常生活领域实现个性解放看作她追求的终极目标。她指出，日常生活为人们提供了安全感、舒适感、亲近感和"在家"的感觉，是人类生存发展的意义支点和精神家园。人类的社会变革是为了追寻更好的生活，因此，作为人类生存意义支点的日常生活是人类社会变革的意义所在，意识形态理论的建构也应当以日常生活为最终归宿。社会主义核心价值观回答的是人们日常生活中提出的实际问题，倡导的是日常生活的理想图景。

而日常生活的改变离不开生活在其中的现实的人的改变。因此，社会主义核心价值观最终必然指向"现实的人"、"实践的人"的主体重构，旨在培养人的完整性与丰富性，实现人的全面发展。从这个意义上说，社会主义核心价值观以构建更好的日常生活为其价值诉求，是通过加强对生活理想和人生价值观的引导，实现日常生活主体对自身的本质的全面占有，从而实现对日常生活领域的超越。通过占据日常生活中的断层，可以实现对日常生活的批判与改造。英国当代著名的文化学者托尼·本尼特重新审视了日常生活批判，他找到了"文化管制的现代形式的断层线（fault-lines）"，认为这里是建构人们自我规训的机制的地方。

这个"断层线"表现在："一方面，有些人依靠本能生活在日常生活层面，通过保留顽固的单一层面的意识和行为形式来再生产习以为常的日常琐事，就如马尔库塞的'单向意识'的人。另一方面，日常生活批判也关注确认另一些人：他们的社会地位，通过赋予他们获得双层意识的能力，使得他们能穿透日常生活肤浅的表面，引入另一维度（平常中的不平常），避免无休止重复的可能性，从而推动历史的发展进程。"[①]这种断裂的结构蕴含着改革动力，为社会主义核心价值观的嵌入提供了空间。日常生活中的现实个人往往具有双重面向：一方面，日常生活中的人们从事着日常生活中单调重复的琐事；另一方面，这些人也会因为被赋予的社会地位，而从事一些"平常中的不平常"的事件。这时候，社会主义核心价值观可以具体到社会的不同角色规范之中，为"穿透日常生活肤浅表面"的人们

---

① ［英］托尼·本尼特：《现代文化事实的发明：对日常生活批判的批判》，王建香译，广西师范大学出版社2006年版，第137页。

提供先进的观念引领,并最终得到其认同,产生共识,内化于心,这样,在社会主义核心价值观的引领下,拥有双层意识的"另一些人"便会将先进的理念带入到日常生活的琐碎之中,弥合张力,从而促进日常生活领域的改造。

三、社会主义核心价值观嵌入日常生活的现实路径

社会主义核心价值观的日常生活向度证明了社会主义核心价值观与日常生活之间有内在机理上的联系,决定了社会主义核心价值观可以嵌入日常生活。然而,社会主义核心价值观嵌入日常生活的现实路径在于塑造社会主义核心价值观与日常生活的契合点,促成其向日常生活的嵌入。

要寻找社会主义核心价值观与日常生活的契合点,必须先了解对象日常生活的特征。赫勒对日常生活的特征做过如下概括:第一,重复性,即重复性思维和重复性实践;第二,规范性,即以给定的规则、规范为准绳并理所当然遵循的活动领域;第三,经验性,模仿和类比在日常生活中发挥着重要作用;第四,实用性,坚持以最少投入换最大产出为行动准则;第五,情境性,日常语言、日常规则、习惯都是和特定情境联系在一起的。①

由此看来,日常生活的实用性特征要求社会主义核心价值观必须与民生需求相适应,塑造需求方面的契合点;日常生活的重复性、规范性以及经验性要求社会主义核心价值观必须要转化成符合日常生活特征的认知图式,塑造认知方面的契合点;而日常生活的情境性要求社会主义核心价值观必须着眼于生活细节,从而塑造情感方面的契合点。

首先,塑造需求方面的契合点,要将远大的目标落实为具体的任务,针对现实,落实不同群体的不同民生需求。每一种思想都体现某一群体的利益,马克思在《神圣家族》中指出:"'思想'一旦离开'利益',就一定会使自己出丑。"②由此,社会主义核心价值观必须要从民众利益需求出发,必须有利于推动社会问题的解决。社会主义核心价值观要真正与民众利益需求相适应,前提在于要切实了解民生需求,即是说,要构建民意传达的渠道,如:开通市长信箱、政府官方微博

---

① [匈]阿格妮丝·赫勒:《日常生活》,衣俊卿译,重庆出版社2010年版,第8、11页。
② 《马克思恩格斯全集》第2卷,人民出版社1957年版,第103页。

等方式实现互动,搜集民情,还要根据实际情况,对不同受众进行分类,关注其利益需求的特征,找准与人们思想的共鸣点与不同受众利益需求的交汇点;接下来就需要落实民生需求,社会主义核心价值观作为一种指导性价值观,具有高屋建瓴的特点,但是面对日常生活,就应该将抽象的宏远目标进一步分解为一个个操作性强的任务,应该将社会主义核心价值观落实到经济发展中,融合到法治建设实践中,结合于社会治理实践中,这样,社会主义核心价值观才能避免脱离实际,避免凌空蹈虚。落实到经济发展中是指,在确立经济发展目标和发展规划,出台经济社会政策和重大改革措施,开展各项生产经营活动之时,都要遵循社会主义核心价值观要求。既要保障大部分人的经济利益,又要关注弱势群体,实现经济利益与社会利益的有机统一;融合到法治建设实践是指,社会主义核心价值观要落实到立法、执法、司法、普法和依法治理的各个方面,防止权力的滥用,以维护社会的公平正义;与社会管理相结合是指,要形成科学有效的诉求表达机制、利益协调机制、矛盾调处机制、权益保障机制,以确保人们表达诉求的渠道畅通,维护人们的利益不受侵害。这样的社会主义核心价值观对日常生活中的人们而言才有吸引力。

其次,塑造认知图式方面的契合点,一方面要将社会主义核心价值观落实为日常生活中的行为规范,让日常生活中的人们也要以此为标准,促进日常生活的改造;另一方面要将社会主义核心价值观转化为符合人们日常生活认知图式的形式,让日常生活中的人们在不知不觉中接受社会主义核心价值观的培育。日常生活的认知图式崇尚直接、简单、易操作,因此,将社会主义核心价值观落实到日常生活中的社会角色规范之中,让不同社会角色的人能够知道自己应该做什么、怎样做,这就需要进一步完善市民公约、乡规民约、学生守则等,实现由理论术语向大众话语的转换、从"基本原理"到"生活道理"的转换,使社会主义核心价值观深深融入普通人们的学习、工作和生活中,让不同社会角色的人们按角色规范要求自己,这将有助于民众对社会主义核心价值观的理解与践行。另一方面是通过社会主义核心价值观的引领,人们在日常生活领域完成自我管理、自我改造的过程。同时,要将社会主义核心价值观转化为符合人们日常生活认知图式的形式就要充分发挥传播媒介的转换作用。如一些日常生活中人们经常阅读的都市类、行业类的报纸与杂志以及人们经常浏览的一些大型门户网站,要增强传播主流价值的社会责任,依据自身的优势,根据受众的基本特点,联系群众身边事例,运用大众化语言、多样的宣传报道形式,将社会主义核心价值观融入格调健康的网络文化作品之中,引导人们培育和践行社会主义核心价值观。重要节庆日的纪念活动以及爱国主义教育基地的参观游览亦是不容忽视的转化方式。在重要的节庆日举办庄严庄重、内涵丰富的群众性庆祝和纪念活动,推进公共博物馆、纪念馆、爱国主义教育基地和文化馆、图书馆、美术馆、科技馆的免费开放,积极开发红色旅游,让人们在欢庆佳节、休闲娱乐的同时接受社会主义核心价值观的熏陶。这样的社会主义核心价值观对日常生活中的人们而言才有亲和力。

最后,塑造情感方面的契合点,要将社会主义核心价值观落实到日常生活的楷模学习中,通过榜样的力量,激发情感上的敬佩与认同;落实到日常仪式中,通过仪式化的典礼活动,积淀情感,培育社会主流价值;落实到家风之中,通过家庭的耳濡目染,内化为自身的行为,并代代相传。第一,要充分利用榜样效应与沟通作用,将社会主义核心价值观化为人格化、形象化、具体化的具象形式,让人们在实践中感知它、领悟它。对社会主义核心价值观的认同,需要以理服人,更要以情感人,而其中"人"的作用不容忽视。树立践行社会主义核心价值观的先进楷模,利用榜样的力量激发人们的情感,在感动人们的同时,影响人们的行为。在国家博物馆设立英模陈列馆,深化公民道德宣传日活动,组织道德论坛、道德讲堂、道德修身等活动,让人们深度全面地了解英模事迹,学习英模事迹,深入探讨道德问题,从而能够在情感上对英模产生钦佩之情,并对自己行为产生正面的引导;第二,落细到日常仪式之中。仪式虽然表现为一种程序化的动作,但是,其背后深厚的意义与作用却不容忽视。仪式具有增强集体情绪,加强社会整合的作用,同时,通过仪式的展演,蕴含在仪式中的人们所信奉的一些价值观,可以得以传承。开展礼节礼仪教育,在重要场所和重要活动中升挂国旗、奏唱国歌,在学校开学、学生毕业时举行庄重简朴的典礼,完善重大灾难哀悼纪念活动,让人们在庄重的仪式中积淀自己的情感,传承主流的价值观。第三,落细到家风建设中。家庭是日常生活的重要场域,也是日常生活中情感最为浓厚、最为真挚的场域。家风作为当下社会文明的一面镜子,也是历史上社会主流价值观的积淀与传承。家风是对一个家庭整体的道德要求,也是对个人道德修养的要求。家风的积极作用不容小觑,将家风与社会主义核心价值观"二十四字"有机结合起来,在家庭的温馨中,在父母长辈的耳提面命中,在一种情感的归属之中,人们更愿意接受这样隐形的熏陶和耳濡目染。这样的社会主义价值观对日常生活中的人们而言才更有影响力。

由此观之,塑造社会主义核心价值观与日常生活之间在利益需求、认知图式以及情感诉求方面的契合点,是社会主义核心价值观嵌入日常生活的现实路径,只有这样,社会主义核心价值观才能成为对于日常生活而言有吸引力、有亲和力、有影响力的价值观。

四、结论

社会主义核心价值观是社会主义核心价值体系的内核,体现社会主义核心价值体系的根本性质和基本特征,反映社会主义核心价值体系的丰富内涵和实践要求,是社会主义核心价值体系的高度凝练和集中表达。社会主义核心价值观是一种科学的价值观,只有嵌入人们的日常生活之中,融入人们的生产生活和精神世界之中,才能真正发挥其引领作用,才能真正激励人们不断奋斗。面对世界范围思想文化交流交融交锋形势下价值观较量的新态势,面对改革开放和发展社会主义市场经济条件下思想意识多元多样多变的新特点,社会主义核心价值观必须要获取"意识形态的领导权",通过宣传教育、示范引领、实践养成等多样的方式,让人们产生认同,并凝聚成共识。但政策保障、制度规范、法律约束等保障协调机制亦不可缺少,这是保障社会主义核心价值观得以嵌入的重要机制。这样,社会主义核心价值观才能做到有贴近性、对象化、接地气,才能真正融入日常生活,对人们而言才有吸引力、感染力。

原载《南京社会科学》2015年第2期

国家形象的文化塑造——基于价值认同的视角

张 伟

摘 要：在全球化时代，国家形象已成为各国外交博弈的核心领域乃至直接竞赛的战场。中国国家形象自我认知和他者认知之间存在的内外和区域性差异表明，国家形象的塑造必须进行战略性改变，调整经济和文化的优先序列，将文化纳入国家形象的首要考虑范畴并以此引导和塑造完整的中国形象。基于价值认同的视角，在国家形象的塑造中除了历史资源和文化符号的包装与营销外，方法论上应尽量采取普遍主义的原则，并尽力避免特殊主义的原则，在与国际社会分享共有价值观念的对话中增进他者对中国国家形象的认可。

关键词：国家形象 文化塑造 价值认同

自约瑟夫·奈于20世纪90年代提出"通过吸引而非强迫或收买的手段来达己所愿的能力"①即"软实力"的概念之后，作为"软实力"重要构成部分的国家形象逐渐成为国内学术界尤其是传播学和国际关系学研究的重要议题。以CNKI数据库为例，2007年以"国家形象"为篇名发表的期刊论文有106篇之多，这一数字几乎等于之前五年的总和。2012年更是达到了232篇的顶峰，随后三年亦保持在每年210篇左右的高位。学术界对国家形象的研究热情，可以说源自中国内政外交的现实需要：即在实现"中华民族伟大复兴""中国梦"等宏大理想的背景下，塑造良好的国家形象不仅有助于增强本国公民对国家的认同感和归属感以及自身的安全感和幸福感，促进公民—国家之间的良性互动，更有助于减少国际社会的误解，改善中国的外交环境，在扩大话语权的同时赢得自身的利益。从相关研究呈现出来的自我认知和他者认知的差异表明，中国国家形象的

---

① [美]约瑟夫·奈：《软力量：世界政坛成功之道》，吴晓辉、钱程译，东方出版社2005年版，第2页。

塑造虽然取得了长足进步,却仍存在着经济单项表达,缺乏文化与价值关照的问题。由此,提醒我们在国家形象的塑造中,必须对文化塑造及文化蕴含的核心价值给予高度的重视。

一、问题提出:中国国家形象自我认知与他者认知的差异

早在20世纪70年代,杰维斯(Robert Jervis)就指出:"建立一种良好的国家形象和声誉,比军事和经济实力的大幅增长更具用处和价值,一个糟糕的国家形象会导致国家利益的巨大损失,这是其他任何方面的优势都无法弥补的。"[1]在这一观点的启发下,多位西方学者分别从不同角度阐述了国家形象之于国家利益的重要性,如奈的"软实力"理论、雷墨(Joshua Cooper Ramo)的"声誉资本"[2]理论、摩根索(Hans.J.Morgenthau)的"威望政策"[3]理论、库兰奇克(Joshus Kurlantzick)的"魅力攻势"[4]理论等。与此呼应,新世纪以来世界各国在外交实践中也纷纷举起了"形象外交"的大旗,如"法国:不止是浪漫""你就是德国""非凡英国""日本之美""推销澳大利亚"等。从某种程度上可以说,国家形象在全球化的今天已然成为各国外交博弈的核心领域乃至直接竞赛的战场。

毋庸置疑,国家形象的重要性在理论和现实层面已得到双重印证。对此,中国政府提出的"和平崛起""负责任的大国""中国梦"等话语以及推出的各类形象宣传片与援外活动,可以说都是为塑造良好的国家形象所作出的积极措施。那么,经过上述努力后,在国内民众和国际社会眼中,中国的国家形象究竟如何呢?

以2005—2015年间皮尤研究中心(Pew Research Center)"全球态度项目"(Pew Global Attitudes Project)中的China Image为例。在过去的十年中,国内

---

[1] Robert Jervis, *The Logic of Images in International Relations*, Princeton: Princeton University Press, 1970, p.6.

[2] [美]乔舒亚·库珀、雷默:《中国形象:外国学者眼里的中国》,沈晓雷等译,社会科学文献出版社2006年版,第23页。

[3] Hans.J.Morgenthau, *Politics Among Nation: The Struggle for Power and Peace*. Alfred A. Knopf, Inc., 1985.

[4] Joshua Kurlantzick, *Charm Offensive: How China's Soft Power is Transforming the World*, New Haven: Yale University Press, 2007.

民众对中国国家形象持肯定态度的比例要远远大于其他国家,即使在低位的2005年也达到了88%的惊人比例(见图1)。除此之外,调查结果还显示,尽管存在着环境污染、食品安全、收入不均等问题,国内民众对于中国经济现状以及未来发展方向所持的乐观态度仍远超其他国家,与全球满意度只有40%的中位数相比,有86%(2008)、83%(2012)、89%(2014)的受访者表示满意或还不错。①由此可见,国内民众对中国国家形象的认知还是非常正面的。

图1 2005—2015 国内民众对中国形象的自我认知

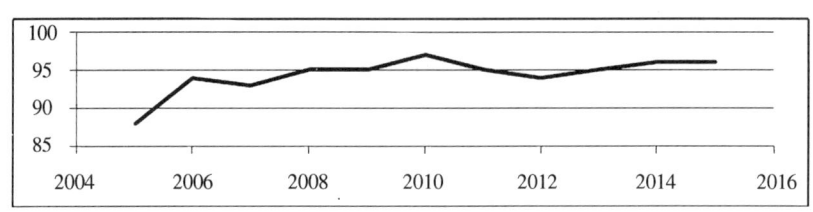

根据皮尤全球态度项目数据绘制。

但正如雷墨所言,在全球化的今天,"中国如何看待自己并不重要,真正的关键在于国际社会如何看待中国"②。与中国国家形象的良好自我认知不同,在成功举办北京奥运会、上海世界博览会等国际盛会后,国际社会对中国国家形象的他者认知依然不容乐观,在部分国家和地区甚至有逐年下降的趋势。从皮尤研究中心十年的调查数据来看,受访者对中国形象持正面态度的比例超过50%的国家大多集中在发展中国家,如巴基斯坦、黎巴嫩、印度尼西亚、俄罗斯、巴西、智利、尼日利亚、肯尼亚等,其中巴基斯坦为最高,其比例历年平均值在80%左右。受访者对中国形象持负面态度的比例超过50%的国家大多集中在发达国家且在近些年呈现出上升趋势,如美国、英国、法国、德国、意大利、西班牙、日本、韩国等,这其中日本为最高,其比例历年平均值在78%左右,近三年更是维持在90%左右(见表1)。

---

① "Opinion of China: Do you have a favorable or unfavorable view of China", http://www.pewglobal.org/database/indicator/24/survey/all/.

② [美]乔舒亚·库珀,雷默:《中国形象:外国学者眼里的中国》,沈晓雷等译,社会科学文献出版社2006年版,第8页。

表1　2005—2015年国际社会对中国形象的他者认知

	巴基斯坦	印尼	俄罗斯	肯尼亚	日本	美国	德国	法国	意大利
2005	79	73	60	—	—	43	46	58	—
2006	69	62	63	—	27	52	56	60	—
2007	79	65	60	81	29	42	34	47	27
2008	76	58	60	—	14	39	26	28	—
2009	84	59	58	73	26	50	29	41	—
2010	85	58	60	86	26	49	30	41	—
2011	82	67	63	71	34	51	34	51	—
2012	85	—	62	—	15	40	29	40	30
2013	81	70	62	78	5	37	28	42	28
2014	78	66	64	74	7	35	28	47	26
2015	82	63	79	70	9	38	34	50	40

根据皮尤全球态度项目数据绘制。

皮尤研究中心对中国国家形象他者认知的调查结果，亦得到了英国广播公司全球扫描(BBC-Global Scan)自2004年起对各国态度(Attitudes Towards Countries)的民调结果的印证。① 全球扫描2004—2014年的调查数据显示：国际社会对中国国家形象的认知存在着明显的内外及区域性差异，国内民众对中国国家形象的良好自我认知并没有得到国际社会的普遍认同；与传统欧美发达国家和日韩等国相比，非洲及拉美国家对中国国家形象的认知相对比较正面；过去的十年间中国的国家形象在国际社会似乎并没有得到有效提升反而略有下降(见表2)。

表2　2004—2014年世界大国国家形象正负数值差

	英国	美国	日本	俄罗斯	中国	欧盟
正面数值	+6	+2	−5	−8	−13	−5
负面数值	−7	−5	+8	+12	+16	+11

根据BBC全球扫描数据绘制。

① "Attitudes towards Countries: Views of China's Influence", http://www.globescan.com/news_archives/bbc06-3/#china.

上述来自国外两个研究机构的调查数据或许因历史成见、文化差异乃至采访样本、问卷设计等因素的影响,无法对中国国家形象的认知做出完全符合实际的呈现,但二者不约而同指向的问题却不得不引起人们的深刻反思。为什么中国国家形象的自我认知和他者认知之间的差异如此巨大?为什么经过多年努力之后国际社会尤其是西方社会对中国的印象并没有得到有效改善?这些数据对中国国家形象的塑造意味着什么?

二、差异背后:从经济单项表达到文化多维塑造

从形象理论的视角来看,对中国国家形象认知存在的内外及区域性差异是能得到合理解释的。因为形象不仅是对象呈现出来的外在自然源像,也包括主体借助各种信息或中介与对象对话而产生的主观意象。甚至在一些西方学者看来,形象就是"人所持有的关于某一对象的信念、观念或印象"[1],是"人对目标之物、事或他者建构的认知与态度"[2]。可见,主体所处境遇的不同或传播信息的不对称都有可能导致对国家形象认知差异的产生,那种内外和区域性认知完全一致的国家形象在现实中并不存在。在建构主义看来,差异是真实存在的,且在一定意义上差异还原而非扭曲了对象的原貌,但过大甚至对立的差异却容易导致主体间交往的障碍。就中国国家形象而言,如此巨大的内外和区域性认知差异显然不利于国际对话的展开和国家利益的实现。那么差异背后的问题究竟在哪?

来自中国外文局对外传播研究中心(CICS)2013年和2014年发布的《中国国家形象全球调查报告》为问题的答案提供了线索。该调查报告显示:当前无论是对国内民众还是国际社会而言,用以支撑中国国家形象的主要因素还是改革开放以来中国在经济领域所取得的伟大成就。经济的迅猛发展可以说是中国留给国际社会的第一印象。如对"中国是经济崛起大国"的认同达到了58%(2013),"经济发展迅速,人民生活水平较高"则成为2014年海外受访者对中国

---

[1] Philip Kotler, *Marketing Management*, *Analysis*, *Planning*, *Implementation and Control*, Upper Saddle River, NJ: Prentice Hall International, Inc., 1997, p.607.

[2] Nimmo, D&R.L.Savage, *Candidates and Their Images*: *Concepts*, *Methods and Findings*, Pacific Palisades: Goodyear, 1976.

国家形象认同率最高的描述（46%）。① 对此，国内民众当然欣然接受，然而在人们为"世界第二大经济体"欢呼的同时，却使长期存在于国际社会中的中国政治威胁论和军事威胁论演变为了经济威胁论，并由此衍生出贸易威胁论、资源威胁论、生态威胁论等诸多变种。尽管中国政府针对这些论调展开了种种反驳和自我辩护，如在"崛起"之前加上"和平"，在"大国"之前加上"负责任"的定语等，却始终无法摆脱以作为硬实力的经济话语主导作为软实力的国家形象建设的悖论。

与"经济中国"形成鲜明对比的是国际社会对"文化中国"的期待。61%（2013）的海外民众表示乐意了解中国文化，文化是吸引他们来中国的最主要因素，1/3的受访者则表示对学习汉语有兴趣，57%（2014）的受访者认可孔子学院和中国文化中心在本国的设立，较之经济、政治、军事、教育、娱乐、体育等信息，文化成为2014年发达国家最期望通过媒体了解的信息，在发展中国家则仅次于科技信息，排在了第二位（见图2）。

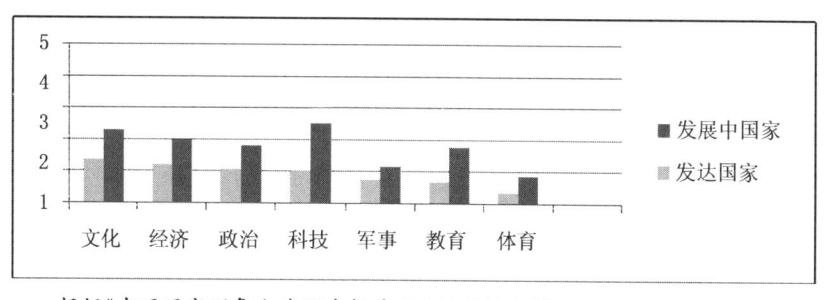

图2　国际社会期望了解的中国元素

根据《中国国家形象全球调查报告2014》数据绘制。

由此可见，中国在国际社会呈现出来的"实然"形象（经济中国）与国际社会期望的"应然"形象（文化中国）存在着较大的距离，这也提醒我们在中国国家形象的建构战略中，必须从经济的单项表达转向多维，尤其是文化维度的塑造，从而增加国际社会的认同，获取自身的利益。换言之，中国国家形象的塑造必须进行战略性调整，改变经济和文化的优先序列，把文化纳入国家形象塑造的首要考

---

① "中国国家形象全球调查报告2014（中文版）""中国国家形象全球调查报告2013（中文版）"，http://www.chinacics.org/achievement。

虑范围,并由此引导和塑造一个完整的中国形象。

需要强调的是,对任何一个国家而言,软实力及其作用的发挥始终都是以强大的硬实力为前提的。很难想象一个积贫积弱的国家在国际社会能够拥有广泛的文化话语权,同样没有一个强大的"经济中国"作支撑,所谓"文化中国"在国际社会也只能是一种自我独白式表达。因此,以文化取代经济,将文化塑造视为当前中国国家形象建构的中心议题,并不意味着要拒斥或放弃其他方面的塑造,更不是对以经济建设为中心的基本国策的否定,而是一种立足经济建设又超越经济建设的新型国家形象建构战略。也就是说,在"经济中国"已被国际社会熟知甚至被误解,在政治和军事高压伴随着冷战的结束而逐渐失去其合法性时,文化自身所独具的超越时空的穿透力,较之经济、政治、科技等较量的时效性而言,更能够赋予话语扩张的合法性,也更有利于应对国际关系博弈中的现实问题。概言之,只有选择文化战略的多维塑造而非其他,才能同时囊括经济、政治、军事、科技、教育等国家形象范畴,进而在融合这些"单相表达"的过程中塑造完整的中国国家形象。

三、文化塑造:从符号堆砌到价值认同

从他者的视角看,"文化中国"的塑造已不仅是中国经济高速发展过程急需同步解决的战略平衡行为,即如何在经济快速发展的过程中恢复精神生活在社会发展中的本原地位,也是中国在全球化时代确立文化身份和地位,寻求他国认同和尊重,进而扩大国际话语权的外交战略行为。如雷默在《淡色中国》中所言:"假如把这个问题解决好了,那么许多其他困惑和难题都可以迎刃而解。"①

21世纪以来,通过在世界各国开展"中国年""文化节""文化周"等活动以及设立孔子学院和中国文化中心等机构,国际社会对"文化中国"的认知较之以往有了显著的提升,但从总体上来说与中国作为文明古国和世界大国的地位仍有不小的差距。与中国对世界的了解相比,世界对中国的了解在很大程度上似乎仍停留在"传统中国"的历史惯性中,对中国文化的认知也更多地局限于由武术、

---

① [美]乔舒亚·库珀、雷默:《中国形象:外国学者眼里的中国》,沈晓雷等译,社会科学文献出版社2006年版,第14页。

茶叶、瓷器、京剧、中餐、中医、舞龙舞狮以及模糊的孔子形象所构成的符号系统上,至于当代中国特有的文化主张和价值理念,国际社会的了解程度可以说非常有限(见图3)。一个典型的例子是,亨廷顿在描述人类文明谱系图时,在中国的现状和未来走向一栏上便打上了一个刺眼的问号。① 撒切尔夫人则更是坦言:"你根本不需要担心中国,因为中国只能出口电视机,而不是那种可用来推进自身利益并具有国际影响力的思想观念。"类似的观点虽有失偏颇,却从侧面真实地反映出当前"文化中国"塑造的症结所在,即国家形象的文化塑造不仅仅是单纯地利用固有的历史文化资源与符号进行包装和营销(虽然这很必要),更重要的是在展现本土文化的同时获取国际社会对中国文化及其核心价值理念的认同。对此,亨廷顿直白地指出:"西方文明的本质是大宪章(Magna Carta)而不是'大麦克'('巨无霸'Magna Mac)。非西方人可能接受后者,但这对于他们是否接受前者来说没有任何意义。"② 同样,只有当国际社会在喜爱上述中国文化元素或符号的基础上,真正接受并认同中国文化及其背后蕴含的核心价值理念,这些资源或载体对中国国家形象的文化塑造才具有现实意义。

图3 国际社会对中国特有理念和主张的了解

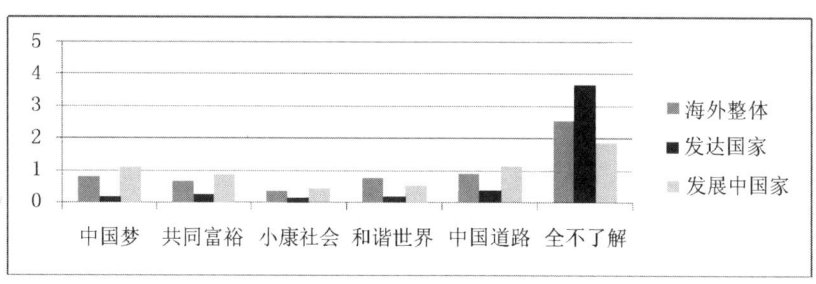

根据《中国国家形象全球调查报告2013》数据绘制。

诚如习近平总书记在中共中央政治局第十三次集体学习时指出的那样:"核心价值观是文化软实力的灵魂、文化软实力建设的重点。这是决定文化性质和方向的最深层要素。一个国家的文化软实力,从根本上说,取决于其核心价值观

---

① [美]塞缪尔·亨廷顿:《文明的冲突与世界秩序的重建》,周琪等译,新华出版社2008年版,第28页。

② [美]塞缪尔·亨廷顿:《文明的冲突与世界秩序的重建》,周琪等译,新华出版社2008年版,第37页。

的生命力、凝聚力、感召力。"①就此而言,在当前中国国家形象的建构战略中,与文化的自觉和自信同样重要的是蕴藏于文化背后核心价值理念的自觉和自信。倘若缺乏核心价值理念的关照,国家形象的文化塑造便很容易走向文化符号堆砌的误区,从而无法真正增进他者对中国国家形象的文化认同,成为真正有影响的"软实力"。

四、价值认同:从单向"广播"到平等"对话"

由上述可见,国家形象的文化塑造其着眼点和落脚点皆在获取国际社会对中国文化及其核心价值理念的认同。那么如何在全球化的今天"讲好中国故事,传播好中国声音"呢?

从具体操作层面来看,学界尤其是传播学的相关研究可谓成果丰硕,不胜枚举,诸如"视觉转向""活动营销""品牌包装""数字传播""自媒体效应"等概念和理论的不断涌现,以致一度让人产生国家形象的文化塑造的关键就是新兴传播技术应用的错觉。然而,就文化塑造的目标指向,即获取文化认同和价值认同而言,新兴传播技术在国家形象塑造中的应用固然重要,但究其本质还是要在承认文化多样性的前提下,寻求不同文化尤其是异质文化背后所共有的价值观念,并在此基础上通过平等对话输出自身文化及核心价值理念,以获取他者的认同。原因在于:一方面,不寻求共有的价值观念,对话无法得以展开,即使有再先进的传播技术,对话也终会变成自说自话。事实上,在以往中国国家形象的文化塑造中,恰恰由于有意无意地忽略了这一点,使文化塑造的效果大打折扣,一味的单向"广播"和"示好"模式非但没有得到国际社会的普遍认可,反而强化了对中国国家形象的误解。另一方面,对话的最终目的在于打破"我—你"、"主—客"的对抗结构,通过观念、文化、价值的共享达成共识,在主体间建构起一种共生并存和多元共赢的关系。没有平等对话,便没有共识,进而更不可能在国与国之间的互动交感中去"同化"对方,获得对方的文化和价值认同。因此在某种程度上可以说,平等对话而非单项广播不仅是促进国家间关系良性互动的前提,也是优化一

---

① 习近平:《把培育和弘扬社会主义核心价值观作为凝魂聚气强基固本的基础工程》,《人民日报》,2014年2月24日。

国国家形象的基本途径。一言蔽之,从价值认同的视角看,全球化背景下的国家形象的文化塑造应尽量采取"求同存异"的普遍主义原则,避免"独善其身"的特殊主义的原则,在与国际社会分享共有价值观念的平等对话中获取他者对中国文化及其蕴含的核心价值的认可。

当然,对普遍主义的强调并不意味着彻底放弃特殊主义,任何一个国家都有自己独特的文化和价值观念,在国家形象建构战略中强调普遍主义更多是方法论上的考量,就最终目的而言还是为了输出本国文化和核心价值,达到"人随我愿""乐在其中"的效果。就此而言,十八大提出的社会主义核心价值观无疑在普遍与特殊、方法与目的的辩证统一上,集中体现了中国政府对国家形象的塑造与文化软实力的提升的深刻认识。基于最大公约数提出的社会主义核心价值观不仅体现了社会主义意识形态和文化的本质要求,准确反映了当代中国在经济、政治、文化、社会、生态等领域的基本价值诉求,而且在承接延续了"文明古国"历史印象的同时(如和谐、友善、文明等理念),与全球共有价值观念保持着某种共鸣(如民主、自由、法制等理念)。可以说,这些核心价值理念的提出无论是对增进国际社会对中国文化的理解,还是对中国国家形象的认可都有着重要的现实意义。

总而言之,在全球化的今天,任何一个忽略文化建设的国家都不可能成为真正有影响力的国家,国家形象的文化塑造已成为世界大国崛起过程中的一个普遍经验。作为文明古国和世界大国,塑造与自身地位相应的国家形象已是当代中国成长发展的历史必然。这既需要对他者文化和价值观念的包容和尊重,也需要对自身文化和价值立场的忠诚与自信。唯有如此,呈现在国际社会的中国国家形象才更具吸引力和生命力。

原载《理论视野》2017 年第 3 期

国家与公民：核心价值观建构的主体维度

张 伟

摘 要：价值存在着主体自我相关性的效应决定了不同的主体存在着不同的价值观念，社会主义核心价值观的建构应主要着眼于国家与公民两个主体维度而展开。就国家这一主体维度，应建立能够体现中国特色社会主义性质，引领社会主义国家发展理念、目标和路径的价值观；就公民这一主体维度，应建立在中国特色社会主义道路指引下反映人民精神追求、价值取向和行为方式的价值观。

关键词：国家 公民 核心价值观 主体

自党的十六届六中全会首次明确提出建设社会主义核心价值体系以来，随着学术界对这一课题研究的不断深入，在社会主义核心价值体系的指导下，进一步凝练出作为其内核的社会主义核心价值观，并提出相应的、契合中国实情的具体建设路径日益成为当前这一领域研究的热点。从目前已有的相关研究成果来看，尽管对社会主义核心价值观的基本内涵、历史变迁乃至建构方法等问题做出了诸多阐释，然而，对于"核心价值观"之主体以及"核心价值观"之核心究竟该如何定位这样的前置性问题却依然模糊不清。因此，对这两个基础性问题的重新审视实际上也构成了如何建设社会主义核心价值观的理论前提。

一

要弄清楚"核心价值观"之主体与核心究竟该如何定位的问题，首先还得从价值哲学关于价值的界定谈起。自19世纪中叶德国哲学家洛采（Hermann Lotze,1817—1881）开创作为一个哲学流派的价值哲学以来，人们对于"什么是价值"便存在着诸多的分歧。在实体说看来，价值就是价值，其本身就是一种独立存在的实体，人们最终可以在某个时空中找到其终极的存在或本然的状态（如

"理念世界"、"价值世界"、"意义世界"等)。不仅如此,基于一种生活的常识,更有甚者直接将价值简单地等同于具体的实物,即杯子的价值就是杯子本身,金钱的价值就是金钱本身。后者虽过于粗糙乃至庸俗,却是人们用以把握自身与外在世界意义关系的最基本方式,因而在日常生活中较之抽象的学术理解更受大众的欢迎。与实体说的简洁明了不同,属性说以一种更为精致的方式发展了实体说的基本观点,即价值并非一种特殊的实体或具体的实物,而是实体本身所固有的并能在特定的境遇下呈现出来的一种基本属性。譬如甜是糖的基本属性,坚硬是钢铁的基本属性等。在此,甜和坚硬便是糖和钢铁的价值所在,是由糖和钢铁自身的存在所决定的,不会因主体的不同而有所改变。且由于实体自身的属性多与其功能(有用性)联系在一起,符合人们"有用即有价值"的常识,因而在日常生活中也有一定的市场。

实体说与属性说关于价值的界定无疑具有其合理成分,即价值是一种客观的存在或必须有一载体(客体),否则价值便无从谈起;然而,仅凭此充分条件便得出"价值与主体无关"的结论不仅显得仓促,而且还容易将人们对价值的认识导向某种神秘主义和绝对主义中去。马克思说过:"Value, Valeur,这两个词表示物的一种属性。的确,它们最初无非是表示物对于人的使用价值,表示物的对人有用或使人愉快等等的属性。……实际上是表示物为人而存在。"[①]"物为人而存在"所标示的是主体根据自己的意愿自觉地使"自在之物"转化为"为我之物",即通过实践在客体固有的属性或功能与主体的需要或目的之间建立一种关系并使二者获得统一,其本身可以说是一个主体与客体交互作用的过程,而价值恰恰就在这一关系和交互作用的过程中展露出来。"'价值'是对主客体相互关系的一种主体性描述,它代表着客体主体化过程的性质和程度,即客体的存在、属性和合乎规律的变化与主体尺度相一致、相符合或相接近的性质和程度。"[②]因而,某种程度上可以说,只有客体及其属性或功能的存在而没有主体及其意愿的存在便不存在着价值,且同一客体对于不同的主体在二者建立的关系和交互作用中展露出来的价值也有所不同。这正如没有病人或瘾君子的存在,麻醉剂

---

① 《马克思恩格斯全集》第26卷,人民出版社1974年版,第326页。
② 李德顺:《价值论》(第2版),中国人民大学出版社2007年版,第79页。

尽管有镇静作用,其价值却无法展露一样;但对于一个病人或一个瘾君子而言,麻醉剂的价值显然又是不一样的。

在此需要特别提及的是,突出价值的主体之维并不意味着否定价值的客体之维,这与新康德主义者、逻辑实证主义者、情感主义者和新实在论者将价值完全视为主体之意志、情感、态度、兴趣等的表达有着本质的区别。[①] 后者恰恰因为忽视了价值的客体之维,过分夸大了主体的作用从而导致了价值相对主义的困境。与此不同,通过实践在主客体之间建立一种价值关系并在二者交互作用的过程中阐述价值的本质,不仅可以避免价值相对主义的困境,也可以避免实体说和属性说所导致的绝对主义和神秘主义。

二

上述主体之于价值展露的重要性表明:主体在社会生活和现实实践中对于各种价值现象的主观反映实际上构成了我们所说的价值观念,即在价值活动过程中主体所形成的关于价值信念、价值标准、价值目标、价值规范等相对稳定的一种观念。

价值观念作为主体对客观存在的价值(关系)的一种主观反映,从认识论的视阈来看无疑是一种事实认知,即只要主体的认知与客观事实相符便为真;然而,价值观念的产生与知识的产生又有不尽相同的地方。如果说在事实认知中主体处于从属地位,客观事实才是最终根据的话,那么在价值观念的产生过程中主体则占据了主导地位,主体所处的境遇和体验起着至关重要的作用。这一点

---

① 如在新康德主义者文德尔班看来,"每一种价值首先意味着满足某种需要或引起某种感情的东西","如果取消了意志与感情,也就不再有价值了"。转引自万俊人《现代西方伦理学史》(下卷),北京大学出版社1992年版,第12页。在逻辑实证主义者罗素看来,"关于'价值'的问题完全是在知识的范围以外,这就是说,当我们断言这个或那个具有'价值'时,我们是在表达我们自己的感情,而不是在表达一个即使我们个人的情感各不相同但却仍然是可靠的事实"。见罗素:《宗教与哲学》,商务印书馆1982年版,第123页。在情感主义者史蒂文森看来,"态度分歧是激发争论并使争论成为一个整体的基本因素。……因为只有那些与态度有关的信念才会被提出,而其他信念不管其本身多么有趣,也都与所讨论的道德问题不相干"。见史蒂文森:《伦理学与语言》,中国社会科学出版社1991年版,第19页。在新实在论者培里看来,"当一件事物(或任何事物)是某种兴趣(任何兴趣)的对象时,这件事物在原初的和一般的意义上便具有价值,或是有价值的。或者说,是兴趣对象的任何东西事实上都是有价值的"。见培里:《价值与评价》,中国人民大学出版社1989年版,第44页。

是由前文所讨论的价值中存在着明显的主体自相关效应所决定的,同时这也构成了事实认知与价值认知的本质区别。简言之,价值观念并不像客观知识一样具有唯一性,只有真与假的区别,反之,价值观念因主体的不同而具有多元性,它没有真与假的区别,只有合理与不合理的区别,如病人对麻醉剂镇静作用的理解是合理的,瘾君子则是不合理的。

因此,当我们在讨论价值观问题时,首先要明确的一点就是不同的价值观念对应着不同的主体及其境遇而非单一的客体,在这里主体可以是一个群体、民族、社会、国家等,而不仅仅指单个个体。换而言之,正是主体的多元化在现实上决定了价值观念的多元化,即价值观念因主体的不同或同一主体境遇的不同而表现出差异化。价值观念的这种差异化可以说是人类社会发展的自然结果,也是开放社会的一个基本特征,但它并不一定就会导致某个具体社会价值观念的无政府主义状态,因为在诸多价值观念中总会有着某种类似科学哲学家拉卡托斯所谓的"硬核"与"保护带"的主导价值观念或主流价值观念的存在以支撑和维护社会整个价值体系(由各种不同的价值观念构成)乃至社会整个秩序的稳定和发展。需要强调的是,主导价值观念与主流价值观念二者虽只有一字之差,却有着各自不同的内涵。所谓主导价值观念是指在一个价值观念多元的社会中占统帅地位,能够体现这个社会意识形态本质与特征并对其他价值观念的发展方向具有引导和规范作用的价值观念,它的存在和作用是一个社会价值导向得以可能的基本前提。所谓主流价值观念则是指能被一个社会大多数成员所认同、信奉,并深刻影响到其日常生活实践的价值观念,它的存在是主导价值观念引导和规范作用下最大多数社会成员所取得的最小共识的结果。尽管主导价值观念与主流价值观念内涵有所不同且二者之间存在着一定的张力,但前者的价值统帅和导向作用并不意味着排斥其他合理性的价值观念的存在,而后者作为前者在数量和方向上的一种标示也不仅仅意味着一种统计学意义上的计算。事实上对于一个具体的社会而言,这二者总是处于一种相互交织、彼此影响的状态之中,只不过随着社会进程的发展,主导价值观念一般不会发生太大的改变,而主流价值观念则会在社会发展过程中出现某种阶段性的变化,然而这种变化从总体态势上来看仍然表现为一种二者不断趋于一致的过程。因此只有将二者结合起来,才能准确地反映出一个社会价值观念的整体面貌。

如果以一个椭圆来代表一个社会的话,那么主导价值观念与主流价值观念多少类似于这个椭圆的两个焦点,当两个焦点不断接近乃至重合时就是一个完美的圆形,即一个理想中稳定和谐的社会;而当两个焦点不断背离乃至完全处于不同水平线时就不再是一个常规的椭圆,即一个混乱崩溃的社会。这就是说,对于一个社会而言,主导价值观念与主流价值观念分别在"体"与"用"两个层面上共同构成了整个社会价值观念体系的核心。这样带来的一个积极结果便是社会整个价值体系因有两个支点的支撑而变得更加稳固,即使当其中一个支点因外力的冲击而削弱或蜕变时,另一个支点仍然可以用来维系社会整个价值观念体系的延续和发展;而消极结果便是当整个社会价值观念体系的两个支点发生错位,以致两者之间的张力超过一定限度产生冲突时,则更易在外力的冲击下陷入坍塌的境地。对于一个社会而言,这两种结局无疑都有可能出现,此时主导价值观念与主流价值观念之间张力的保持便显得至关重要。只有保持一种合理的张力,使二者始终处于一种动态平衡中,才不会因一方的强势另一方的衰退而导致社会价值体系的片面或畸形发展。

三

当我们由上述关于价值观念的讨论进一步具体到社会主义核心价值观建构的讨论上时,如何准确地在多元价值观念相对应的多元主体中确立主导价值观念和主流价值观念的主体便成为首要也是最为重要的一步。否则,社会主义核心价值观的建设最终只能落入主体不明甚至没有主体只有良好愿望的尴尬境地。

在这里依然存在着一个有待澄清前置性的问题,即准确理解一个社会的核心主体与核心价值观念以及核心价值观念的主体之间的关系。具体到社会主义中国而言,广大人民群众无疑是社会的主体,正是他们的价值观念构成了建设社会主义核心价值观的基础条件;而作为执政党的中国共产党则是这一社会主体当中的核心力量,其价值观念又集中地折射出广大人民群众的普遍利益和价值要求,且在社会主义核心价值观建设的过程中起着举足轻重的作用。但这并不意味着可以将党直接等同于核心价值观念的主体,进而将党自身的价值观念等同于整个社会的核心价值观念。倘若真是如此简单,那么当前便完全没有必要再在此谈论什么是社会主义核心价值观以及如何建设社会主义核心价值观的问题,只需直接原封不动地进行嫁接并大力加以推广就可以了。而这与我们所说的在诸多不同的价值观念中凝练出社会主义核心价值观念以体现中国特色社会主义性质,并支撑和维护社会主义整个价值体系的稳定显然有着巨大的差别。即便从"统治阶级的思想在每一个时代都是占统治地位的思想"[①]这一角度去分析,在人民当家作主的社会主义中国也无法论证党的价值观念就是社会主义中的核心价值观念。虽然党作为先锋队和社会主义事业建设的领导力量,其价值观念对核心价值观念有着深刻的影响,且以"为人民服务"为宗旨,但无论如何有一点可以肯定,即无论是谁(主体)的价值观念以及以什么样的方式表达出来,如果不以广大人民群众的利益为最终标准,就不可能体现社会主义的性质,更不可能成为社会主义的核心价值观。由此可见,这三个概念既有着显著的区别,又有着千丝万缕的联系,不加鉴别地混同只能模糊社会主义核心价值观建设的定位问题。

弄清了这一前置性问题,再结合上文对主导价值观念和主流价值观念的内涵、相互关系以及由此在社会整个价值体系中的地位的论述,笔者认为:在社会主义核心价值观的建构过程中,主导价值观念的主体应该从社会主义中国这个国家层面去考虑;而主流价值观念的主体最终也只能从生长并生活于社会主义中国这个具体国家中的公民层面去考虑。也就是说,主导价值观念必须能够起到"安邦定国"的作用,能够准确体现中国特色社会主义国家的本质和特征,即在指导思想上坚持马克思主义而不是非马克思主义的基本观点、立场和方法,在经济上坚持公有制为主体、多种所有制经济共同发展而不是私有化和单一公有制的基本经济制度,在政治上坚持人民民主专政而不是西方资本主义民主的政治制度,在文化上坚持社会主义思想文化先进性而不是封建主义、资本主义腐朽性的文化制度;而主流价值观念则必须能够起到"安身立命"的作用,能够切实反映社会主义中国公民日常生活的现实需要,即在经济领域共同富裕的需要,政治领域的民主法治的需要,文化领域科学文明的需要,社会领域和谐共生的需要。

将国家与公民视为与主导价值观念和主流价值观念相对应的主体,从"安邦

---

① 《马克思恩格斯选集》第3卷,人民出版社1995年版,第523页。

定国"和"安身立命"两个层面来建构社会主义核心价值观念,这一想法不仅可以从"国家"与"公民"这对范畴在逻辑上的同构性①得到说明,而且也可以从中国传统思想文化世界中历来存在的"大传统"与"小传统"这对范畴的互渗性②得到印证。前一对范畴在逻辑上的同构性表明:国家与公民并不像市民社会与市民的关系一样,先有市民的出现然后才有市民社会的生成,而是先因国家的出现才将市民形塑为公民并赋予其一套完整的权利义务关系,从而使公民具有了一定的相对于国家的主动性来进一步形塑国家。后一对范畴的互渗性则表明:"大传统"与"小传统"在现实生活中并不像对二分思维模式(公与私、理与欲、君与臣、夫与妇、劳心与劳力等)有着深刻体验的国人想的或作为一种叙述方式来解释的那样是截然分开乃至相互冲突的,而是在二者之间存在着广阔的对流空间,即基于国家主体的用于"安邦定国"的主导价值观念无时无刻不在社会经济、政治、文化等各领域引领着社会成员的主流价值观念,而基于公民主体的用于"安身立命"的主流价值观念又无时无刻不在社会成员的世俗生活中体现着国家的主导价值观念。

总而言之,无论是从价值哲学的思辨角度还是从历史经验的借鉴角度来看,从国家与公民两个主体维度去建构一个社会的核心价值观念这样一种思路都是值得尝试的。党的十六届六中全会明确指出:"马克思主义指导思想,中国特色社会主义共同理想,以爱国主义为核心的民族精神和以改革创新为核心的时代精神,社会主义荣辱观,构成社会主义核心价值体系的基本内容。"党的十七届六中全会《决定》更是指出:"社会主义核心价值体系是兴国之魂,是社会主义先进文化的精髓,决定着中国特色社会主义发展方向。"事实上,在这一对社会主义核心价值体系基本内容和重要意义的表述中,就既包含着对国家发展理念、目标、路径的基本选择,又包含着对全体公民的精神追求和行为方式的基本要求。

原载《求实》2012 年第 12 期

---

① 张康之、张乾友:《对"市民社会"和"公民国家"的历史考察》,《中国社会科学》2008 年第 3 期。
② 李亦园:《人类的视野》,上海文艺出版社 1996 年版,第 143—145 页。

现代敬业观的建构:从"敬事"到"敬业"

肖芬芳

摘　要:在中华传统语境中,"敬业"和"敬事"是具有相关性的两个范畴,而后者构成了现代敬业观念的思想渊源。作为一种具有普遍性的职业道德观念,"敬事"表现为内在心理(敬心)和外在规范(礼)的统一。在儒家典籍中,"敬事"的终极价值根源被解释为超越性的"天职",此种天职观与马克斯·韦伯的天职观具有本质的差异,并在"格物穷理"之实践功夫与"礼"之制度设计中获得了双重担保。现代敬业观念在对"劳动"概念的关注与对职业技能的强调中解构了传统"敬事"观念所具有的超越性,使其在理论建构上陷入无法圆融的困境。可靠的解决之道是通过职业良心的彰显以恢复"敬事"的超越性,在现代语境中达成"敬业"之自律性与他律性的统一。

关键词:敬事　敬业　超越性　现代敬业观念

习近平总书记指出:"牢固的核心价值观,都有其固有的根本。中华文明绵延数千年,有其独特的价值体系。中华优秀传统文化已经成为中华民族的基因,植根在中国人内心,潜移默化影响着中国人的思想方式和行为方式。提倡和弘扬社会主义核心价值观,必须从中汲取丰富营养,否则就不会有生命力和影响力。要利用好中华传统文化蕴含的丰富思想道德资源,使其成为涵养社会主义核心价值观的重要源泉。"[1]因此,梳理敬业价值理念的传统渊源,有助于返本开新,使中华优秀传统文化中的"敬业"、"敬事"思想成为建构现代敬业观的精神资源。

一、中华传统语境中的"敬业"和"敬事"

在中华传统语境中,"敬业"和"敬事"是具有相关性的两个范畴。"敬业"意

---

[1] 《习近平总书记系列重要讲话读本》,学习出版社、人民出版社2016年版,第191页。

指特殊的职业道德,而"敬事"则指向具有普遍意义的职业道德。显然,中华传统语境中的"敬事"构成了现代敬业观的思想渊源。

"敬业"出自《礼记·学记》中的"敬业乐群"。事实上,传统的"敬业"范畴与现代的"敬业"范畴并不具有必然的内在一致性。中华传统语境中的"敬业",只是针对士人这一特殊职业群体而言的。正如《礼记·学记》所云:"古之教者,家有塾,党有庠,术有序,国有学。比年入学,中年考校。一年,视离经辨志。三年,视敬业乐群。五年,视博习亲师。七年,视论学取友,谓之小成是也。九年,知类通达,强立而不反,谓之大成。"①东汉儒者郑玄曾对"敬业乐群"做过注解,他说:"三年,视敬业乐群者,谓学者入学三年,考校之时,视此学者。敬业,谓艺业长者,敬而亲之;乐群,谓群居朋友善者,愿而乐之。"②所谓"业"特指学业优秀的人,而"敬业"则是指对学业优秀的人的敬重和亲近。因此,"敬业"指向的是一个特殊的社会阶层——士人,而不是具体的职事。

宋代卫湜的《礼记集说》中还辑录了方慤、延平周氏、张载、朱熹和吕祖谦这五位儒者对"敬业"的疏解。如严陵方氏曰:"离经,考经之文也。离其经矣,因习之以为业。敬业者,修其业而不敢慢也。"延平周氏曰:"能离经,然后知业之为可敬;能敬业,然后所习者博;习博,然后能讲学;能讲学,然后知类通达;凡此皆视其学问者也。"横渠张氏曰:"学者必有业,尊敬其所业。乐群,谓朋友由博习而将以反约。事师而至于亲,敬则学之笃而信其道也。"新安朱氏曰:"敬业者,专心致志以事其业也。乐群者,乐于取益以辅其仁也。"东莱吕氏曰:"离经辨志谓浃意义,敬业不敢轻易,五年方可博习。"③在五位宋代儒者的论述中,"敬业"中的"业"均指士子的学业,所谓"学者必有业"、"以事其业",而"敬业"则是指尊敬学业,不能轻慢学业,要专心致志地从事自己的学业。也就是说,士子对自己所学习之事要有专注的精神和尊敬的态度。所谓"敬则学之笃而信其道也"表明,如果士子在学习中持有"敬业"观念,那么就会有坚定的学习志向,并能坚定地追求"道"的信念。

可见,中华传统语境中的"敬业"是指一种特殊的职业道德,它与现代语境中

---

① 郑玄注,孔颖达疏《礼记正义》,北京大学出版社1999年版,第1052—1053页。
② 郑玄注,孔颖达疏《礼记正义》,北京大学出版社1999年版,第1053页。
③ 卫湜:《礼记集解》,北京图书馆出版社2003年版,第1450—1455页。

的"敬业"观念①在内涵上并不完全一致。然而,我们并不能就此断定中华传统文化中缺乏现代敬业观的思想根基。在中华传统语境中,能够普遍适用于所有职业群体的道德观念应为另一个范畴,即"敬事"。

先秦时期的孔子就已经将"敬"与"事"联系起来,如"敬事而信"(《论语·学而》)、"执事敬"(《论语·子路》)、"事思敬"(《论语·季氏》)。许慎在《说文解字》中对"敬"与"事"之间的内在关联性作过这样的解释,即"敬也,敬肃也。段注:敬者,肃也。肃者,持事振敬也"②。朱熹进一步阐释为"敬是主事,而言执事敬,事思敬"③。意思是说,"敬"必然地指向"事",是指做事时须持有的精神状态和遵守的道德规范。那么,"敬"何以"主事"?朱熹认为:"敬是就心上说……若有事时,则此心即便专在这一事上,无事则此心湛然。"④这就是说,"敬"不是外在容貌的恭肃,而是内心的敬畏,这种道德情感的产生需要"心"和"事"的相交,如果无事,"心"就会处于"喜怒哀乐之未发"的湛然状态。朱熹强调,"敬"具有"主一无适"的意涵,"敬之一字,看似有两体。一是主一无适,心体常存,无所走作之意;一是遇事小心,谨畏不敢慢易之意。近看得遇事小心谨畏,是心心念念常在这一事上,无多岐之惑,便有心广体胖之气象,此非主一无适而何?动而无二三之杂者,主此一也;静而无邪妄之念者,亦主此一也"。⑤ 它不仅指向"心"与"事"相交时"遇事临深履薄而为之,不敢轻不敢慢"⑥的小心谨畏的心理状态,也指向作为心体存在的"敬"之超越本体,这是道德情感生发的哲学根基。此种根源于"心体"的敬畏的心理状态使人在做事时能保持恭敬的态度和专心致志的精神,因而容易获得成功。因为"敬"可以扩充至一切人事和物事之中,所以"敬事"之"事"就具有了涵摄所有职业的普遍性特质,它既可能是"敬事上帝"这一信仰之

---

① 肖群忠对"敬业"精神是这样定义的:敬业精神就是人们在对职业的价值、意义和使命有高度认知基础上形成的一种对职业的崇敬、虔诚、敬畏、热爱、专心、积极主动、开拓创新、忠于职守、勤奋认真、锲而不舍、精益求精的心理和精神状态。参见肖群忠:《敬业精神新论》,《燕山大学学报(哲学社科版)》2009年第2期。

② 许慎撰,段玉裁注《说文解字注》,上海古籍出版社1981年版,第156页。

③ 黎靖德编《朱子语类》,中华书局1986年版,第2471页。

④ 黎靖德编《朱子语类》,中华书局1986年版,第2471页。

⑤ 朱熹:《晦庵集》,北京图书馆出版社2004年版,第1322页。

⑥ 黎靖德编《朱子语类》,中华书局1986年版,第494页。

事,也可能是"道千乘之国,敬事而信"之政事,还可能是事亲事君等一身、一家乃至一国之事。

在传统社会的职业分层中,"敬事"观念主要涵蕴于"四民"的伦理责任之中。传统社会对"职业"这一范畴的使用是很普遍的,主要指百官之职和"四民"之业。① 所谓"四民",即士农工商之职业分层。儒家认为,"四民"因其职业责任之不同,所承担之伦理责任亦有不同,而不同的伦理责任皆蕴含了"敬事"观念。② 如荀子曰:"士大夫务节死制,然后兵劲。百吏畏法循绳,然后国常不乱。商贾敦悫无诈,则商旅安,货通财,而国求给矣。百工忠信而不楛,则器用巧便而财不匮矣。农夫朴力而寡能,则上不失天时,下不失地利,中得人和,而百事不废。"③ 显然在荀子看来,因"四民"从事的职业不同,与之对应的职业伦理责任就不同,因而"四民"拥有的德行也就不同,即士大夫的忠义、商人的诚信、百工的忠信、农夫的朴实,这些美德皆指向各自职业的完满状态,也是"四民"对待职业的恭敬态度和专注精神的具体呈现。而这些美德皆包含了"敬",是"敬事"的具象体现。

此外,儒家又将伦理责任的划分归于"礼"的要求。例如,荀子说:"然后农分田而耕,贾分货而贩,百工分事而劝,士大夫分职而听,建国诸侯之君分土而守,三公总方而议,则天子共己而止矣。出若入若,天下莫不平均,莫不治辨,是百王之所同,而礼法之大分也。"这表明,百官和"四民"的"敬事"观念具体体现为对"礼"这一外在规范的遵守。这与儒家对"礼"与"敬"之关系的理解具有一致性。荀子以"敬"作为"礼"的内在支持④,郑玄也曾明确地说:"礼主敬。"⑤据此,我们可以说,中华传统文化中的"敬事"观念是价值内涵(敬心)和外在规范(礼)的统一,是内在自觉和外在强制的统一体。

---

① 王先谦将荀子所说的"职业无分,如是,则人有树事之患而有争功之祸矣"中的"职业"注解为"官职及四人之业"。参见王先谦:《荀子集解》,中华书局1988年版,第176页。

② 参见陈继红:《职业分层·伦理分殊·秩序构建——论先秦"四民"说的政治伦理意蕴》,《伦理学研究》2011年第5期。

③ 王先谦:《荀子集解》,中华书局1988年版,第221页。

④ "故君子敬始而慎终,终始如一,是君子之道,礼义之文也。"王先谦:《荀子集解》,中华书局1988年版,第359页。

⑤ 郑玄注,孔颖达疏《礼记正义》,北京大学出版社1999年版,第1411页。

二、"敬事"的超越性及其实现

传统儒家的"敬业"观念是如何自上而下得到落实的？为了回答这个问题，儒家不但建构了"敬事"的超越性依据，而且从实践功夫与制度设计两个方面给出了践行之径。

首先，传统儒家将"敬事"的终极根源解释为具有超越性的"天职"。例如，朱熹曰："耳目口鼻之在人，尚各有攸司，况人在天地间，自农商工贾等而上之，不知其几，皆其所当尽者。小大虽异，界限截然。本分当为者，一事有阙，便废天职。居处恭，执事敬，与人忠，推是心以尽其职者，无以易诸公之论。但必知夫所处之职，乃天职之自然，而非出于人为，则各司其职以办其事者，不出于勉强不得已之意矣。"①意思是说，人在天地间，农商工贾等不同职业的职责划分就如同耳目口鼻有不同的主管功能一样，都是自然如此的，是各应当恪守的责任。虽然有大人之事和小人之事②的差异，各种职业之间的界限也很明确，但这都是尽人之本分所当做的事。这个本分来自"天"所赋予人的职分。如果人们不各尽其职以办其事，就是对"天"的不敬。由此可以得知，天职是人所禀赋的自然的职业责任。易言之，不同的职业及不同的身份，并不是人为划分的，而是流行不已的天命赋予人的自然责任。这种责任不是人为强加的外在束缚，而是落在"天命之谓性"的人的心性之上。因此，人们各司其职、恪守职分，是心性的自然倾向，并非勉强而来。正如陈淳所说："便是天之命我者如此，而一毫人为之私无所于其间，吾只得尽恭敬以奉天职耳。"③在这个意义上，儒家将"敬事"解释为天职的召唤，即由人的道德信仰所发展出来的职业道德观念。

当然，传统儒家的天职观与德国近代著名思想家马克斯·韦伯的天职观是有明显差异的。韦伯所说的"天职"是在16世纪基督教改革的背景下提出的。当时的新教如加尔文教祛除了上帝信仰中的魔力成分，而用尘世生活中所获得的社会成就来增加上帝的荣耀，使得为社会尘世生活服务的职业劳动也成了上帝的意愿，具有了合法性。正如韦伯所说："个人道德活动所能采取的最高形式，

---

① 黎靖德编《朱子语类》，中华书局1986年版，第235—236页。
② 出自孟子对"大人之事"和"小人之事"的区分，即"有大人之事，有小民之事"（《孟子·滕王公章句上》），参见朱熹：《四书章句集注》，中华书局1983年版，第258页。
③ 陈淳：《北溪大全集》，四库全书影印本，第252页。

应是对其履行世俗事务的义务进行评价。正是这一点必然使日常的世俗活动具有了宗教意义,并在此基础上首次提出了职业思想。这样,职业思想便引出了所有新教教派的核心教理:上帝应许的唯一生存方式,不是要人们以苦修的禁欲主义超越世俗道德,而是要人完成个人在现世里所处地位赋予他的责任和义务。这是他的天职。"①新教对于上帝的信仰是灌注在追逐利益和成就的世俗生活中的,也就是说,谁能为社会提供更多的财富,谁就能获得上帝的青睐,这就让新教的伦理生活具有了理性的功利主义的特点。而上帝所确定的人的职业的固定性,也为近代的劳动分工提供了依据,这就让新教伦理与近代资本主义精神具有了内在联系。显然,韦伯的天职观是在一种外在超越的宗教信仰下确定的信念,并具有理性的功利主义色彩。

传统儒家的天职观则是内在超越论和追求道德目的论的统一。内在超越是指超越的本体也可以存在于有限的事物中,是一种"人虽有限而可无限"②的状态,这和"有限不能包含无限"③的基督教观念完全不同。"人虽有限而可无限"的依据来自天所赋予人的道德正命,这就让人和天具有了内在相通的可能性。在一种尽职尽责的伦理生活中,人心与天理为一,人也达到了一种圆满的道德生命境界。因此,内在超越让人们更为注重对内在精神和道德价值的追求,而轻视或者忽视外在的物质利益。就儒家的天职观来说,天所赋予人的责任和义务,需要人具有自觉的意识,才能履行和完成。而这一自觉意识就来自人的内在精神世界,用传统概念来说,就是来自"心"。也就是说,是人所禀赋的道德正命即本心本性让人具有了履行责任的可能,所以朱熹才会说"推是心以尽职者"。如果用命题来总结以上两种天职观的区别,那么儒家的天职观就是,一个道德的人,才可能履行天职;而韦伯的天职观则是,一个履行了天职的人,才是道德的人。

在这种比较的视野下,我们看到,儒家的天职观更多的是在道德实践领域来展开对职业的信仰的,此即牟宗三所说的"道德的宗教"④。我们不能否认"敬

---

① [德]马克斯·韦伯:《新教伦理与资本主义精神》,康乐、简惠美译,广西师范大学出版社2007年版,第54页。
② 张一兵、周宪、白欲晓编《牟宗三哲学与文化论集》,南京大学出版社2010年版,第210页。
③ [德]马克斯·韦伯:《新教伦理与资本主义精神》,康乐、简惠美译,广西师范大学出版社2007年版,第95页。
④ "道德的宗教"是指道德的极致、道德的圆成,是指在道德实践中让个人有限之生命取得无限而圆满之意义。参见张一兵、周宪、白欲晓编《牟宗三哲学与文化论集》,南京大学出版社2010年版,第210页。

天"所具有的宗教情感,以及天职所带来的威严性的强制命令和责任义务,但是将这种宗教情感转化为一种追求道德的信仰,将这种命定的责任义务转化为内在心性的自然倾向,并以此构建"敬事"这种传统"敬业"精神的超越根源,则是中华传统文化的特质。

从另一个方面来看,儒家内在超越的天职观注重的是人的主观能动性,意即人如何体现天道,如何恪守天职?如果将此问题做一个转换,实际上就是如何践行"敬事"观的问题。

儒家从两个方面回答了这一问题。其一,将"敬事"和"格物穷理"联系起来,意图通过一套系统的实践功夫来培育人的天职观。如前文所述,"敬事"观是价值内涵(敬心)和外在规范(礼)的统一。而从功夫论来说,"穷理"正是二者得以统一的实践过程。朱熹指出:"主敬二字,只恁地做不得,须是内外交相养。盖人心活物,吾学非比释氏,须是穷理。"①这种实践方式就是所谓的"内外交相养",即"主敬"不仅需要一种价值内涵(敬心)的支撑,还需要由内向外扩充,与物发生关系,这种内外相交的过程就是"格物穷理"。朱熹进一步指出:"主敬穷理,虽二端,其实一本。"②即"主敬"和"穷理"在终极根源上是同一的。陈淳对此做出了具体解释:"凡事物所当然,皆根原于天命之流行,非人之所强为,决不容以忽而易之。人之所以周旋乎其间,只是奉天命而共天职耳。苟于此而容其私心,便是悖天命而废厥职。"③

所谓"事物所当然"是事物的自然规律,是天命赋予事物的"当然之理"。"穷理"的对象是事物的"当然之理",而人之所以要"穷理",是因为要奉行天命、恪守天职。因此,"穷理"就是履行天职,就是践行"敬事"观。其超越的根源正是"天理"与"敬事"具有一致性,"是谓必有所以然者,是理之根源来处。所谓人事一处,是谓天理。于此可见其实,而于其中又细玩之,可见此心生道焉,可见天理流行焉,可见敬之所以主一者焉"④。在"尽人事"的实践过程中,在"格物穷理"的实践功夫中,人能够认识呈现为具体存在的"天理",也能够对"敬""主一无适"的内涵有更深刻的认知。也就是说,"敬"始终贯穿于实践过程,并通过"格物穷理"

---

① 黎靖德编《朱子语类》,中华书局1986年版,第2879页。
② 黎靖德编《朱子语类》,中华书局1986年版,第150页。
③ 陈淳:《北溪大全集》,四库全书影印本,第28页。
④ 陈淳:《北溪大全集》,四库全书影印本,第252页。

的实践功夫来深化"敬事"观。而当把"格物穷理"的实践功夫置于古人设计的理论体系中时，我们发现，"敬事"在"格物穷理"的实践过程中，可以与人们正心修身的伦理生活完美地结合起来，并进而与整个家国天下的政治秩序联系起来。《大学》中说"物格而后知至，知至而后意诚，意诚而后心正，心正而后身修，身修而后家齐，家齐而后国治，国治而后天下平"，这就使得"敬事"观的践行具有了稳定的社会结构，并形成了一套系统的实践功夫。

其二，通过完善的外在制度设计来说明"敬事"与天职之间的联系。在传统社会中，制度是以"礼"为标准设计的。荀子指出："礼之三本：天地者，生之本也；先祖者，类之本也；君师者，治之本也。"① 这就是说，"礼"有三个根源，而"天"则是其终极根源。在这种思路下，礼法制度的制定，其实是一个将天地中的自然秩序外化为具体的规范制度的过程。因此，当人们循"礼"而行时，比如事亲事君之礼，就是依此来奉行天命、履行天职；对于职业分层的"四民"来说，按照"礼"的要求敬分守职，亦是履行天职。据此，传统儒家的"敬事"观既获得了天职观所带来的神圣性的支持，又得到了"格物穷理"之实践功夫和"礼"之制度设计的双重担保，从而获得了可靠的价值依据与践行渠道。

三、"敬业"视域下超越性的建构

在现代社会，"敬业"是一个与职业道德密切关联的范畴。在学术界，关于"敬业"的讨论主要是围绕"敬业精神"和"敬业意识"这两个范畴来展开的。学者们从不同的立场阐述了其与职业道德之间的关系。② 在国家意识形态层面，"敬业"则被明确纳入了职业道德的内涵，并被确定为一种价值观念。如2001年颁

---

① 王先谦：《荀子集解》，中华书局1988年版，第349页。
② 目前学术界对于敬业精神和职业道德之间关系的讨论，主要有以下三种观点。第一种观点认为，敬业精神是职业道德的一种体现，"敬业精神，就是从业人员热爱本职工作，忠于职守，通过认真负责的职业活动，为社会提供良好的效益与服务。它是职业道德的一种体现"（施仁：《谈敬业精神》，《毛泽东邓小平理论研究》1994年第5期）。第二种观点认为，职业道德只是敬业精神的外在形式，"当代的敬业精神，主要包括职业道德、伦理观念与社会责任感和乐业精神等四个方面的内容。……社会责任感构成敬业精神的深层内核，而职业道德只是敬业精神的外在表现形式"（阎增武，仰海峰：《论敬业精神》，《求索》1998年第2期）。第三种观点认为，敬业精神是职业道德的精神内核，"敬业精神是人们从事职业活动时的总体态度和精神状态，它是职业道德的精神内核"（肖群忠：《敬业精神新论》，《燕山大学学报（哲学社会科学版）》2009年第2期）。前两种观点反映了20世纪90年代的学术动态，第三种观点则反映了21世纪以来的理论趋势。

布的《公民道德建设实施纲要》指出:"要大力倡导以爱岗敬业、诚实守信、办事公道、服务群众、奉献社会为主要内容的职业道德。"2013年颁布的《关于培育和践行社会主义核心价值观的意见》,同样将"敬业"作为一种价值观念。

从理论建构上看,将"敬业"纳入职业道德的意义在于使"敬业"与"劳动"联系在一起。学者们认为,"劳动"是职业道德的核心观念,与作为职业道德精神内核的"敬业"观具有本质上的一致性。罗国杰在《伦理学》中将"社会主义职业道德"的基本要素分为"职业理想、职业态度、职业责任、职业技能、职业纪律、职业良心、职业荣誉和职业作风"①。其中,"职业态度"是指劳动态度,"从本质上来讲,职业态度就是劳动态度"②,"职业道德所倡导的'热爱本职'和'忠于职守',其核心就是劳动态度"③。在此基础之上,罗国杰指出:"社会主义职业道德的核心是树立新的劳动态度。"④由是,罗国杰实际上间接指出了"劳动"与"敬业"之间的关系。学者们在梳理"敬业精神"或"敬业意识"这两个概念时,亦认为"敬业"指向的是"职业态度","热爱本职"和"忠于职守"是"敬业"的主要内容。推而可知,现代敬业观和劳动态度在本质上具有一致性。有学者明确指出,现代敬业观的一般本质是对劳动的崇敬和热爱,"人生存、发展、自我确证的永恒需要催生了敬重和热爱劳动这一敬业精神的一般本质"⑤。"劳动"在抽象概念上的普遍性所带来的职业的平等性以及在具体劳动中的差异性所带来的职业分工的多样性,突破了传统职业分层中的等级之分以及传统职业分工的单调性⑥,并能让人在职业中实现自身的价值。因之,基于"劳动"这个概念来建构现代敬业观,确实可以使其突破传统"敬事"观的局限而适应现代社会形态与职业分工的需求,这就在理论上推动了观念的发展与进步。

但是,这种理论建构亦存在一个困境,即对"敬事"之内在超越性的解构。其一,当"劳动"异化为"谋生劳动"时,"敬业"便消解了"敬事"中的超越性根源,使

---

① 罗国杰:《伦理学》,人民出版社2014年版,第264页。
② 罗国杰:《伦理学》,人民出版社2014年版,第264页。
③ 罗国杰:《伦理学》,人民出版社2014年版,第263页。
④ 罗国杰:《伦理学》,人民出版社2014年版,第263页。
⑤ 李健:《敬业精神的一般本质和历史形式》,《中国高校社会科学》2015年第2期。
⑥ 孟子说"劳心者治人,劳力者治于人",对劳心和劳力的等级区分,以及古代"学而优则仕"的观念,造成了对其他劳动形式的忽视。

得主体内在的价值无法得到彰显。有学者指出:"马克思发现,劳动并不是亘古不变的人类活动,而恰恰是现代性的产物。"①也就是说,在马克思的理论中,"劳动"是一个历史性的概念。② 由此可知,"劳动"在不同的历史关系下呈现出不同的形态。在当代社会,"劳动"所表现出的特定的形式是"谋生劳动"③,按照马克思的理解,"劳动的意义仅仅归于谋生的劳动并成为完全偶然的和非本质的,而不论生产者同他的产品是否有直接消费和个人需要的关系,也不论他的活动、劳动本身的行动对他来说是不是他个人的自我享受,是不是他的天然禀赋和精神目的的实现"④。这就是说,"谋生劳动"造成了劳动本质和劳动目的之间的冲突。劳动的本质是一种创造性的活动,"劳动创造了人本身"⑤,规定着人的生存方式和存在形式。但在"谋生劳动"中,劳动只是一种谋生的手段,是人们解决紧张的生存状态的手段,它就不能表现为自由的创造的活动。这种劳动关系所呈现的是人对于物的依赖关系,人的天然禀赋和精神追求在此是缺位的。而当一种劳动并不是心性的自然倾向和内在精神的价值追求时,它就成了一种非本质的活动,人也因此处于异化状态,缺乏参与劳动的积极性和创造性。在这种劳动状态中,职业义务并没有内化为自觉的职业责任感,而只是一种外在的职业规范,"敬业"因此呈现为遵守职业规范的形式,即处于"一种他律的职业道德"⑥的阶段。而这种只是服从职业规范的"敬业"观所导致的是对于主体的内在价值认同的忽视,由此解构了传统"敬事"观指向人的内在心性的超越性,使"敬业"观浮

---

① 张义修:《从劳动塑形走向现代性的批判——马克思对黑格尔劳动概念的重释》,《哲学研究》2013年第9期。

② 参见唐正东:《马克思与"劳动崇拜"——兼评当代西方学界关于马克思劳动概念的两种代表性观点》,《南京社会科学》2005年第4期。

③ 在20世纪70年代末80年代初,我国经济学界针对劳动作为谋生手段这一性质和按劳分配的经济原则之间的关系展开了激烈讨论,最后学界形成了社会主义社会中的劳动形式是谋生劳动这一基本共识。参见赵人伟:《关于劳动是谋生手段的问题》,《经济研究》1978年第8期;黄范章:《也谈劳动是谋生手段的问题——与赵人伟同志商榷》,《经济研究》1979年第4期;孙昌国:《劳动的性质和按劳分配的客观必然性》,《财经问题研究》1981年第1期;黄其昌:《劳动向来是劳动者的谋生手段——与周彦文同志商榷》,《中国经济问题》1983年第4期;尹鹤清:《劳动作为谋生手段是所有社会共有的现象》,《社会科学》1985年第5期。

④ 《马克思恩格斯全集》第4卷,人民出版社1995年版,第28页。

⑤ 《马克思恩格斯全集》第4卷,人民出版社1995年版,第374页。

⑥ 罗国杰:《伦理学》,人民出版社2014年版,第270页。

于表面。

其二,现代学者在将职业技能界定为职业道德的基本要素时,对于劳动的重视转向了对于专业知识技能的强调,由此解构了传统意义上道德实践功夫的价值。有学者将此种偏向描述为由"职业道德"向"专业道德"①的观念转变,强调"从专业特点出发来讨论伦理规范的建立"②。虽然其指向的是道德的专业化而不是技术的专业化,但是根据专业特点而建立的伦理规范,必然会打上根据专业知识来评判道德的烙印,形成"知识优先于道德"的劳动态度,即对劳动的专业技能的评价优先于对劳动的道德评判。此种转向带来的后果是,"敬业"观的担保从传统的"格物穷理"之道德功夫转向对专业知识的追求,内在价值(敬心)和专业知识(事物之理)之间发生了断裂,"敬业"主要呈现为一种专业化的职业生活,而不是一种整全而多面的伦理生活。由是,专业精神取代了伦理精神,"敬事"之超越性不复存在。

由于理论建构中超越性的缺位,"敬业"很可能沦为一种他律式的道德规范。罗国杰认为:"他律时期的职业道德是低级的、不完善的道德。职业道德他律需要向职业道德自律升华。"③那么,"敬业"何以走向自律?一个重要的途径就是建构"敬业"观的超越性,使其获得内在的价值担保,如此才可以有效地解决上述理论困境。

现代敬业观之超越性的建构,并非意味着向传统的全面回归,而是抽象出其中的精神形式,并注入时代内涵。传统"敬事"中的天职观以"天"作为终极的超越性根源,此种价值依据已经无法在现代社会获得其合理性。但是,如前所述,传统天职观的精神内核在于对人的内在价值之关注,并以个体的道德实践功夫作为担保。此种意涵对于现代敬业观的理论建构依然具有积极意义,其现代表现形式就是职业良心的建构。如罗国杰所言:"职业良心是对职业责任的自觉意识,是认识、情感、意志和信念在职业劳动者意志中的统一。"④由是,职业良心表

---

① 此类观点多聚焦教师这一职业,参见檀传宝:《论教师"职业道德"向"专业道德"的转移》,《教育研究》2005 年第 1 期;周国华:《教师道德:从"职业"向"专业"的历史转型》,《教育学术月刊》2015 年第 8 期。
② 檀传宝:《论教师"职业道德"向"专业道德"的转移》,《教育研究》2005 年第 1 期。
③ 罗国杰:《伦理学》,人民出版社 2014 年版,第 270 页。
④ 罗国杰:《伦理学》,人民出版社 2014 年版,第 271 页。

达了与心性相关的人的内在道德状态,此种内在状态具有巨大的精神力量,它"能够使职业劳动者依据一定的职业道德原则和规范自觉地选择和决定行为,成为职业劳动者发自内心的巨大的精神动力,在职业劳动者的行为过程和行为整体中起着主导作用"①。在职业良心的支持下,现代敬业观才有可能摆脱他律道德的强制而走向自律道德。

综上所论,建构现代敬业观之超越性的根本途径在于以职业良心作为终极追求的价值根源。职业良心的获得同样需要一套完备的道德实践功夫的支持,这需要我们思考有效的道德教育与道德修养机制。尽管内在的精神力量如此巨大,但是外在的制度约束依然具有不可忽视的作用。一种成熟的职业道德,应当是"他律性和自律性的交相辉映"②。

原载《社会主义核心价值观研究》2017 年第 1 期,后转载于复印报刊资料《思想政治教育》2017 年第 5 期。

---

① 罗国杰:《伦理学》,人民出版社 2014 年版,第 271 页。
② 罗国杰:《伦理学》,人民出版社 2014 年版,第 271 页。

中国传统德育思想研究

儒家治政伦理及其现代价值

王明生

儒家治政伦理是我国封建政治伦理的核心,它在本质上反映着儒家政治伦理的道德追求、价值取向、目标选择和道德实践,体现着社会利益的分配和社会化的行为模式,并在一定程度上保证了封建政治制度能够在一系列的伦理原则的规范、调节、控制下有序运行。今天,当我们对其重新审视时,不难发现其精华部分,对当前道德建设中遇到的困惑和难题具有一定的借鉴价值。

德性人格:儒家治政伦理的道德追求

周秦以来,儒家创立了一套完整而缜密的德性人格学说作为治政道德基础,以满足社会政治的需要。

儒家的德性人格,最初是作为先儒追求个人成仁成圣的道德人格的体现。孔子认为,理想的人格是道德化的人格。他从"君子志于德"的道德目标出发,强调"人能弘道,非道弘人",表明德性人格的塑造是一个道德自觉的过程,并依此提出"智者不惑,仁者不忧,勇者不惧"的崇高人格目标。在此同时,儒家的人格目标又与社会政治紧密相连,其伦理导向要求个人、家庭绝对服从于国家、社稷、君主利益。因此,儒家的德性人格学说,作为一种文化深层的价值取向模式,始终贯穿于社会的政治组织结构之中。儒家倡导把内心修养所得的道德观念通过实际行动贯彻到人际关系、社会关系和政治关系之中,企盼一个理想的"礼道大同"的道德化社会,正是儒家人格观的政治归属。

在儒家看来,"仁"不仅仅是一种社会政治理想和最高的道德规范,也是理想人格的核心内容,是人格美德的最高境界。"仁"的根本标志是"仁者爱人",即"己欲立而立人,己欲达而达人"(《论语·雍也》),"己所不欲,勿施于人"(《论语·卫灵公》)。这样的仁者"博施于民而能济众",能把"仁义"最完善地体现出来。故孔子强调"克己复礼为仁",孟子认为"人之所以异于禽兽者几希,庶民去之,君子存之"。荀子则更明确地指出"水火有气而无生,草木有生而无知,禽兽有知而无义,人有气、有生、有知亦且有义,故最为天下贵也"。

此外,儒家经典之一《礼记·大学》还着重强调了道德与政治的密切关系,要求行政者自我完善道德品质,塑造理想人格,满足社会政治需要。"古之欲明明德于天下者,先治其国;欲治其国,先齐其家;欲齐其家,先修其身;欲修其身,先正其心;欲正其心,先诚其意;欲诚其意,先致其知,致知在格物。"因此,为了塑造一种理想的德性人格,孔子一再呼吁统治者认真对待其自我道德修养的完善,认为它对国家安定、政权巩固有决定性的作用。他在回答樊迟时说过,在上者如果好礼、好义、好信,"则四方之民襁负其子而至矣",又认为"好学近乎知,力行近乎仁,知耻近乎勇。知斯三者,则知所以修身;知所以修身,则知所以治人,则知所以治天下国家矣"。由此可见,儒家要求统治者修身以健全德性人格,实质上就是要求统治者克制私欲,不以权谋私,纵欲贪得,并同时强调"德成而教尊,教尊而官正,官正而国治"。也即是说只有较高的道德修养的执政者,才会重视教化;教化被重视,官风也便端正;官风端正,国家就能管理好。

针对战国中期的士阶层为适应各国纷争的局面,利用自身的知识优势和治国治军的才能,纵横捭阖,游说诸侯,借助新兴封建贵族的权势跻身于统治者的行列,以实现自己政治抱负的现象,孟子慨然指出,这些为求禄位而不择手段,唯国君之命是从的人,虽然一时建立了显赫的功业,左右了当时的政坛风云,但由于他们都缺乏自身理想人格的追求,而不可能真正实现自身的价值。他说:"以顺为政者,妾妇之道也。居天下之广居,立天下之正位,行天下之大道。得志,与民由之,不得志,独行其道。富贵不能淫,贫贱不能移,威武不能屈,此之谓大丈夫。"孟子认为,作为士,要想实现自身的价值,就必须培养自身的理想人格,将天赋的道德品性在行动中体现出来。依靠外界的权势去获得高位,并不是实现自身价值的条件,人的价值应在于人本身。

孟子认为,人实现自身价值要具备三个条件:"居天下之广居,立天下之正位,行天下之大道。"即居于仁,立于礼,行于义。能做到这些,就实现了理想人格。至于能否实现一个人的政治抱负,并不影响其自身价值。一个人如果得了志当然更好,但作为士阶层的一个成员,如果不能得志,即自己的政治抱负无法实现的话,那就应当独行其道。儒家把士的不得志叫作"穷",即身处逆境;把得志叫作"达",即身处顺境。孟子特别强调要能做到"士,穷不失义,达不离道"。即要求"士"在处逆境时不能失义,处顺境时不能离道。因为"穷不失义,故士得己焉;达不离道,故民不失望焉"。对士来说,穷或达,只是自身的遭遇不同,即所处的客观环境不同,与人民百姓的关系不同。所有这些都不影响士自身价值的实现。如果有所区别的话,只是实现自身价值的方式不同,即"得志,泽加于民;不得志,修身见于世。穷则独善其身,达则兼济天下"。泽加于民和兼善天下对士来说都是不易做的。因为要做到这些,不但要有地位权势,还需要有较高的道德修养,好保证做到"富贵不能淫"。孟子认为,有地位权势的人,容易恣意妄为,天生的善性容易为地位权势所乱,丧失实现自身价值的机会,因此更应加强自身的道德修养,更应当注意自身理想人格的追求。

总的来说,儒家治政伦理中的崇高的道德追求,往往成为实现"杀身成仁"、"舍生取义"、无私奉献、勇于牺牲的爱国爱民行为的精神支柱。从先秦儒家所强调的孔、颜之乐,到范仲淹提出的"先天下之忧而忧,后天下之乐而乐"的精神,已经凝聚成为中华民族的一种特有道德追求。"富贵不能淫,贫贱不能移,威武不能屈"、"唯义所在",就是这种道德追求在人生观、价值观中的体现。其结果使封建社会出现了一批经国治世、拯民厚德、乐而忘忧、坚贞不屈、刚毅果断、执着不移的封建治政偶像。

出利入义:儒家治政伦理的价值取向

出利入义,指的是道义重于利益,君子必去利而取义。与出利入义意思相近的还有"以义制利"、"去利存义"、"先义后利"等,其要旨是治理国家究竟是以义导民,还是以利诱民。

在先秦,孔子、孟子、荀子都比较系统地论述了出利入义问题。孔子把义利之分看成区分君子小人的标志,说"君子喻于义,小人喻于利"(《里仁》)。他认为,君子要见利思义,而不要放于力而行,要用义制利,而不要用利制义。他提倡:"饭疏食,饮水,曲肱而枕之,乐亦在其中矣。不义而富且贵,于我如浮云。"(《述而》)在孔子看来,求利而轻义,终归不利,唯有义然后有利,故"君子忧道不忧贫"(《卫灵公》),忧义不忧食。

和孔子一样,孟子也把志利或志义作为区分君子小人的标志,"鸡鸣而起,孳孳为善者,舜之徒也;鸡鸣而起,孳孳为利者,跖之徒也。欲知舜与跖之分,无他,利与善之间也"(《尽心上》)。在孟子看来,讲义为善,就是舜;为利多欲,就是跖。义利之分,也就是君子小人之分。

至于荀子,他虽然认为义利都是人之所有,但他主张"以义制利",反对"唯利之求"。荀子认为,"君子之求利也略,其远害也早"(《劝学》),"先义而后利者荣,先利而后义者辱"(《荣辱》),因此,他的结论是:君子修身,"必以公义胜私欲"。

到汉代,董仲舒着重宣扬贵义贱利。他认为,利只能养体,而义却可以养心:"心不得义不能乐,体不得利不能安。义者,心之养也;利者,体之养也。体莫贵于心,故养莫重于义。"(《春秋繁露·身之养莫重于义》)剔除董仲舒及宋明理学家对儒家义利关系的扭曲外,儒家基本思想是强调在义利相矛盾、相冲突的情况下,应当以义为重。在这里"义"主要是指整体利益,"利"主要是指个人的私利。对于一般的利,孔子不但不反对,而且主张国家要"因民之所利而利之"。孟子所谓"王曰何以利吾国,大夫曰何以利吾家,士庶人曰何以利吾身,上下交征利,而国危矣",其利皆指私利。

儒家重义轻利的价值取向,还表现在对生与义的选择:舍生取义。孔子说:"志士仁人,无求生以害仁,有杀身以成仁。"孟子说:"生亦我所欲也,义亦我所欲也,二者不可得兼,舍生而取义者也。"这就是认为,在生命与道德理想不能两全的时候,宁可牺牲生命而实践道德,如宋元之际的文天祥、明清之际的史可法等。

由此可见,儒家强调"出利入义"、"义以为上"、"先义后利"、"见利思义"、"舍生取义"等都是从国家利益和整体利益的原则出发,处理个人对他人、对社会、对群体的关系的。因此儒家治政伦理中的义利观,在剥除其为封建国家服务的消极一面之后,可以看到其中渗透着一种为国家、为民族的公利而牺牲个人私利的强烈要求。孟子说:"天下有道,以道殉身,天下无道,以身殉道。"正是这种献身精神的悲壮反映。

以民为本:儒家治政伦理的目标选择

以民为本是儒家治政伦理的重要内容。就儒家治政伦理的自身体系而言,民本主义的存在,在一定程度上起到约束极端专制主义和皇权观念的作用。

"大同世界"说是一种典型的以民为本的治政伦理思想。孔子是"大同世界"思想的首创者。"大道之行也,天下为公,选贤任能,讲信修睦。故人不独亲其亲,不独子其子;使老有所终,壮有所用,幼有所长,矜、寡、孤、独,废疾者皆有所养;男有分,女有归。货,恶其弃于地也,不必藏于己;力,恶其不出于身也,不必为己。是故谋闭而不兴,盗窃乱贼而不作,故外户而不闭。是谓大同。"在这样一幅"大同世界"的图景中,公有观念、平等观念和互助观念等,都集中反映了当时人民的利益、愿望和要求。

孟子提出的"民贵君轻"的口号,则更为集中地反映了儒家治政伦理中的民本思想。孟子说:"民为贵,社稷次之,君为轻,是故得乎丘民而为天子。""桀纣之失天下也,失其民也;失其民者,失其心也。得天下有道,得其民,斯得天下矣;得其民有道,得其心,斯得民矣;得其心有道:所欲与之聚之,所恶勿失尔也,民之归仁也,犹水之就下,兽之走圹也。""善政,民畏之;善教,民爱之。善政得民则,善教得民心。"这里孟子着重强调了"民"及民心的重要性。一方面,他看到了争取人民支持,对地主阶级取得政权巩固统治的重要意义;另一方面,他也看到了要争取人民支持的关键在于得民心,并指出善于用行政方法治理人民,不如善于实施教育能得民心。因此,他认为民能"载舟",也能"覆舟",欲得民心,其关键在于统治者能"乐民之乐者,民亦乐其乐;忧民之忧者,民亦忧其忧。乐以天下,忧以天下,然而不王者,未之有也"。孟子所主张的统治者应"乐民之乐"、"忧民之忧"的思想对人民是有利的。后来的封建统治者对他的一系列政治主张非常重视,其民本思想亦获得发展。后世儒学思想家则进一步指出:"夫民者,万世之本也,不可欺。由居于上位者,简士若民者,是谓愚;敬士爱民者,是谓智……与民为敌者,民必胜之。""夫战胜也,民欲胜也;攻之得也,民教得也;守之存也,民欲存也。故率民而守,而民不欲存,则莫能以存矣;故率民而攻,民不欲得,则莫能以得矣;故率民而战,民不欲胜,则莫能以胜矣。"鉴于此,封建统治者为了维护已取得政权的地主阶级的长远利益,亦提出了一些重民的主张和措施。如唐太宗李世民就曾发出了"水能载舟,亦能覆舟"的感叹,并告诫群臣:"为君之道,必须先存百姓,若损百姓以奉其身,犹割股以啖腹,腹饱而苦弊。若安天下,必先正其身,未有身正而影曲,上治而下乱者。朕每伤其身者不在外物,皆由嗜教以成其福。若耽嗜滋味、玩悦声色,所欲既多,所损亦大,既妨政事,又扰生民。"正因为唐太宗李世民有了上述认识,才有了历史上的"贞观之治"。

因此,如果历史地考察,我们会发现,儒家所崇尚的保民、恤民、惠民、养民、富民、教民的人本主义精神具有一定的进步作用,它往往成为忧国忧民的思想家们批评极端专制统治的思想武器,并为部分开明君主和官绅接受,推动了中国社会政治的发展。

选贤任能:儒家治政伦理的实现途径

儒家德性人格的塑造目的是修身、齐家、治国、平天下。如何治国,儒家认为应该选贤任能,以德治国,以礼治国。

儒家历来主张统治者应修身治国,"为政在人"。"子曰:'文武之政,布在方策。其人存,则其政举;其人亡,则其政息。故为政在人。'"儒家"为政在人"主要是指由具有一定道德修养和使命意识的"贤人"以德治国。因此,儒家思想家特别强调选贤任能的重要性。

孔子就主张"选贤任能,讲信修睦",同时他还要求统治者能以孝悌为政,先正身,后正人,修己安百姓,博施济众。

孟子主张以德取人,"辅世长民莫如德"(《公孙丑》),"天下之本在国,国之本在家,家之本在身"(《离娄》)。荀子则主张论德定次,量能授官,以德行和才能取人,但德才二者应更重德行。"王者之论:无德不贵,不能不官,无功不赏,无罪不罚。"(《王制》)荀子还特别提醒人们要警惕那些有才能无信义的人。他说:"士信悫而后求智焉,士不信悫而多智能,譬之豺狼也,不可身尔也。"

在强调德行重要性的同时,儒家还十分强调才能的重要性。孔子称国家要治理好,必须选贤才,使其任重职。他说:"举直错诸枉,能使枉者直。""举直错诸枉,则民服,举枉错诸直,则民不服。"(《为政》)孟子、荀子对贤才在国家中的重要地位则做了进一步的具体阐明。孟子说:"虞不用百里奚而亡,秦穆公用之霸。不用贤则亡,削何可得与?"(《告子下》)削城割地,想勉强存在下去是办不到的。不用贤就会灭亡,"不信仁贤,则国空虚"。孟子认为一个国家要"无敌于天下"的第一原则是:"尊贤使能,俊杰在位,则天下之士皆悦,而愿立于其朝也。"荀子则认为法对于治理国家很重要。但法是靠人来制定和实行的。"法不能独立,类不能自行,得其人则存,失其人则亡。"(《君道》)所以,他提出了"尊圣者王,贵贤者霸,敬贤者存,慢贤者亡,古今一也"(《君子》)的重要思想。与此同时,儒家还认为,贤才不仅以其功促进社会进步,而且还应以本身作为榜样,启发、感召、吸引其他人。先秦诸子提出以圣贤为师,也就是说,贤才可以作为人们的师表和榜样。孔子提出"见贤思齐焉,见不贤而内自省也"(《里仁》)。"贤者以其昭昭使人昭昭",就是说贤才具有重要的表率和风范作用。而"政者,正也。其身正,不令而行;其身不正,虽令不行"、"上好礼则民莫敢不敬,上好义而民莫敢不服,上好信则民莫敢不用情"等儒家治政名言则要求官员先正其身,尔后正天下,因为只有正身、诚意、修身,才能齐家、治国、平天下。

此外,儒家还将为政者的社会责任感作为"德政"、"仁政"的重要体现。孟子引述大禹、后稷的话说:"禹思天下有溺者,由己溺之也;稷思天下有饥者,由己饥之也。是以如是其急也。"天下有溺者犹己溺之,天下有饥者犹己饥之,这就是强烈的社会责任心,也就是以天下为己任的精神。受这种思想的影响,后来历代志士仁人都表现了以天下为己任的精神。如顾炎武提出的"天下兴亡,匹夫有责"的思想,林则徐所写的"苟利国家生死以,岂因祸福避趋之"的诗句,都显示出一种强烈的社会责任心和为国家、为民族、为集体献身的精神。

由此可见,儒家治政伦理的精髓是通过礼治、德治来实现"齐家、治国、平天下"的政治抱负。而欲实现礼治、德治则首先要选拔品德高尚,具有一定道德意识、道德修养和社会责任感的贤才来治理国家,"道存则国存,道亡则国亡"。

时空超越:儒家治政伦理的现代价值

众所周知,马克斯·韦伯在其《儒教与道教》一书中曾经断言:在东方社会,儒家伦理将会阻滞其现代化的实现。韦伯是深刻的,但又是片面的。就儒家思想整体而言,它也许不利于社会现代化的进程。但就本文观点而言,儒家治政伦理,非但不是现代化的阻碍因素,相反却深蕴着有待我们进一步挖掘的丰厚政治资源。只要我们依据时代精神,弘扬精华,摒弃糟粕,就会发现儒家治政伦理的巨大现代价值。

一、塑造德性人格,重视修养践履,发挥道德主体作用,是建立一支清正廉洁的干部队伍的基础。目前,我国正处于新旧体制转型过程中,各种法律与规范均不很完备,极易滋长腐败现象。现实中的极端利己主义、特权思想和以权谋私、生活堕落、官僚主义等均是不道德行为的具体表现。因此,我们必须加强政府公职人员的道德修养。但道德不同于法律,仅仅依靠规范和约束,并不能造就崇高的道德人格。为了使道德规范被个人的道德意识所接受,它不仅要得到全社会的赞同,而且还应该被行为主体所理解,并成为主体内在的信念。只有内在自觉的意识与个人的意志融合在一起时,社会才能最大限度地发挥道德的约束和调节作用。而行政道德人格的最终形成,重要的在于公职人员的自我道德修炼,即道德品格的自我锻炼和自我教育。公职人员通过道德品格的自我陶冶可逐步达到较好的道德境界,从而使自我约束能力增强,在工作中不为私利所诱惑,不为私情而动,从而形成良好的道德人格。

二、强调"民为邦本",有利于强化政府公职人员为人民服务的意识。儒家一直认为,治理天下,贵在得民,"政之所兴,在顺民心;政之所废,在逆民心"。中国历代统治者也都不同程度地强调这种思想。对于今天的领导干部来说,就是要关心爱护群众,珍惜民力,为人民服务。但现实中不少政府官员考虑的不是主动为人民办实事,而是颠倒了主仆关系,利用人民赋予的权力搞权钱交易、权权交易、官商勾结、搞特殊化、骄傲自满、刚愎自用、腐化堕落,轻视人民的民主权利。面对现实,我们必须加强公务人员为人民服务的意识,要使政府公职人员牢牢记住:无论职位高低,都是人民的勤务员。政府公职人员只有为人民、为社会提供服务的义务,而没有当官做老爷的权利,否则将会失去公众的信赖和支持,为人民所唾弃。

三、"出利入义"的价值取向,有利于树立忠于国家和集体,以整体为导向的行政道德价值观。儒家治政伦理中的"出利入义"的价值取向主要体现在两个方面:在人我关系上,"己所不欲,勿施于人",重视他人利益;在个人与群体关系上,强调群体利益和整体利益。当个人利益与整体利益发生矛盾时,应"舍生取义",牺牲个人利益。这种价值取向的现实价值在于要求政府公务人员在行使公共权力时首先要维护公平正义,维护公共利益,谋求公共利益最大化,为社会为公众提供最佳、最优质服务;其次,在行使公共权力的过程中,要公平正直,主持社会公正、维护社会正义,要对公众利益负责,自觉维护政府的权威及声誉;再次,当个人利益与整体利益发生矛盾和冲突时,要自觉地无条件地服从集体利益和整体利益,而不能有任何形式的以权谋私、化公为私、损公肥私行为。

四、"选贤任能,讲信修睦"的儒家治政伦理,有助于社会的稳定和发展。社会稳定是经济发展的先决条件和首要条件。没有稳定,社会整日处于动荡混乱之中,不可能使经济得到发展。儒家倡导的"以和为贵"、"仁爱忠恕"、"克己复礼"的治政伦理,也都是为了治平社会国家、稳定社会秩序的。孟子说"天时不如地利,地利不如人和"中的所谓"人和",指的是人与人之间的团结合作,而孔子所说的"克己复礼"的"礼"字,做现代的诠释就是指一切社会的规章制度,"克己复礼"就是要人们自觉地遵守规章制度和法律规范,使无秩序的社会走上有序的有纪律的社会。而选贤任能则是实现社会稳定和经济发展的重要手段。只有大批具有崇高道德人格,愿为社会和公众服务的有识志士进入政府,才能有利于经济的发展、社会的稳定,国家才会繁荣和富强。

原载《儒家伦理与公民道德国际学术研讨会论文集》,中华工商联合出版社1996年版

从"契约"事件看儒家的诚信之辨

陈继红

摘 要：本文以儒家内部关于若干契约事件的评述作为一条线索，试图在某种程度上回应外界对儒家诚信的质疑和批评。在儒家关于以管仲为中心的两个契约事件的解读中，贯穿着一个隐含的思路："大信""小信"之辨，由此可知儒家关于诚信限度的规定具有复杂的情况，而契约内含义务是其主因。在儒家关于另一类契约事件——"要盟"的相关评述中，暗含着一条由"诚"而"信"的价值路径。由此深究下去，有助于重新理解儒家"诚""信"之辨的历史逻辑。儒家关于"讳隐"的思路，则包涵了"信""礼"之间的张力。通过以上同情之理解，儒家诚信与现代诚信的内在关系才能获得有效沟通和恰当定位。

关键词：契约 大信 小信 诚

儒家诚信与现代诚信之间是否具有融通和承续的关系？这是一个引发持续争论的话题。此种争论的一个前置性问题是：如何客观、准确地理解儒家之诚信？从已有的研究来看，这依然是一个需要澄明的问题。基于此，我们返回经典文本本身，以儒家内部对于一系列"契约"①事件的评述作为路径，看能在多大程度上回应上述争端，并由此展开对现代价值的思考。

一、管仲之约："大信"与"小信"

现代学者普遍认为，在儒家那里，诚信并非康德式的绝对命令，而是一个有限度的次要义务。在此种观念下，儒家诚信受到诸多质疑，甚而被视为儒家道义

---

① 在中国传统文本里"契"与"约"是两个具有互释性的概念，皆可用作"契约"一词。它既指合同、案卷、具结等可以作为证辞文书的档案资料，如《左传·襄公十年》："王叔氏不能举其契。"亦指主体间具有约束性的协议行为，如《说文解字》之"契，大约也"，指邦国之间的盟约。与现代契约的一个重要区别在于，传统契约的主体关系并不具有权利平等的意味，而是更多地指向身份特质，也不必然附加法律上的"债"，只是以道德上的义务关系作为基本依据。本文所谓"契约事件"，正是基于此种意涵

论的一个阿喀琉斯之踵。① 实际上,儒家关于诚信限度的规定具有复杂的情况,而契约内含义务的性质则是其主要归因。在儒家关于以管仲为中心的两个契约事件的解读中,贯穿着一个隐含的思路——"大信""小信"之辨。以此作为切入点,或有助于我们重新理解儒家诚信的限度。

在《论语·宪问》中,孔子与子贡讨论了一个著名的契约事件。

子贡曰:"管仲非仁者与?桓公杀公子纠,不能死,又相之。"子曰:"管仲相桓公,霸诸侯,一匡天下,民到于今受其赐。微管仲,吾其被发左衽矣。岂若匹夫匹妇之为谅也,自经于沟渎而莫之知也。"

这段对话指向一个事实:管仲与公子纠之间存在着契约关系。据《史记·管晏列传》记载,管仲为公子纠之辅相。按照传统的契约概念,这种君臣关系当是一种契约关系。虽然没有文书证辞作为保障,但类似于现代意义上的口头合同,双方同意即可成立。契约双方构成了一定的权利与义务关系,并自愿接受相关约束——社会道德及可能的强制力。据此,当公子纠被杀,管仲应当履行此类契约中公认的一种义务——为主殉死。他的朋友召忽就这么做了。但是,管仲却背弃了这个义务。在儒家经典中,对管仲失信行为的正面性评价成为绝对的主导意见。个中原因何在?现代学者热衷于从"信""义"之辨的角度阐析儒家诚信的限度,以为由此可以完全说明问题。而为学者们忽略的是,自孔子始,儒家便或明或暗地以"大信""小信"之辨来为管仲开脱,由此深究下去,可知儒家的诚信并非通常所理解的单一线条,而是呈现出复杂的样貌。

在经典文本中,儒家"大信""小信"之辨与其对两种契约的价值评判是交合在一起的。孔子将"管仲相桓公,霸诸侯,一匡天下"与"自经于沟渎而莫之知"的"匹夫匹妇之为谅"进行了价值比较,这就涉及两种契约,前者代表管仲与鲍叔之约,后者代表管仲与公子纠之约。在孔子的比较中,二者的价值大小之辨非常鲜明。如果说"大信""小信"之辨只是孔子的隐喻之义,邢昺则使这种隐喻浮出了水面:"管仲志在立功创业,岂肯若庶人之为小信,自经死于沟渎中,而使人莫知其名也。"②在这里,邢昺将孔子之谓"谅"明确地解释为"小信"推而论之,管鲍之

---

① 何怀宏:《良心论》,北京大学出版社2009年版,第128页。
② 阮元校刻《十三经注疏》,中华书局2003年版,第2512页。

约当为"大信"。如此"大信""小信"之辨便在价值评判中趋于明朗。后儒以"仁之功"作为价值评判的主要依据,程颐认为,"只为子路以子纠之死,管仲不死为未仁,此甚小却管仲,故孔子言其有仁之功"①。这是从功利的角度以管纠之约为"小",推而可知,管鲍之约当为"大"。刘宝楠则将这种比较说得更加明确:"有管仲之功,则可不死;若无管仲之功……又远不若如忽之为谅也。"②这实际上是接续了邢昺的思路,将两种契约区分为"大信"与"小信"。这种辨析同时意味着价值选择:价值较小的"小信"应当服从于价值较大的"大信",如此,管仲失信的正当性便得以确证。

　　儒家"大信""小信"之辨并非单纯的价值比较,亦内蕴着义务的价值排序。在这两种契约中,管仲分别承担着两种义务:一是管鲍之约所内含的士人对天下之义务,二是管纠之约代表的臣子对君主之特殊义务。在价值比较的字里行间,儒家同时辨明了两种义务的差序。孔子将召忽守信喻为"匹夫匹妇之谅",按照刘宝楠的解释,所谓"匹夫"意指"独行之士,惜一己之节,不顾天下者也"③。于是,孔子实际上是将两种义务作了"公"与"私"的界分。这种界分得到了后儒的一致认可,程颐表面上是以小白与公子纠之间的兄弟关系为理据,肯定了管鲍之约所含义务的优先性。但是,这种兄弟关系所指向的"礼",本质上是以"天下"为旨归。同时,他在称赞管仲有"仁之功"时释"仁"道:"只是一个公字。学者问仁,则常教他将公字思量。"④因之,契约内含义务的"公"、"私"之分才是他真正的视界。朱熹认为管仲"义不当死"⑤,又在管仲与子文的比较中指出:"管仲是天下之大义,子文是一人之私行耳。"⑥这与程颐的思路如出一辙。这种"公"、"私"界分既有价值大小的辨析,亦有义务排序的意思。在儒家那里,低一级的指涉"私"的义务理当服从于高一级的指涉"公"的义务。孔子所谓"君子贞而不谅"明确地表达了这个意思,按孔颖达的解释"贞"是"正其道"之"信","谅"为"小信"。⑦ 这

---

① 程颐等:《二程集》,中华书局2011年版,第183页。
② 刘宝楠:《论语正义》,中华书局2009年版,第581页。
③ 刘宝楠:《论语正义》,中华书局2009年版,第580页。
④ 程颐等:《二程集》,中华书局2011年版,第285页。
⑤ 黎靖德编《朱子语类》,中华书局2007年版,第1129页。
⑥ 黎靖德编《朱子语类》,中华书局2007年版,第732页。
⑦ 阮元校刻《十三经注疏》,中华书局2003年版,第2518页。

就是说,"小信"应服从于"大信"。这与儒家"信""义"之辨具有相契之处。由此,管仲失信的正当性得以进一步确证,儒家的诚信似乎也就具有了毋庸置疑的绝对性。

但是,以"大信"、"小信"分别观之,儒家诚信的绝对性实际上具有复杂的情况,而契约内含义务的特质则是主要的界分依据。其一,对指向于公利的"大信"而言,诚信并不存在任何限度,而是一种天命的、应当无条件遵守的基本义务。将管鲍之约谓为"大信"并非凭空的推论,何休在解《公羊》之例时就提出"大信时,小信月,不信日"之说。① 此外,《春秋公羊传》记载了隐公元年三月鲁隐公与邾娄仪父结盟的事情,公羊寿称这个契约为"小信",何休进一步解释道:"邾娄仪父归于新王而见褒赏,不为大信者,以下七年'秋,公伐邾娄'是其背信也,功不足录,但假评以为善,故为小信辞也。"② 这就是说,可以背弃的契约只能是"小信","大信"是绝对不可背弃的。而在儒家的相关评述中,管鲍之约是在任何条件下都不可背弃的,这正契合了"大信"的特质。那么"大信"何以能够成为康德意义上的绝对命令?诸儒不但以管鲍之约中承载的兴天下大利之道德义务作为解释的依据,并将其合法性追溯到了神性。前述之"贞而不谅","贞"在《调易》中本有天道的意味;《春秋左传·庄公十年》中说:"小信未孚,神弗福也。"杜预以"孚"为"大信"③,意思是唯有"大信"才可以得到神佑。如此,"大信"所内含的义务便与天道之间建立了联系,以此获得了绝对性。

其二,对于指向私利的"小信"而言,诚信的限度则是有条件的。从相关评述来看,儒家并没有完全否定管纠之信的正当性。儒家虽贬管纠之约为"匹夫匹妇之谅",但是并非全然否定"谅"的价值,如孔子以"谅"为朋友之道,孟子以"谅"为君子之道,等等。此外,对于管仲之死与不死,儒家皆给予了正面性的意见。邢昺认为,"管仲与召忽同事公子纠,则有君臣之义,理当授命致死";又"且管仲、召忽之于公子纠,君臣之义未正成,故召忽死之,未足深嘉;管仲不死,未足多非。死事既难,亦在于过厚,故仲尼但美管仲之功,亦不言召忽不当死"。④ 程子亦认

---

① 阮元校刻《十三经注疏》,中华书局2003年版,第2230页。
② 阮元校刻《十三经注疏》,中华书局2003年版,第2198页。
③ 阮元校刻《十三经注疏》,中华书局2003年版,第1767页。
④ 阮元校刻《十三经注疏》,中华书局2003年版,第2512页。

为:"仲始与之同谋,遂与之同死,可也;知辅之争为不义,将自免以图后功亦可也。"①这两个评述的深层意涵是,当两个不同等级差序的义务发生冲突时,或者说,当产生"大信""小信"之辨的时候,诚信才可以成为一个有限度的、次要的义务。当然,还有另一种情况:契约内含的义务不具有正当性(例如后文中提到的"要盟")。因之,对于"小信"而言,诚信的限度并非绝对的,只有当没有选项干扰时,违背必诺之信才会受到儒家的批评。

由是观之,儒家诚信表面上确是以"被看作是要以事情的性质为转移,并依交往的对象来衡量"②,实质上却是依据内含义务的性质来决定其限度。在这种思路下,我们似乎难以贸然质疑儒家诚信的内在矛盾。

二、要盟:"诚"与"信"

"诚信"是由"诚"与"信"两个具有互释性的范畴组合而成,有别于西方语境中单一的"信"的范畴。以儒家的观点看,这种组合意味着"诚"与"信"之间是一种内外相成的关系,"信"必然建基于"诚"。现代学者对此提出了批评,认为"诚"在现代契约关系中已然丧失其根基性意义,与功利相关的制度供给才是"信"的应然之基。与此同时,也有另一种不同的声音,认为应该拒斥对诚信做功利性理解,决不能抛弃"诚"之根基。那么,我们应当如何理解儒家"诚""信"之辨的历史逻辑?在儒家关于另一种契约事件——"要盟"的相关评述中,暗含着一条由"诚"而"信"的价值路径,由此深究下去,或许可以帮助我们寻求到个中答案。

春秋时期,有两个契约事件共同提到了"要盟"。概要如下:

> 楚子伐郑。子驷将及楚平,子孔、子蟜曰:"与大国盟,口血未干而背之,可乎?"子驷、子展曰:"吾盟固云'唯强是从'。今楚师至,晋不我救,则楚强矣。盟誓之言,岂敢背之?且要盟无质,神弗临也。"(《左传·襄公九年》)

> 过蒲,会公叔氏以蒲畔,蒲人止孔子……蒲人惧,谓孔子曰:"苟毋适卫,吾出子。"与之盟,出孔子东门。孔子遂适卫。子贡曰:"盟可负邪?"孔子曰:

---

① 朱熹:《四书章句集注》,中华书局2005年版,第153页。
② 何怀宏:《良心论》,北京大学出版社2009年版,第128页。

"要盟也,神不听。"(《史记·孔子世家》)

春秋时期的"盟",意指诸侯之间以"杀牲歃血,誓于神"作为表达方式的契约行为。上述两个契约事件表达了一个共同的观点:要盟可负。子驷、子展就此提出了一个重要的理据:"要盟无质,神弗临也。"孔颖达解释道:"质,诚也。无忠诚之信,故神弗临也。"①由是,所谓"要盟无质"意谓缺乏"诚"的"信",如此,单一的"信"便无法与神性达成沟通而获得合法性依据。孔子所谓"要盟也,神不听",亦表达了同样的意涵。程颐认为,在要盟的情况下"盖与之盟与未尝盟同,故孔子适卫无疑"②。这就直接否定了无"诚"之"信"的存在价值。朱熹等皆表达了类似的观点。要之"要盟可负"实际上表达了儒家对于无"诚"之"信"的价值判断。

儒家何以断然否定无"诚"之"信"的存在价值?在关于"诚"、"信"关系的解读中,儒家揭示了一条由"诚"而"信"的价值路径,其意涵主要表现于两个层面:其一,"诚"为"信"之正当性依据。在《中庸》中,"诚"被视为"天之道";在朱熹那里"诚"进一步被释为"天理"。如此,"诚"便成为一个本体意义上的范畴。基于此种理解,"诚"与"信"的关系得以分明:

> 诚是自然底实,信是人做底实。故曰:"诚者,天之道。这是圣人之信。若众人之信,只可唤做信,未可唤做诚。"③
>
> 诚是个自然之实,信是个人所为之实。中庸说"诚者,天之道也",便是诚。若"诚之者,人之道也",便是信。信不足以尽诚,犹爱不足以尽仁。④

朱熹认为,"诚"与"信"的区别具体表现为天道与人道、自然与人为之分界,而天道必然通过"诚之"的修养功夫落实到人道中。因之,"诚"之于"信"便有了本根之意味,也正是在这个意义上,"诚"可以完全地涵容"信"(圣人之信),"信"于是获得了形上之依据。如果单独地讲"信"(众人之信),则是抽掉了"诚"这一

---

① 阮元校刻《十三经注疏》,中华书局2003年版,第1943页。
② 程颐等:《二程集》,中华书局2011年版,第72页。
③ 黎靖德编《朱子语类》,中华书局2007年版,第103页。
④ 黎靖德编《朱子语类》,中华书局2007年版,第103页。

根基,使人道与天道之间无法达成沟通,如此,"信"便游离于儒家建基于天道(天理)之上的道德系统之外而无法获得其正当性。前述之"神弗临"或"神不听",正是由此得以解释。

其二,由"诚"而"信"的道德信仰实现路径。儒家虽然承认"诚""信"之别,但却以"诚"、"信"作为两个可以互释的范畴,又尤其推重以"诚"释"信"的解释路径。孟子提出一个观点,"有诸己之谓信"(《孟子·尽心下》)。注家们的解释主要如下:

> 有之善于己,乃谓人有之,是谓之信。①
> 凡所谓善,皆实有之,如恶恶臭,如好好色,是则可谓信人矣。②
> 志仁无恶之谓善,诚善于身之谓信。③
> 诚,犹实也……实有之矣,是为信也。④

在前两条中,"有诸己"被解释为"实有"——个己真实地拥有善(诸种德性)的状态;在后两条中,这种状态被进一步解释为"诚"。可见,儒家之谓"信",并非单纯地指向"见之于事"的外在行为表现,而是着意于"诚"之内在心灵状态。在此状态下,个己"在其自己,是其所是,真实地拥有其本性"⑤,完成了道德信仰的建构。易言之,"信"意味着"诚"(道德信仰)的外在落实,这其中便蕴含着一个由"诚"而"信"的动态过程。

在儒家关于"忠"、"信"之关系的思考中,这种由内而外的价值路径得以更为清晰的阐述。在儒家那里,"诚"与"忠"被视为两个可以通言的范畴,"诚信"与"忠信"便当然地具有互释性。朱子认为,"忠信只是一事,而相为内外始终本末。有于己为忠,见于物为信。做一事说,也得;做两事说,也得"。⑥ 所谓"一事",意

---

① 阮元校刻《十三经注疏》,中华书局 2003 年版,第 2775 页。
② 朱熹:《四书章句集注》,中华书局 2005 年版,第 370 页。
③ 朱熹:《四书章句集注》,中华书局 2005 年版,第 370 页。
④ 焦循:《孟子正义》,中华书局 2007 年版,第 994—995 页。
⑤ 李景林:《诚信观念与道义原则》,《天津社会科学》2012 年第 2 期。
⑥ 黎靖德编《朱子语类》,中华书局 2007 年版,第 486 页。

指二者共同涵蕴了对天命之德性（道德信仰）的真实存有，所不同的是德性之存有方式，"忠"指向于内心，"信"指向于行为；在这个意义上，二者亦可分为"两事"。同时，这也意味着道德信仰的完整实现必然要经历一个由内而外的活动过程，由内心的存有转向具体的行为活动。因之，"忠"（"诚"）与"信"构成了不可分离的整体，"未有忠而不信，信而不忠"①。易言之，只有在"忠"（"诚"）的前提下，"信"才能获得其本真性。

上述由"诚"而"信"之价值路径分别指向两个层面：本体世界与意义世界，儒家根据这两个维度否定了无"诚"之"信"的价值，"要盟"的正当性因之受到当然的质疑。如此，"诚"所表征的内在心灵状态便成为诚信实现的本根，而"信"所指涉的外部行为则成为一个次要的因素，与之相关的功利价值显然不在儒家的考虑之中。

但是，从另一个要盟事件来看，儒家似乎对于"信"之功利价值又给予了某种肯定。《春秋穀梁传·庄公十三年》中有一段记载："冬，公会齐侯，盟于柯。曹刿之盟也，信齐侯也。""柯之盟"是曹刿持剑劫持齐桓公订立的契约，因而是不折不扣的"要盟"，但齐桓公事后却如实履行了契约。儒家对此进行了高度评价，何休认为："大信者时，柯之盟是也。"②董仲舒亦言："于柯之盟，见其大信。"③如前所述，"大信"与天道之间存在着必然的联系，如此，问题就出现了，作为"要盟"的柯之盟本质上是无"诚"之"信"，没有了"诚"，"信"何以通向天道呢？其正当性何以成立呢？公羊寿之言或可为之作解："要盟可犯，而桓公不欺。曹子可仇，而桓公不怨。桓公之信著于天下，自柯之盟始焉。"（《春秋公羊传·庄公十三年》）此言既肯定了"要盟可犯"的正当性，又视"要盟不犯"为"信"的完全实现。这两个貌似矛盾的论断只能有一种解释：这里所谓"信"并不关乎"诚信"之道义价值，而仅仅关乎"信"的功利价值，即"桓公信著于天下"的功业。

但是，儒家并没有将此种与功利紧密联系的"信"与诚信的实现联系起来，董仲舒认为："仲尼之门，五尺童子言羞称五伯，为其诈以成功……五伯者比于他诸

---

① 黎靖德编《朱子语类》，中华书局2007年版，第482页。
② 阮元校刻《十三经注疏》，中华书局2003年版，第2198页。
③ 苏兴：《春秋繁露义证》，中华书局2007年版，第91页。

侯为贤者,比于仁贤,何贤之有?"①此处转而以"诈"评价作为五伯之长的桓公,个中深意值得玩味:指向功利的"信"并不具有持久性与稳定性,在某种情况下,甚至会走向诚信的反面。王阳明亦言:"五伯攘夷狄,尊周室,都是一个私心,便不当理。"(《传习录》卷下)因之,儒家虽然从功利的角度肯定了无"诚"之"信"的价值,但却指出以功利为中心的"信"最终会伤害诚信的实现。而此处"大信"之谓唯一合理的解释是,儒家意在彰显其不可背弃的特点,并非主张"信"可以脱离"诚"独立存在。

实际上,儒家之谓"大信"基本上排除了"信"的功用。《礼记·学记》提出了一个重要的观念——"大信不约",郑玄释之为:"谓若'胥命于蒲',无盟约。"②所谓"胥命",即"相命而不歃血"的契约行为,意谓以口头约定的方式订立契约,而不须任何证辞文书及隆重的仪式作为保障。孔颖达则将此释为"不言而信",认为"大信本不为细言约誓,故云'不约'也,不约而为诸约之本也"。③这在郑玄的基础上又推进了一步,即便是"胥命"之类最简单的外在之"信"也被排除在外了。因之"大信"意指"诚"(道德信仰)实现的理想状态,个己完全地、真实地拥有了天命之德性,天道与人道实现了统一。这种"至诚感物"的状态,成为外在的"信用"、"信任"自然生长的根基。

综上,儒家由"诚"而"信"的价值路径内蕴着一个价值判断:外在功利或许可能成为诚信的供给机制,但道德信仰的实现才是诚信建设的根本路径。

三、讳隐:"信"与"礼"

以儒家的观点,"讳隐"是合乎"礼"的正当行为。但是,一些国外学者却认为此种"讳隐"之礼给诚信的实现带来了严重的困扰,如理雅各指出:"这种'讳'包含了三个英语词语的涵义——忽视、隐瞒和误传。"④明恩溥亦对"直而无礼则绞"提出了批评,并尖锐地指出:"一个独具慧眼研读中国经典的人,会在字里行

---

① 苏兴:《春秋繁露义证》,中华书局2007年版,第268—269页。
② 阮元校刻《十三经注疏》,中华书局2003年版,第1525页。
③ 阮元校刻《十三经注疏》,中华书局2003年版,第1525页。
④ 明恩溥:《中国人的素质》,董秀菊译,文津出版社2013年版,第206页。

间读出许多含糊不清、拐弯抹角、闪烁其词的话以及不切实际的谎言。"①中国学者对此种批评亦有跟进。一个需要厘清的问题是:"礼"是"信"(诚信)的阻碍因素吗?沿着儒家关于"讳国恶"之契约事件的讨论思路深入下去,则可以使"信'、"礼"之间的内在关系得以明晰。《韩非子·说林下》记载了一件事情:

> 齐伐鲁,索谗鼎,鲁以其雁往。齐人曰:"雁也。"鲁人曰:"真也。"齐曰:"使乐正子春来,吾将听子。"鲁君请乐正子春,乐正子春曰:"胡不以其真往也?"君曰:"我爱之。"答曰:"臣亦爱臣之信。"

齐鲁的谗鼎之约是一个典型的契约事件,其后续情节令人玩味:鲁君要求乐正子春以个己诚信掩盖其背约行为,却遭到断然拒绝。这个事件似乎与明恩溥等人的理解有所偏差,其背后涵蕴了一个深刻的儒家问题:当"信"与"礼"发生冲突的时候,应当如何选择?此处所谓"礼"即"讳国恶"之礼,在《春秋》三传中受到特别的推崇,如:

> 《春秋》为尊者讳,为亲者讳,为贤者讳。(《公羊传·闵公元年》)
> 讳国恶,礼也。(《左传·僖公元年》)

孔子亦以"讳国恶"为"礼"的要求。《论语·八佾》中记载了一件事:"或问禘之说。子曰:'不知也。知其说者之于天下也,其如示诸斯乎!'"以邢昺的解释,孔子不知禘礼之说,是遵循了"讳国恶"之礼,为鲁文公讳隐"跻僖公,乱昭穆"之事。②由此,鲁君的要求实际上是以儒家之礼作为内在依据,表面上看并无任何不妥。

此外,从儒家道德体系的序列层次来看,鲁君的要求似乎亦具有正当性。如前所述,儒家要求处于末位的"信"必然服从于"仁"、"义"、"礼"、"智"这四种更高一级的义务要求。由此两个方面,作为儒家弟子的乐正子春似乎应当听命于鲁

---

① 明恩溥:《中国人的素质》,董秀菊译,文津出版社2013年版,第204页。
② 阮元校刻《十三经注疏》,中华书局2003年版,第2467页。

君,使个人之"信"服从于"礼"之要求。

那么,乐正子春的拒绝是否背弃了儒家立场?事实上,在儒家那里"讳国恶"并非一项绝对的义务,"信"服从于"礼"必须受制于两个特定条件。《论语·述而》中记载了一件事:

> 陈司败问:"昭公知礼乎?"孔子曰:"知礼。"孔子退,揖巫马期而进之,曰:"吾闻君子不党,君子亦党乎?君取于吴为同姓,谓之吴孟子。君而知礼,孰不知礼?"巫马期以告。子曰:"丘也幸,苟有过,人必知之。"

在这里,孔子既履行了"讳国恶"之礼,又否定了自己行为的正当性,这种表面的矛盾实际上为"讳国恶"设定了一个限制条件。在儒家看来"讳国恶"能否成为凌驾于"信"之上的道德义务,主要取决于其内在价值诉求——是否指向社会公共利益。邢昺引用《礼记》之言为孔子作注:"《坊记》云:'善则称君,过则称己,则民作忠。善则称亲,过则称己,则民作孝。'是君亲之恶,务于欲掩之,是故圣贤作法,通有讳例。"①这就是说,孔子为昭公不"知礼"隐讳,其用意在于维护君君臣臣之等级秩序。同时,他也从另一角度指出,"讳国恶"有可能成为一种粉饰的借口,"每事皆讳,则为恶者无复忌惮,居上者不知所惩"②,这无疑将对政治秩序建构产生极大的负面影响。于是,孔子自称"有过"的缘由亦得以解释。由此可知,孔子的矛盾实际上并不存在,讳与不讳皆依据了同样的判断标准——是否有利于社会公共利益。孔颖达将这一层意思说得更为清楚:"《论语》称孔子为昭公讳而称丘也过者,圣人含弘劝奖,揽过归己,非实事也。若史策书,理则不一,若其良史,直笔不隐君过,董狐书赵盾弑君,及丹楹刻桷之属是也。若忠顺臣,则讳君亲之恶者,《春秋》辟讳皆是。"③又"虽事迹不同,而俱是为国。圣贤两通其事,欲见仁非一涂"④。孔颖达明确地将讳与不讳视为殊途同归之事——"为国"之公利诉求。正是在这个意义上,儒家对"讳国恶"之礼采取了一种"不夺其所讳,

---

① 阮元校刻《十三经注疏》,中华书局2003年版,第2484页。
② 阮元校刻《十三经注疏》,中华书局2003年版,第2484页。
③ 阮元校刻《十三经注疏》,中华书局2003年版,第1274页。
④ 阮元校刻《十三经注疏》,中华书局2003年版,第1735页。

亦不为之定制"的两可态度。①

以此而论,乐正子春拒绝履行"讳国恶"之礼确有充足的依据。表面上看,个己诚信属于独善其身之私行,为鲁君讳恶关乎鲁国之公利。但究其实质,鲁君背约并非出于公利的考虑,而是为了满足自己的私心——"我爱之"。以儒家的立场,对于这种不以公利为价值诉求的"国恶",乐正子春完全可以选择拒绝为其讳隐。同时,这里也有一个短期利益与长远利益博弈的问题,如果乐正子春答应鲁君的请求,确实可以在短期内粉饰鲁君的信用,平息齐鲁两国的争斗。但是,从长远来看,此举无疑将会彻底毁掉鲁国的信用,对于国家发展是非常不利的。

儒家又以"诚"作为"讳国恶"(礼)的另一个限制条件。如:

林放问礼之本。子曰:"大哉问!礼,与其奢也,宁俭;丧,与其易也,宁戚。"(《论语·八佾》)

君子曰:"甘受和,白受采,忠信之人可以学礼。苟无忠信之人,则礼不虚道。是以得其人之为贵也。"(《礼记·礼器》)

对于第一段话,朱熹引范氏曰:"俭者物之质,戚者心之诚,故为礼之本。"②对于第二段话,孔颖达解释道:"心致忠诚,言又信实,质素为本,不有杂行,故可以学礼也","人若诚无忠信为本,则礼亦不虚空而从人也。"③如此,"礼"与"诚"的关系得以明确:"诚"为"礼"之本根,"礼"为"诚"之外显。因之"信"服从于"礼"必然受制于一个前提:是不能够破坏"诚"所内蕴的真实无妄之义。事实上,儒家所谓"讳隐"并非意味着对诚信的破坏,而是以一种隐晦曲折的方式表达事实真相。这在《春秋》三传中都有:

秋,王师败绩于贸戎。不言战,莫之敢敌也。为尊者,讳敌不讳败;为亲

---

① 阮元校刻《十三经注疏》,中华书局2003年版,第2484页。
② 朱熹:《四书章句集注》,中华书局2005年版,第62页。
③ 阮元校刻《十三经注疏》,中华书局2003年版,第1442页。

者,讳败不讳敌;尊尊亲亲之义也。然则孰败之? 晋也。(《穀梁传·成公元年》)

齐师、宋师、曹师次于聂北,救邢。(《公羊传·僖公元年》)

元年春,不称即位,公出故也。公出复入,不书,讳之也。(《左传·僖公元年》)

这里有两种典型的讳隐方式:其一,转换用词。在第一则资料中,晋国打败了鲁国,史书不说"战"而称"败绩",是出于对鲁君的尊敬而为其讳隐有敌对者,但却没有讳隐失败的事实;在第二则资料中,在齐、宋、曹三师赶赴救邢国之前,它已为狄国所灭。史书不言狄灭邢,却讲三师"次于"(停驻),旨在替齐桓公讳隐不能及时救助邢国的耻辱。其二,"不书"。在第三则资料中,僖公于元年春天即位,史书却"不书",因为僖公出奔他国而又回国,为了讳隐国家的坏事而不予记载。这两种讳隐方式的共同之处在于,虽然没有直接呈现事实,但决不会歪曲事实,而是以一种合乎"礼"的方式间接表述事实。在这个意义上,我们可以进一步理解孔子为何自称"有过"。孔子为昭公讳隐的方式不同于以上,所谓"知礼"类同于对客观事实的歪曲,这就破坏了"礼"之"诚"。而乐正子春如果应允鲁君的要求,必然要采取孔子自我否定的讳隐方式。在这种情况下,不以"信"服从于"礼",恰恰是出于对"礼"的尊重。如果"诚"不复存在,"讳国恶"又何以成为"礼"呢?

由上述可知,乐正子春的拒绝并没有背弃儒家立场。其实,在此之前,子路也曾做过同样的选择,不愿意以个己之信为一个不正义的契约作担保(参见《左传·哀公十四年》)。儒家立场的一贯性由是可见。因之,"礼"不但不会构成诚信的阻碍因素,而且必然地指向于"诚",以"诚"来成就自身。所谓"忽视、隐瞒和误传"实为严重的误解,对"直而无礼则绞"的批评亦有失偏颇。但是,我们也必须承认,儒家关于"讳隐"的两个限制条件在具体执行中存在着一定的难度,就连孔子也难免陷入两难的境地,诸多误解与曲行当然不可避免。

总之,儒家诚信是以"诚"作为"信"的价值依据与实现途径,与西方文化对"信"(制度约束)的绝对推崇是明显不同的。在当下中国,儒家诚信遭到了来自正反两方面的评判:功利论将诚信主要视为一个与利益相关的经济问题或社会问题,而非单纯的道德问题,并基于市场逻辑在不同程度上否定儒家诚信对于现代社会的正向作用;目的论则反对以怀利邀福之心来理解诚信的观念,着力于彰显诚信本然的道德价值,认为儒家诚信与现代诚信之间本为一条通途。笔者认为,功利论所强调的制度约束确实是应对诚信危机的有效之途,但是,如果在现代诚信中贸然抽掉"诚"之根基,则会有一定的风险。由于缺乏道德信仰的内在支持,当"非诚信或不诚信的行为所获得的利益乃至暂时的所谓幸福可能比诚信更大更多"①时,诚信可能走向它的反面。同样的,如果将诚信实现的途径主要依托于道德信仰的自我约束,诚信就只会是少数人的自觉而缺少普遍根基。因之,制度完善与信仰培育,应是现代诚信建设中两种互为补充的途径。只有经过现代转换,儒家诚信与现代诚信之间才可能获得有效的沟通。

原载《哲学研究》2016 年第 1 期

---

① 樊浩:《诚信的形上道德原理及其实践理性法则》,《东南大学学报》2003 年第 6 期。

中国传统文化与思想政治教育研究的论域、问题与趋向

陈继红　王　易

摘　要：中国传统文化与思想政治教育研究主要集中在二者的内在关系、中国古代思想政治教育史、中国传统文化与社会主义核心价值体系等三大论域。从总体上看,目前研究中存在的主要问题是研究的广度与深度失衡、学科立场的辨识度不足、"古代思想政治教育"特质模糊及研究方法中的误区。因此,在推动社会主义文化大发展大繁荣的背景下思考学科发展的方向,在不同学科的交叉渗透中彰显思想政治教育学科的独有立场,在问题意识的引导下开拓学术研究的视野将会成为这一研究未来的发展方向。

关键词：中国传统文化　思想政治教育　论域　问题　趋向

中国传统文化与思想政治教育是思想政治教育学科的主要研究方向之一,这一方向同时被赋予了不同的名称,如"中国传统文化与当代思想道德建设"、"中华优秀文化与青年教育"等。这些不同的名称在某种程度上表明了研究侧重面上的差异,但实质上研究主题都是一致的。随着马克思主义理论学科的蓬勃发展,这一领域取得了丰硕的研究成果,本文拟从论域、问题与趋向三个方面进行总结。

一、研究的论域

从总体上看,中国传统文化与思想政治教育研究主要集中在三大论域,并且每个论域的研究都呈现出不同的特点。

1. 中国传统文化与思想政治教育的内在关系

中国传统文化与思想政治教育的内在关系是什么？学者们解答这一问题的前提和方法基本上是一致的,都将中国传统文化理解为狭义的思想文化,一致认为以儒家文化为主体、以佛道文化为补充的中国传统文化对当代思想政治教育

的资源性意义,并一致主张采用批判继承的原则研究中国传统文化的当代价值。但对于所谓资源性意义的具体解释,学界却有所分歧,大致可以归为如下三种。

其一,借鉴或启示说。学者们从两种不同的角度探讨了中国传统文化对思想政治教育的借鉴或启示意义。一是基于对思想政治教育学科应当纳入德育学科的认识,从宏观层面讨论了德育学科借鉴中国传统德育发展成果的理由。有学者认为,传统德育思想内容极其丰富,有着重要的德育功能;坚持在德育课中揉进传统德育思想成果,不但可以提高德育内容的人文性,而且可以发挥我国传统美德中真、善、美的本质属性。① 二是从宏观与微观两个层面挖掘中国传统文化中的思想资源对思想政治教育的启示意义。在宏观层面上,有学者将中华民族优良道德传统的主要内容概括为五个方面:"注重整体利益、国家利益和民族利益,强调对社会、民族、国家的责任意识和奉献意识"、"推崇'仁爱'原则,追求人际和谐"、"讲求谦敬礼让,强调克骄防矜"、"倡导言行一致,强调恪守诚信"。② 也有学者提炼出中国传统文化中具有现代价值的四种精神:仁爱、正义、礼乐、诚信。③ 在微观层面上,学者们的讨论已经开始深入到对中国传统文化中某种学派的某种具体思想的价值评估。如有学者总结了道家伦理智慧对思想政治教育的启示意义。④

其二,组成部分说。有学者认为,中国传统文化典籍是思想政治教育不可或缺的部分。这一观点的提出基于两点理由:一是历史传统的延续。儒家的道德教育以及现代思想政治教育,以中国传统文化典籍教育为其重要特征。二是社会现实的需求。中国传统文化教育曾经被排斥在思想政治教育之外的因素已经不复存在。因此,把中国传统文化教育纳入思想政治教育的范畴,可以说是高校思想政治教育的创新。⑤

其三,思想政治教育力说。有学者将中国传统文化本身具有的思想政治

---

① 黄钊:《再论借鉴中国传统德育思想之于德育学科发展的必要性》,《学校党建与思想教育》2010年第3期。
② 曲洪志:《中国传统文化与新时期思想政治教育》,《马克思主义与现实》2004年第6期。
③ 孙熙国:《中国优秀传统文化与当代青年发展》,《学校党建与思想教育》2011年第11期。
④ 崔景明:《道家伦理智慧价值及在思想政治教育中的运用》,《思想教育研究》2011年第4期。
⑤ 张祥浩:《中国传统文化的育人功能》,《东南大学学报》2008年第5期。

教育功能界定为"思想政治教育力",并以其为中国传统文化软实力的重要组成部分。这种观点认为,所谓思想政治教育力就是:以塑造圣贤人格为目标、以培养整体观念为内容、以言传身教为原则、以知行合一为方法,这些思想资源对当代思想政治教育目标设定、内容整合、原则确立、方法探索具有重要的启示意义。

2. 中国古代思想政治教育史

中国古代思想政治教育史被明确定位为思想政治教育学科发展史的重要组成部分。学者对中国古代不同历史分期、不同学术流派的思想政治教育思想做了深入的研究,可以概括为以下四个方面。

其一,基于"做人、做事"视角的研究。有学者认为,"如何做人、怎样做事"是中国传统文化与思想政治教育的共同处、交叉点和结合部。基于此,古代典籍中关于"做人、做事"的思想皆被视为思想政治教育理论,并在基础、目标、内容、原则、方法的框架内得以阐释。

其二,基于思想教育视角的研究。有学者认为,中国古代的教育是以道德教育为主的思想教育。这一研究视角的讨论以"两条线索,一个中心"为逻辑脉络展开。所谓"两条线索"是指纵向层面以历史分期为逻辑次序而展开和横向层面的儒、佛、道、法等不同思想流派的区分。所谓"一个中心"即紧扣"教"这一范畴,以思想教化作为古代思想教育资源的主体内容,对古代思想家关于教化的合理性根基、教化的内容和方法等进行了较为全面的梳理。

其三,基于广义德育视角的研究。学者们基于广义德育的内涵,将"德育"与"思想政治教育"视为可以互释的两个范畴。有学者认为,德育史亦即思想政治教育史。因此,古代德育思想被诠释为宇宙观(价值观与人生观含纳其中)教育、政治观教育、道德观教育三大部分。其中,道德观教育是核心内容。同时,教育又被进一步细分为教育内容与教育方法两个方面。基于上述两个角度,在史论结合的方法下,中国古代不同历史阶段的经典著作皆得以展现,儒、释、道、墨、法等在内的各大学术流派的德育思想皆得以阐发。

其四,基于传统德教视角的研究。学者们力图通过挖掘中国传统德教思想中的有益资源,从方法论的角度为思想政治教育提供借鉴。一是传统德教方法的宏观阐释;二是对董仲舒、陈献章等典型人物的德教思想从多个角度进行深入研究；三是对先秦儒家的乐教理论及其所展现的教化艺术化特点等传统德教思想的某个片段的解析；四是对儒家教化模式的研究。这一研究试图从教化的角度诠释儒家思想政治教育，又以思想政治教育的理论框架去解读儒家的教化思想。①

3. 中国传统文化与社会主义核心价值体系

在思想政治教育学科中，由于学者们基本上是将中国传统文化视为社会主义核心价值体系的一种支援性资源，因而解释性研究成为这一领域的主流趋势。当前的讨论主要集中在两个方面。

其一，中国传统文化与社会主义核心价值体系之间的内在关系。一是全面阐释社会主义核心价值体系的四个方面与中国传统文化之间的内在关系。有的学者认为，马克思主义特别是中国化马克思主义与中国优秀传统文化具有相通性；中国特色社会主义共同理想是对中国古代和谐文化、"大同"思想、民本思想等的继承与发展；民族精神是中国优秀文化的直接成果，时代精神是中华优秀民族精神的延续；社会主义荣辱观是对传统荣辱观的继承和发展。② 二是立足于中国传统文化中的某个侧面阐释其对社会主义核心价值体系的根基性意义。有学者阐述了儒家仁道价值中蕴含的四种相存并生的价值原则对社会主义核心价值体系建构的积极意义③，也有学者阐述了孝道与社会主义核心价值体系四个方面的逻辑统一性④。三是阐释社会主义荣辱观与中国传统文化之间的内在关系。有学者认为，传统"大一统"的国家观、"为群乐群"的民本观、"尊崇智慧"的科学观、"自强不息"的劳动观、"人伦和谐"的发展观、"以利从义"的义利观、"行己有耻"的法纪观、"生荣死哀"的生活观分别是社会主义荣辱观八个方面的文化渊源。⑤ 也有学者认为"忠、敬、智、勤、友、信、良、俭"八种美德是"八荣"的中国

---

① 唐国军：《"修身"与"教化"儒家思想政治教育体系论——儒家传统思想政治教育理论模式研究之一》，《广西社会科学》2007年第11期。
② 黄钊：《论社会主义核心价值体系与中国传统文化的亲密关系》，《思想教育研究》2010年第12期。
③ 戴兆国：《儒家仁道价值与社会主义核心价值体系建构》，《安徽师范大学学报》2008年第1期。
④ 齐绩：《孝道与社会主义核心价值体系大众化》，《河北学刊》2011年第4期。
⑤ 余学新：《试析社会主义荣辱观的中国传统文化渊源》，《社会主义研究》2006年第4期。

传统文化底蕴。①

其二,中国传统文化对社会主义核心价值体系大众化的启示。学者们认为,儒学教化过程中的成功经验及某些教化内容,可以为社会主义核心价值体系大众化提供有益的借鉴。有学者提出借鉴儒家伦理普及教化经验、探索社会主义核心价值体系大众化的途径。② 也有学者提出了汉代儒学社会化对社会主义核心价值体系建设的启示。③

二、存在的问题

从总体上看,上述研究有力推动了思想政治教育理论研究的深化,但是也存在一些亟待解决的问题。

1. 研究的广度与深度失衡

在当前的研究中,所谓理论的彻底性并未得到充分的展示。④ 特别是对于中国传统文化与思想政治教育关系的研究。目前的研究基本上偏向于宏观性的阐释,着力从儒、释、道三种文化中提炼出一些具有启示性的思想资源,而研究深度有所欠缺。主要表现在:其一,几乎所有的解读皆是泛泛而论的比附性论证,缺乏对"何以结合"的系统阐述与深入分析;其二,所提炼的思想资源几乎大同小异,缺乏对这些思想资源提炼依据的进一步追溯;其三,在中国传统文化三种主流形态的结合中开展研究固然可以显示出开阔的学术视野,但是对如何把握这三者的差异及其对当代思想政治教育的不同影响等问题鲜有关注,如何在历史的发展中解释传统思想资源的流变亦是被忽略的问题。

2. 学科立场的辨识度不足

在研究中,所谓"古代思想政治教育"是一个新的概念,如何界定其内涵与特

---

① 李雪英:《论当代中国理想人格——社会主义荣辱观的深层解析》,《理论与现代化》2006年第6期。

② 丁根林:《略论儒家伦理普及谢七的历史经验及当代启示——兼论社会主义核心价值体系的大众化》,《浙江社会科学》2010年第3期。

③ 邓智旺:《从儒学社会化看社会主义核心价值体系建设》,《中央社会主义学院学报》2010年第4期。

④ 黄钊指出,一个学科只有在理论上走向成熟,才能在社会实践中显示自己的优势,才能稳健地在学科群中站立起来。因此,思想政治教育学科必须在理论的彻底方面下功夫。参见黄钊:《思想政治教育学的发展应在深化理论研究上下功夫》,《思想理论教育导刊》2004年第3期。

质至今仍是一个悬而未决的话题。这也在一定程度上影响了学科的辨识度。在当前的研究中,有两种最具代表性的观点。一种观点认为,思想教育可以表达古代思想政治教育的特质,因为政治教育只是思想教育的一个部分。今天我们所说的思想政治教育把"思想"与"政治"并论,也不是说思想教育和政治教育处于等同或平等的地位,只为凸显思想政治教育的政治性而言。而中国古代的教育主要是指思想教育,其主流并非政治教育,而是道德教育。① 这种分析固然具有一定的说服力,但是,对于古代政治教育与道德教育之间的内在关系、政治教育在思想教育中何以"不占主导"这两个重要的问题,我们并未看到令人信服的解释。另一种观点认为,在以往诸多关于古代德育思想的著作中,对"德育"的理解基本是从其狭义内涵(道德教育)而言。而所谓"德育"应当是从广义内涵而言的,这个概念与"思想道德教育"或"思想政治教育"具有互释性,因而这一概念能够突出思想政治教育的学科立场。问题是,广义"德育"何以能够解释古代德育思想?所谓德育的广义与狭义之分,是现代教育学的论断。② 然而,这种具有鲜明时代气息的解释何以能够套用到古代德育思想中,学者们并没有做任何说明。

在当前的研究中,如果对"古代思想政治教育"的内涵缺乏深刻的思考或者避开这个问题而匆忙直奔主题,那么在理论体系建构方面可能会存在生搬硬套与牵强附会的问题,因此,古代思想政治教育史研究将难以区分与教育史、思想史等学科的边界。

3. 研究方法中的两大误区

在对中国传统文化的解读中,一种方法误区是,用当代思想政治教育理论碎片式地肢解中国传统文化,使得传统思想的本来面目无法真实地呈现,而传统思想政治教育的逻辑体系亦缺乏自足性。虽然,以新的学科视角重新审视中国传统文化有利于推动理论创新,但是,这并非意味着可以望文生义、随意发挥,而是应该以尊重古人思想的真实含义作为创新的前提。另一个方法误区是,以逻辑推衍取代实证研究。当前的研究大多是逻辑推衍式的,即基于中央文件精神将

---

① 邓球柏:《中国传统文化与思想政治教育》,首都师范大学出版社1999年版,第330页。
② 教育学辞典对广义德育的解释是:"从广义上看它包括政治教育,即政治方向和态度的教育;思想教育,即世界观和方法论的教育;道德教育,即人的行为准则或道德规范的教育。从狭义上看,它指的是道德教育。"(参见张念宏:《教育学辞典》,北京出版社1987年版,第471页。)

中国传统文化作为一种解释性资源进行研究,或者是从纯粹的经典文本解读中寻求可资借鉴的思想资源。人们对中国传统文化的认知与认同现状,不同的社会人群在中国传统文化教育方面的需求有何差异等问题为许多学者所忽略。如果缺乏这样的问题意识,那么我们的研究只能是少数人的自娱自乐,而不能真正地服务于实践的需要。

三、发展的趋向

设想中国传统文化与思想政治教育研究未来可能的发展趋向,一方面必须对当前研究中存在的问题有所回应,另一方面应该结合社会发展趋势做一些前瞻性的思考。

1. 在推动社会主义文化大发展大繁荣的背景下思考学科发展的方向

党的十七届六中全会通过的《中共中央关于深化文化体制改革,推动社会主义文化大发展大繁荣若干重要问题的决定》(以下简称《决定》)指出:"优秀中国传统文化凝聚着中华民族自强不息的精神追求和历久弥新的精神财富,是发展社会主义先进文化的深厚基础,是建设中华民族共有精神家园的重要支撑。"在这样的时代背景下,中国传统文化与思想政治教育研究无疑具有了广阔的发展前景。

要恰当地把握这一契机,在研究中必须注意两个方向性问题。其一,坚持以马克思主义为指导的方法论前提,正确把握中国传统文化在当代思想政治教育中的应有地位。方克立认为,儒学研究必须坚持以马克思主义为指导,二者之间是支援意识与主导意识的关系。[①] 我们应该以这一观点作为研究的前提,以中国传统文化作为思想政治教育理论的支援性资源,而不能在本末倒置中趋向文化保守主义的论调。其二,基于现代转化的视角对中国传统文化进行价值评估。中国传统文化中既存在可以直接古为今用或者可以为未来所用的资源,还存在需要经过现代转化才可以发挥作用的资源,也存在完全不适应时代需要的糟粕性内容。因此,应当本着"取其精华、去其糟粕,古为今用、推陈出新"的原则,理性分析中国传统文化对当代思想政治教育的价值。

---

① 方克立:《关于马克思主义与儒学关系的三点看法》,《红旗文稿》2009年第1期。

2. 在不同学科的交叉渗透中探寻思想政治教育学科的独有立场

如前所述,中国传统文化与思想政治教育研究是在诸多学科领域的交叉视野中进行的。而只有在研究中凸显思想政治教育学科的独特立场,才能使这一研究方向不至于被淹没在其他学科领域中。这一目标的实现,可以从如下几个方面着手:其一,适度借鉴其他学科的有益成果。我们在研究中必然要借用其他学科的理论成果,如关于古代教化史、古代道德教育理论的研究等。同时,也应该借鉴其他学科的研究方法,如中国哲学关于古代经典的解释方法等,避免望文生义、曲解原典之误。但是,应当注意的是,这些学科的研究成果只是从方法论与研究内容上提供借鉴,而不能取代思想政治教育学科的独有思考。因此,所谓的借鉴是适度的、有条件的,决不能把其他学科的研究内容照搬过来,或者用其他学科的内容来拼凑思想政治教育的内容。其二,在"道德—政治"教化范式中探寻中国传统文化中的思想政治教育资源。当前的要务是,在适度借鉴的基础上应当有所"开新",即寻找思想政治教育独特的研究视角。综合已有的研究成果,古代思想教育或德育的特质还没有进一步挖掘,而这项工作正是"开新"的必要前提。从总体上看,古代思想政治教育思想(尤其是作为主体的儒家思想)与德教传统是紧密相关的,其特质是:政治教育与道德教育具有内在的统一性,是不可分割的整体。我们可以姑且称之为一种"道德—政治"教化范式。立足于这一新的角度,在政治教育与道德教育的统一中把握古代思想政治教育的内涵与运行模式,似乎更能说明其内在的精神气质。

3. 在问题意识的引导下开拓学术研究的视野

引入问题意识、进一步开拓学术视野,是中国传统文化与思想政治教育研究中的重要趋向。笔者以为,需要我们思考的问题主要有如下两点:其一,从传统价值体系运行模式中寻求社会主义核心价值体系建设的有益启示。当前,社会主义核心价值体系建设是党和国家在新时期面临的一项重大任务,如何回答这一问题,是思想政治教育学科的一项重要任务。社会主义核心价值体系的基本内容有着深厚的中国传统文化底蕴,但是,中国传统文化的价值并非仅仅局限于其内容的解释性或启示性意义,其运行模式亦有相当的借鉴价值。而这是当前研究中的薄弱环节,同时亦是需要我们进一步系统挖掘的思想资源。其二,从实证调查中寻找传统思想政治教育资源研究的切入点。社会现实问题是确定理论研究切入点的一个重要方面。在思想政治教育学科中,对传统思想政治教育资源的挖掘与阐释不应当仅仅陶醉于概念的界定与理论体系的呈现,更为重要的是,应该能够对人们所关注的现实问题做出有效的回应。因此,从实证调查入手,在寻找问题、引入问题中确定研究的切入点,是我们应该广泛运用的研究方法。

原载《思想理论教育导刊》2013年第11期

郭象的无为政治观述论

暴庆刚

摘　要：郭象将性分的观念与无为的义理相结合，将无为阐释为顺性而为，表现在政治上即是各司其职，各尽其能，但无为政治的实现必须依赖于圣人之力。郭象将无为贞定于性分，实上通于其适性逍遥的理论，并试图由此达致人的自由的实现，使无为从老庄超越的境界形态转化为现实的实然形态。郭象的无为政治观是道家无为思想的重大转折和深化发展。

关键词：无为　性分　顺性而为　圣人

　　无为的观念最早由道家创始人老子提出，并为庄子所沿用和发展，从而成为道家在政治上的核心主张。无为之义也为郭象所发挥，并将之作为探讨合理政治模式的中心内容。郭象的无为思想除了有承于老庄之外，特别将性分的观念与无为义理相结合，从而使无为从原始道家的超越层面向下落实为具体的现实层面，并试图由此达致人的自由的实现。道家的无为思想至郭象又呈现出新的理论特色。

一

　　郭象的无为政治观是通过注解《庄子》进行阐发的，而庄子的无为思想又直接上承于老子，所以在阐述郭象的无为政治观之前，有必要先对老庄的无为思想做一简要的说明。

　　老子无为思想的基础是"道"论，"道"在老子的哲学中有双重含义：从现实层面而言是为宇宙本原，从价值层面而言实则代表一种无分别、无对待的价值指向，同时，上述两个层面又上下贯通。老子说："道常无为而无不为，侯王若能守之，万物将自化。"（《老子·三十七章》）由此可以看出，政治上的无为实由道性之无为推衍而出。故由道性而来之无为，在老子那里已经不是一个纯粹思辨性的知识概念,而是一个实践性的概念,是一去除造作、执着,使生命回归自然状态的过程。老子又说:"为学日益,为道日损,损之又损,以至于无为,无为而无不为。"(《老子·四十八章》)通过损之又损的工夫而达到的无为,即是一生命自然呈现的纯真状态,消解了由对待、执着所生的生命负累,而使生命的本真得以保住。由此而知,无为在老子那里主要表现为一种境界形态。老子进而设想,将此无为之义运用于现实政治,则可达到"我无为而民自化,我好静而民自正,我无事而民自富,我无欲而民自朴"(《老子·五十七章》)的理想状态,也即在上者通过损之又损的工夫不造作施为则天下即可自化自治,此即"无为而无不为"之意。

庄子思想的旨归在于阐扬一种逍遥自在的生命境界,其关注的核心是个体的生存状态,故其无为思想与其所追求的自由境界恒相关联,如其言曰:"今子有大树,患其无用,何不树之于无何有之乡,广莫之野,彷徨乎无为其侧,逍遥乎寝卧其下。"(《庄子·逍遥游》)又言:"芒然彷徨乎尘垢之外,逍遥乎无为之业。"(《庄子·大宗师》)此处之无为与无何有之乡、广莫之野、尘埃之外等连用,即表明无为是人精神上的一种自由状态,具有超越性和出世的倾向。庄子以此超越的境界形态的无为言政治,则即其所说的"古之畜天下者,无欲而天下足,无为而万物化,渊静而百姓定"(《庄子·天地》),此与老子"无为而无不为"的思想实相一致。

所以,无论是老子还是庄子的无为,都需要通过主体修证的工夫提升心灵境界方可达到,皆属于超越的境界形态。而老子所说的"民自化"、"民自正"、"民自富"、"民自朴",庄子所说的"天下足"、"万物化"、"百姓定"等无为的具体表现,更多的是天下万物在主体的境界观照下所呈现出的无为姿态,而并非现实政治中的无为实效。故老庄的无为所表征的仅是一种政治上的价值指向,而存在向现实政治落实的困难。

二

郭象有感于老庄无为政治无法落实的困难,尤其是针对庄子将无为寄托于尘埃之外的出世倾向,而试图赋予无为政治以现实品格,故他对庄子的无为进行了从出世向入世的转换。他说:"所谓无为之业,非拱默而已;所谓尘垢之外,非伏于山林也。"(《庄子·大宗师注》)这就明确地将无为定位在现实世界。尤可注意者,郭象将"性分"或曰"自性"的范畴与无为之理相结合,认为无为即顺性而动或顺性而为,他说:

> 以性自动,故称为耳;此乃真为,非有为也。(《庄子·庚桑楚注》)
> 为其所有为,则真为也,为其真为,则无为矣,又何加焉!(《庄子·天下注》)

性动则为"为",但郭象认为此种"为"乃真为,非有为,为其真为即以自己本性而行,如目视足行,虽为非为。其又言:

> 足能行而放之,手能执而任之,听耳之所闻,视目之所见,知止其所不知,能止其所不能,用其自用,为其自为,恣其性内而无纤芥于分外,此无为之至易也。无为而性命不全者,未之有也;性命全而非福者,理未闻也。(《庄子·人间世注》)

足行手执耳闻目见,以及在知能范围内对知能的运用,皆是在性分之内的行为,皆为用其自用为其自为,此自用自为即为无为,"凡自为者,皆无事之业也"(《庄子·达生注》)。因此,所谓无为并非无所事事,而是根据自性而行不越出性分之外,同时这种无为也是对性分的保全,"无为者,非拱默之谓也,直各任其自为,则性命安矣"(《庄子·在宥注》)。郭象以为,行为与自性的符合即是名实相符,"名止于实,故无为;实各自为,故无不为"(《庄子·则阳注》),名为行为,实为自性,从行为与自性的对应关系言,符合自性之行为实是无为,但就自性本身之为而言又不能说绝对之静止,故又是无不为。郭象又进一步申说:

> 夫为为者不能为,而为自为耳;为知者不能知,而知自知耳。自知耳,不知也,不知也则知出于不知矣;自为耳,不为也,不为也则为出于不为矣。为出于不为,故以不为为主;知出于不知,故以不知为宗。是故真人遗知而知,不为而为,自然而生,坐忘而得,故知称绝而为名去也。(《庄子·大宗师注》)

为"为"与为"知"皆是有为,而自为自知才是无为,自为与自知即是不为不知,在郭象那里即是顺性而为、顺性而知。因此,只有以此不为不知为基础的"知"与"为"才是真知真为,所以说"为出于不为,知出于不知",此即为"无为而无不为"的义旨。

三

由此顺性而为的理路以言政治,则郭象认为政治上的无为即是各司其职,各尽其能,"夫无为也,则群才万品,各任其事而自当其责矣"(《庄子·天道注》)。对此他进而阐述曰:

> 夫工人无为于刻木而有为于用斧,主上无为于亲事而有为于用臣。臣能亲事,主能用臣;斧能刻木而工能用斧;各当其能,则天理自然,非有为也。若乃主代臣事,则非主矣;臣秉主用,则非臣矣。故各司其任,则上下咸得而无为之理至矣。(《庄子·天道注》)

此以工人用斧刻木来说明君臣的职责之分。工人之职责在于用斧,而不在于刻木,而斧头之功能则在于刻木,若工人直接刻木则是逾越其职责之外,即是有为,但通过用斧而刻木则为无为。对于君臣而言,臣之职责则在于亲事,君之职责却在于用臣,各当其责即为无为,此乃天理自然,若君代臣事、臣秉主用,则君臣上下之秩序将遭破坏,即是对自然天理的违反,即是有为。因此说"各司其任,则上下咸得而无为之理至矣"。其又言:

> 无为之言,不可不察也。夫用天下者,亦有用之为耳。然自得此为,率性而动,故谓之无为也。今之为天下用者,亦自得耳。但居下者亲事,故虽舜禹为臣,犹称有为。故对上下,则君静而臣动;比古今,则尧舜无为而汤武有事。然各用其性而天机玄发,则古今上下无为,谁有为也。(《庄子·天道注》)

在郭象看来,"用天下"与"为天下用"若是率性而动,则皆属于自得无为的范围。因此,具体的行为究竟属于有为还是无为,就看其是否是率性而动,但这里的率性而动其实已经与行为主体的社会身份有了联系,概而言之,则无为即为君静而臣动。所以,在行为的表现形态上有尧舜无为而汤武有事的区别,但皆是各用其天性,故皆为无为。由此可以看出,郭象所说的无为其实是一种特定的"有为",就君臣而言,实则是君道无为臣道有为,君道逸臣道劳,"君位无为而委百官,百官有所司而君不与为。二者俱以不为而自得,则君道逸,臣道劳,劳逸之际,不可同日而论之也"(《庄子·在宥注》)。君臣虽有逸劳之分,但就各司其职而言,又可称皆是无为,只是此无为的具体内容有所不同而已。因此,善用人者应量能而用之,不应求全责备:

> 故善用人者,使能方者为方,能圆者为圆,各任其所能,人安其性,不责万民以工倕之巧。故众技以不相能似拙,而天下皆自能则大巧矣。(《庄子·胠箧注》)

人人所能不同,故善用人者应根据个人之所能而用之,使能圆者为圆,能方者为方,如此则各任其所能,各安于其性分,此是无为的积极方面;从无为的消极方面而言,则不使能方者为圆,使能圆者为方,也即不求全责备,如此也能保住人自性的实现。人人各尽其能则虽所能不同而同归于大巧。在郭象的无为理论中,郭象更强调在上的一方不要随意干涉在下的一方,实则是约束君权的要求在其无为理论上的一种曲折表达,其文曰:

> 夫在上者,患于不能无为而代人臣之所司。使咎繇不得行其明断,后稷不得施其播殖,则群才失其任而主上困于役矣。故冕旒垂目而付之天下,天下皆得其自为,斯乃无为而无不为者也,故上下皆无为矣。但上之无为则用下,下之无为则自用也。(《庄子·天道注》)

使咎繇不得行其明断,后稷不得施其播殖,皆是言在上者代臣下之所司,使在下者不能安于其职责而使群才失其所任。因此君上应该付之天下,付之天下并非什么也不管,而是指任用百官,使天下皆得其自为,君上付之天下为无为,天

下皆得其自为则为无不为,此亦为无为而无不为。郭象又言:

> 夫王不材于百官,故百官御其事,而明者为之视,聪者为之听,知者为之谋,勇者为之扞。夫何为哉?玄默而已。而群材不失其当,则不材乃材之所至赖也。故天下乐推而不厌,乘万物而无害也。(《庄子·人间世注》)

在此,郭象将王不材于百官作为百官御其事的充分条件,明者为之视,聪者为之听,知者为之谋,勇者为之扞,一方面固然是玄默无为的客观效果,但另一方面也是百官职能的实现,以郭象的理论也是百官自性的实现。在此郭象特别强调百官之材绝对依赖于王之不材,王之不材直接决定群材不失其当,这说明郭象对中国封建社会中君主的至上性地位,以及君主强大的权力支配性有比较理性的认识。因此,其无为的理论不是取消君主,而是强调君主的不材,这是在君权至上的封建社会所能采取的比较温和而实用的一种途径,也可说明郭象哲学何以未表现为情绪的激越发泄,却具有较强的现实针对性。

郭象进而将此无为之义推至于社会全体,认为在上者若能无为,则天下万物皆可各得其用而同归于自得:

> 夫无为之体大矣,天下何所不为哉!故主上不为冢宰之任,则伊吕静而司尹矣;冢宰不为百官之所执,则百官静而御事矣;百官不为万民之所务,则万民静而安其业矣;万民不易彼我之所能,则天下之彼我静而自得矣。故自天子以下至于庶人,下及昆虫,孰能有为而成哉!是故弥无为而弥尊也。(《庄子·天道注》)

在上者不代在下者之所司,则在下者皆各自得其得,整个社会也就实现了通体之无为:主上任冢宰却不为冢宰之所任,即是主上用人而不亲事,此是君之职,是君上之无为;伊吕司尹之职而任百官,任百官而不执其事,此为尹相之无为;百官各司其职而管理民事,使万民各安其业而不为万民之事,此为百官之无为;对于万民而言,各尽其所能而不相互企慕,则天下皆静而自得,同归于无为,此即为人的自由之实现。在此,郭象还提到了昆虫的无为,由此有的学者就认为郭象之无为为一境界的形态,是经由主观心灵冲虚无为所显的玄智之映发,所呈现的是精神境界意义的玄理,昆虫之无为是玄智观照的结果。① 笔者以为,如此理解有欠妥当:其一,郭象的无为若是境界形态,则须有精神修养工夫作为辅助,但其所说的无为其实就是一社会分工的观念,而此一观念是可落实于实处的,而无须通过修养的工夫;其二,郭象认为,无为非拱默,非伏于山林,此即表明其所说的无为指向是指实的,是一客观的现实形态。因此,言昆虫无为,毋宁说是在表明无为效用之大,上至天子下至昆虫,只是一夸张的说法而已,也即其所说的"无为之体大矣,天下何所不为哉"之意。

四

郭象所谓政治上的无为,即是各司其职、各尽其能,但这种和谐的社会秩序并非自然即可到达,而是必须要借助圣人之力。其所谓圣人即是理想的君主,郭象有时称之为神人、真人、大人,有时又称之为明王、圣王等,在其无为的理论中,到处可以看到圣人的影子,他说:

> 人生而静,天之性也,感物而动,性之欲也。物之感人无穷,人之逐欲无节,则天理灭矣。真人知用心则背道,助天而伤生,故不为也。(《庄子·大宗师注》)
>
> 宥使自在则治,治之则乱也。人之生也直,莫之荡,则性命不过,欲恶不爽,在上者不能无为,上之所为而民皆赴之,故有诱慕好欲而民性淫矣。故所贵圣王者,非贵其能治也,贵其无为而任物之自为也。(《庄子·在宥注》)

此是圣人实行无为的人性依据,人生而静与人之生也直,都是指人性天生而无欲望、安于自性之义,故性命不过,欲恶不爽。但人受到外物的诱惑即会偏离原本之静而向外物追逐,因外物感人无穷,故人逐欲也就无节,如此则会背离其本性,而人君之好恶对万民之影响尤大,也即其所言的"上有所好,则下不能安其本分"(《庄子·则阳注》)。故在上者不能无为,上之所为而民皆赴之,上之有为

---

① 庄耀郎:《郭象玄学》,里仁书局1998年版,第160页。

是诱慕好欲之源,故物性之失在很大程度上是人君扰乱的结果,"夫物之形性何为而失哉?皆由人君挠之以至斯患耳,故自责"(《庄子·外物注》)。有鉴于此,故圣人以不为的方式与外物接触,以消除对外物的感应扰乱,使其保持原有的本性而不向外歧出,此为圣人无为的根本原因,如此,则"无为也,则天下各以其无为应之"(《庄子·天地注》)。因此圣王之贵不在其能治,而在其无为而任物之自为,虽然是任物之自为,但圣王实必不可少,因为:

> 天下若无明王,则莫能自得。令之自得,实明王之功也。然功在无为而还任天下。天下皆得自任,故似非明王之功。(《庄子·应帝王注》)

明王存在的意义和价值就是令天下各自得,故明王之存在实为必要,圣王之存是使万物保持其本性并令之自得的充分条件,此与郭象所说的"千人聚,不以一人为主,不乱则散。故多贤不可以多君,无贤不可以无君"(《庄子·人间世注》)的有君论主张正相一致。因此人人之所以能各尽其能各司其职实是明王之功。但因明王是以还任天下之不为的方式令物各自为的,故物各自得似非明王之功,"夫明王皆就足物性,故人人皆云我自尔,而莫知恃赖于明王"(《庄子·应帝王注》),此是圣人无心顺物人格的具体体现,与老子所说的"太上,下知有之,……功成事遂,百姓皆谓我自然"(《老子·十七章》)之义相同。圣人之所以能以无为的方式任物之自得,在于圣人具有内在的道德修养与道德境界,郭象说:

> 神人无用于物,而物各得自用,归功名于群才,与物冥而无迹,故免人间之害,处常美之实,此支离其德者也。(《庄子·德充符注》)

此说明无用于物而使物各得自用是圣人道德内充的自然外化,这也说明一个合格的君主要实行无为政治,首先要有自己的德性修为,如此才能与物冥合而无迹,既无形迹,则也就消除了世人法圣人之迹所带来的弊端,篡夺残杀等之类的人间之害也就得以避免,所谓处常美之实,即是指君臣上下各就其位,各自的自性皆得以自足完满地实现。因此,君主的个人品格是能否实现无为政治的一个关键因素。郭象又言:

夫画地而使人循之，其迹不可掩矣；有其己而临物，与物不冥矣。故大人不明我以耀彼而任彼之自明，不德我以临人而付人之自德，故能弥贯万物而玄同彼我，泯然与天下为一而内外同福也。(《庄子·德充符注》)

画地而使人循之，即是有为，即是以自我为中心的专断，以此临物，则势必造成我与物的对立，不仅是对物性的扰乱，而且也使自己不能自安。因此，在上者应该消除以自我为中心的偏见，而顺任物性，与物冥合，此即为"不明我以耀彼而任彼之自明，不德我以临人而付人之自德"，如此则彼我玄同，内外同得。其又言：

夫圣人无我者也。故滑疑之耀，则图而域之；恢恑憰怪，则通而一之；使群异各安其所安，众人不失其所是，则己不用于物，而万物之用用矣。物皆自用，则孰是孰非哉！故虽放荡之变，屈奇之异，曲而从之，寄之自用，则用虽万殊，历然自明。(《庄子·齐物论注》)

圣人无我即是圣人支离其德的具体表现，如此则能不显己以耀彼，而使群异各安其所安，各用其所用，因此众人皆能不失其所是而各得其位。圣人即以此"寄物之自用"的方式治天下，因此人人之用虽万殊，但皆与其自性相符，此即为人之自由的实现。

五

在老庄的思想中，有所谓"真君"或"大我"之挺立，以此之故，在老子的理论中即有"涤除"、"玄鉴"的修证工夫，在庄子的理论中则有"心斋"、"坐忘"的修证工夫。所以，老庄无为的义旨亦因"大我"之境界提升而表现为超越的境界形态。而在郭象的理论中，性分或自性指个体自然禀赋的材质，不可变不可易[1]，因此

---

[1] 如《逍遥游注》曰："物各有性，性各有极，皆如年知，岂跂尚之所及哉！"《齐物论注》曰："言性各有分……岂有能中易其性者也！"《养生主注》曰："天性所受，各有本分，不可逃，亦不可加。"《外物注》曰："性之所能，不得不为；性所不能，不得强为。"《秋水注》曰："大小之辩，各有阶级，不可相跂。"又曰："物有定域，虽至知不能出焉。"如此等等。

只是一种实然的状态而不具有价值的意义。所以,将无为贞定于性分,即排除了老庄无为义理中主体境界提升的工夫和价值上的指向,而使无为从老庄的境界形态转化为一种实然形态。可以说,郭象的无为政治观是道家无为义理的一个重大转折和深化发展。

无为既为顺性而为,则无为的实现在客观上必然反对任何外在压迫对自性的戕害,就现实政治而言,则中国传统的君主专制也在被反对之列,故郭象说:"夫寄当于万物,则无事而自成;以一身制天下,则功莫就而任不胜也。"(《庄子·应帝王注》)寄当于万物,即是任万物以其自性而行,不施加任何其自性之外的东西;而以一身治天下,则恰是以己之意强加于人,是对人自性的损害。郭象又说:"然以一正万,则万不正矣。故至正者不以己正天下,使天下各得其正而已。"(《庄子·骈拇注》)以一正万即是以一身制天下,即是君主对臣下万民的干扰,如此则臣民不得各安其位,因此只有不以己正天下才能使天下各得其正。这其实是对君主专制的曲折批判。但郭象并不主张废除君主制,这是因为君主专制体制经过秦汉的创制与发展,已经成为中国古代社会正统的政治统治模式,废除君主在当时只能是一种激越的要求,而不可能成为现实。因此,如何约束君权,保证君权的不被滥用实际是合理政治模式的关键,对于无为政治也不例外。所以,郭象在主张保存君主存在的前提下,试图从约束君权的角度提出顺性而为的无为政治模式,不能不说具有极强的现实性和积极的意义。

进而,在人的自由问题上,郭象主张适性逍遥,他以顺性而动言无为,其实即将无为与人的自由结合为一体,也可以说,在郭象的理论中,无为所表征的即是一种自由。另一方面,郭象的无为政治所讨论的是君主如何治国的问题,但此一问题在郭象的理论中最终被还原为君臣万民的各司其职与各尽其能而不逾权越分,由此而实现的不仅是一个和谐有序的社会,而且也是每个人自性的完全实现,以郭象适性逍遥的理论而言,自性的实现即是逍遥的实现。由此也可看出,以无为言适性,已经将个体适性的实现上升到国家政治制度的高度,也即从"经国体致"的高度来保证个体自由的实现,从中不难看出郭象对个体在社会中存在状态的深切关注,以及为解决人的自由问题所费的苦心与所做的努力,而他无为的政治主张正是解决人的自由问题的一种外在保证。

但可惜的是,在中国封建社会,君权的至上性窒息了任何冲击君权的要求与努力,表现在郭象的理论中,即是其无为的政治模式必须依赖于开明的君主,如此则圣人式君主的存在即成为必要。这就使郭象的无为政治观又呈现出处于现实与理想之间的悬浮状态,也就是说,虽然郭象的无为政治观直接指向于具体的社会现实层面,但其实现还在很大程度上取决于造就圣人式开明君主的历史机缘,这在客观上又使其无为政治模式的有效实施大打折扣。

原载《人文杂志》2008年第2期

诠释学视域中的郭象圣人人格论

暴庆刚

摘　要：郭象立足于传统的内圣外王之道，在玄学会通儒道的时代背景下，对圣人人格问题进行了创造性的诠释，认为圣人具有无心顺物、游外冥内之德。一方面，传统的儒家圣人被赋予道家的自然性情，成为被老庄化了的圣人；另一方面，又为传统的道家圣人赋予了积极有为的品格，消解了其超越避世的特征。从而在理论上将内圣与外王合而为一，解决了魏晋玄学中超世与入世、方外与方内、有为与无为、名教与自然等重要的理论问题，为儒道会通提供了多重视角。虽然郭象的圣人人格论有违庄子的原意，但在诠释学的视域中则有其正当性与合理性。

关键词：圣人　圣人人格　无心顺物　游外冥内　内圣外王

"圣人"是中国哲学中一个极为重要的概念，无论儒家、道家还是墨家等都有对圣人的论述。圣人问题同样也为玄学思潮所关注，并且成为会通儒道的突破口。在此时代背景下，郭象立足于传统的内圣外王之道，通过"寄言出意"的创造性诠释，对圣人人格问题进行了卓绝的探讨，使儒道两家的圣人人格沟通融合，在理论上将内圣与外王合而为一，解决了超世与入世、方外与方内、有为与无为、名教与自然等魏晋玄学中的重要理论问题。虽然郭象的圣人人格论有违庄子的原意，但在诠释学的视域中则有其正当性与合理性。

一

自汉代武帝行"罢黜百家，独尊儒术"之策，至魏晋之世，儒家思想尤其是儒家的名教纲常，经汉代的提倡和巩固，已经作为一种民族性格积淀在人们的心理与行为中，并渗透在社会的方方面面，故儒家思想对于维护社会的统治秩序而言已必不可少。然经学的日益僵化以及汉末的党锢之祸，致使士人在思想上渐趋玄远,一方面为理论上对经学的反动,另一方面则是为远避现实之祸。故魏晋之世老庄学说大行其道,自然无为之义为士人所乐言。在这种背景下所产生的魏晋玄学,其性质一开始即是儒道兼综。这正如徐小跃先生所说:"探讨玄学,一刻也不能淡忘这么一种事实,即它是儒道兼综,而且,是在扬弃的意义上展开其思想的。这就决定了对儒道两家思想必须采取双重的汲取和改造的态度,以期在新的基础上融会儒道思想,并最终达到彼此互补的目的。反之,任何游离、违背这一主旨的一切努力,势必会走向玄学的反面,或者说,必将成为玄学的异端。"①余敦康先生也说:"玄学的主题是自然与名教的关系,道家明自然,儒家贵名教,因而如何处理儒道之间的矛盾使之达于会通也就成为玄学清谈的热门话题。"②由此而论,会通儒道是魏晋玄学的内在本质要求。进而,无论从当时的学术背景还是现实情况而言,儒道会通也成为时代的潮流与必然趋势。而对会通儒道的理论探索自何晏、王弼就已经开始,且正是通过对圣人人格问题的探讨而展开。

开儒道会通之端者是老子是否是圣人的讨论。《世说新语·文学》注引《文章续录》曰:"自儒者论以老子非圣人,绝礼弃学。晏说与圣人同,著论行于世也。"由此可知,以孔子为圣人而老子非圣人在魏晋之前是比较通行的看法。但何晏以为老子与孔子一样,也是圣人,此说可谓开儒道会通的先河。虽然老子为圣人的观点在魏晋还未成为主流,但至少自何晏开始已经在探索沟通儒道的可能性。

与何晏同为"贵无"论玄学代表的王弼,表现出更为明显的会通儒道的理论倾向。《三国志》卷二十八《钟会传》注引何劭《王弼传》载:"时裴徽为吏部郎,弼未弱冠,往造焉。徽一见而异之,问弼曰:'夫无者诚万物之所资也,然圣人莫肯致言,而老子申之无已者何?'弼曰:'圣人体无,无又不可以训,故不说也。老子是有者也,故恒言无所不足。'"依王弼之意,孔子体无,而老子未免于有,所以在境界上老子不及孔子,即"老不及圣"。王弼虽然认为"老不及圣",但同时赋予孔子体无的境界,也即孔子所体即是老子所言,由此孔老在本质上是一致的。所

---

① 徐小跃:《禅与老庄》,浙江人民出版社1992年版,第108页。
② 余敦康:《魏晋玄学史》,北京大学出版社2004年版,第1页。

以,孔子虽依然保持着圣人的地位,但在内在气质上已被老庄化或被玄学化了。由此,虽然从老不及圣可以认为王弼在扬孔抑老,但从孔子被老庄化又可认为王弼在扬老抑孔。无论王弼之本心为何,其会通儒道之用心则昭然若揭。同书又载:"何晏以为圣人无喜怒哀乐,其论甚精,钟会等述之。弼与不同,以为圣人茂于人者神明也,同于人者五情也,神明茂故能体冲和以通无,五情同故不能无哀乐以应物,然则圣人之情,应物而无累于物者也。今以其无累,便谓不复应物,失之多矣。"此处所说的圣人也指孔子①。王弼之所以反对何晏圣人无喜怒哀乐的观点,盖在于若圣人无情则圣人即远离尘世,而与世俗社会相隔为二,以此而论,则入世出世判然有别,分为两橛,由此必然导致儒道的无法会通以及自然与名教的对立与不可调和。因此,王弼以为孔子同于众人之有情,故不能无哀乐以应物,如此便与世俗社会融而为一。但孔子同时又有茂于人者的"神明",故又能"体冲和以通无"而不累于物。"体冲和以通无"完全为道家之主张,故孔子一身实兼儒道双重品格,此即为入世间而超世间,这也同样可以表明王弼会通儒道的倾向与用心。

除何晏、王弼外,会通儒道的问题同样也为时人所关注。《晋书》卷四十九《阮瞻传》载:"(阮瞻)见司徒王戎,戎问曰:'圣人贵名教,老庄明自然,其旨同异?'瞻曰:'将无同。'戎咨嗟良久,即命辟之,时人谓之'三语掾'。"②王戎以圣人与老庄对言,显然此处之圣人亦指孔子。此一记载可从两方面加以剖析,其一,儒家贵名教道家明自然之差异已成为魏晋时代的共识,然王戎又有"其旨同异"的疑问,则表明在王戎看来,儒道二家又绝非完全对立,然其中之同异实又难以言表;其二,"将无同"为"基本相同"、"恐怕相同"或"差不多相同"之义,这一方面固然代表了阮瞻儒道会通的主张,但另一方面,此回答能令王戎所激赏而咨嗟良久,则表明"将无同"之答解决了人们对儒道同异之旨心知而口不能言的困惑,由

---

① 王弼在答荀融难其大衍义的信中说:"夫明足以寻极幽微,而不能去自然之性。颜子之量,孔父之所预在,然遇之不能无乐,丧之不能无哀。又常狭斯人,以为未能以情从理者也,而今乃知自然之不可革。……故知尼父之于颜子,可以无大过矣。"(见《三国志》卷二十八《钟会传》注引何劭《王弼传》)此论孔子有情,但孔子同时能以情从理,由此可知,王弼论圣人有情之圣人即指孔子而言。

② 《世说新语·文学》以此事属阮修与王衍,其言曰:"阮宣子有令闻,太尉王夷甫见而问曰:'老、庄与圣教同异?'对曰:'将无同。'太尉善其言,辟之为掾。世谓'三语掾'。"

此可知儒道会通实为时人所关注。

　　至郭象之时,儒道之间的对立仍突出表现为名教与自然之间的对立,而且名教与自然之辨已经经过了充分的发展。然就现实情形而言,嵇康"越名教而任自然"的主张,以及阮籍等人的放达行为却影响甚巨,致使社会上出现了一批放浪形骸不尊礼法之士,对社会伦理道德秩序产生了较大的冲击和破坏,儒道之间的对立通过这种形式依然尖锐地存在着。在此情形之下,经过魏晋之际"自然"的充分宣泄后,学术思想的发展,既要考虑向儒家名教回归的社会形势的需要,又要尊重既有"自然"之辨提供的历史教益,使儒家的仁义名教不仅在其根源性上,更在其现实性上能够与道家的自然相合。① 郭象即承此时代潮流,通过创造性的诠释对圣人人格问题进行探索,解决了儒道会通的理论问题。

二

　　对于郭象而言,其理论阐发所依据的文本是《庄子》,但庄子所设定的理想人格却是超然物外、不为世俗所累的神人、真人、至人,并对儒家的圣人持一贯的批判态度。因此,在《庄子》中,儒道对立甚为昭明。欲会通儒道,消除其间的对立,就必须对既定的《庄子》文本进行创造性的诠释。很显然,依照两汉注经的方法不可能达到这一目的,为此郭象自觉运用了魏晋玄学家所发现的"言意之辨"这一新眼光新方法②,尤其借鉴吸收了王弼"得意忘言"的玄学方法,而提出了自己"寄言出意"的诠释学方法。郭象说:"夫庄子推平于天下,故每寄言以出意,乃毁仲尼,贱老聃,上剖击三皇,下痛病其一身也。"(《庄子·山木注》)郭象称庄子"毁仲尼,贱老聃,上剖击三皇,下痛病其一身",并非真的诽毁孔老,抨击三皇,只是采用"寄言出意"的方法来表达别的意思(这些意思其实正是郭象所欲表达的意思)。因此郭象认为,对于《庄子》文本,"达观之士,宜要其会归而遗其所寄,不足事事曲于生说"(《庄子·逍遥游注》),"宜忘其所寄以寻述作之大意"(《庄子·大

---

　　① 参见向世陵:《中国学术通史·魏晋南北朝卷》,人民出版社2004年版,第122页。
　　② 汤用彤先生认为,治学的眼光和方法是时代学术变迁的重要理由,言意之辨即是玄学家发现的新眼光新方法,他说玄学"迹象本体之分,由于言意之辨。依言意之辨,普遍推之,而使之为一切理论之准量,则实为玄学家所发现之新眼光新方法"。见汤用彤:《魏晋玄学论稿》,上海古籍出版社2001年版,第23—24页。

宗师注》)。即理解《庄子》,不应拘泥于文句的表面意思,而应抛开表层意思去领会文句背后的真实意思。正是根据"寄言出意"的诠释学方法,郭象对圣人人格进行了新的诠释。

"圣人"在郭象的哲学中有多种称呼,如神人、全人、天人、大人、无待之人等,皆是从不同方面对圣人的指称。郭象言圣人的理路偏向于气质之性,故他承认圣凡之分,认为圣人乃特禀自然之妙气而成,非后天的学养可致,"俱食五谷而独为神人,明神人者非五谷所为,而特禀自然之妙气"(《庄子·逍遥游注》)。"神人"即是圣人,"神人即圣人也,圣言其外,神言其内"(《庄子·外物注》)。"神"指圣人之内在特质,而"圣"是人们对神人的外在指称,"圣人者,物得性之名耳"(《庄子·逍遥游注》)。"五谷"喻指一切后天的外在条件,"自然之妙气"则指先天的禀赋,俱食五谷而独为神人,说明后天的外在条件不是造就圣人的充分条件,圣人之成为圣人的决定性因素则是"特禀自然之妙气"的先天禀赋。而世间禀自然妙气之人极少,故凡人多而圣人少,所以郭象说:"特受自然之正气者至希也,下首则唯有松柏,上首则唯有圣人。"(《庄子·德充符注》)既有此圣凡之分,故圣人在人格表现上也不同于凡人。

郭象以为圣人具有无心顺物之德,"神人者,无心而顺物者也"(《庄子·人间世注》)。"无心"言圣人之超越一面,"顺物"则言圣人之入世一面。首先,因圣人无心顺物,故圣人"能体化合变,无往不可,旁礴万物,无物不然。世以乱故求我,我无心也。我苟无心,亦何为不应世哉!然则体玄而极妙者,其所以会通万物之性,而陶铸天下之化"(《庄子·逍遥游注》)。圣人能够顺任万物而合其变化,故与物为一而又不沾滞于万物。同时,圣人存在的价值就是治理社会之乱,圣人的出现是应"世以乱故求我"的客观需要,故圣人并未逃离尘世,而是表现出应世的姿态,积极顺应世变的需要。只是其以无心的态度对待世事变化,故能够会通万物之性而陶铸天下之化。

其次,也正是无心顺物的内在品性使圣人与物相冥,为物所归,从而成为天下之君。"夫与物冥者,故群物之所不能离也。是以无心玄应,唯感之从,泛乎若不系之舟,东西之非己也,故无行而不与百姓共者,亦无往而不为天下之君矣。以此为君,若天之自高,实君之德也"(《庄子·逍遥游注》)。故无心顺物实为君德所必备。以无心顺物之德为君,则可与物无对而玄同彼我,"夫真人同天人,齐万致。万致不相非,天人不相胜,故旷然无不一,冥然无不在,而玄同彼我也"(《庄子·大宗师注》)。"玄同彼我"即对待万物没有丝毫的私心,也即老子所说的"圣人无常心,以百姓心为心"(《老子·四十九章》),如此则必为众人所贵。"夫与众玄同,非求贵于众,而众人不能不贵,斯至贵也。若乃信其偏见而以独异为心,则虽同于一致,故是俗中之一物耳,非独有者也。未能独有,而欲饕窃轩冕,冒取非分,众岂归之哉!故非至贵也"(《庄子·在宥注》)。圣人与众玄同而为众所贵,并非圣人有心为贵,而是无心顺物之必然结果。如若心存私意而不具有此无心顺物的"独有"之德,即使身为国君也是"饕窃轩冕,冒取非分",必不为众人所认同,以此为君,虽可呈一时之威,而终则必为众所弃。

再次,圣人无心顺物之德表现在现实层面则是"从俗"。郭象说:"俗不为尊严于君亲而从俗,俗不谓之谄,明尊严不足以服物,则服物者更在于从俗也。是以圣人未尝独异于世,必与时消息,故在皇为皇,在王为王,岂有背俗而用我哉!"(《庄子·天地注》)圣人以无心顺物之德而与时消息,所谓"皇"、"王",皆是人们称呼圣人之名号,圣人自己并不以自己为皇为王,而是皆以民意为准则,称为皇则安于皇,称为王则安于王。此即明圣人不背俗而用己,故万物宾服而成圣人之化,"圣人之在天下,燠然若阳春之自和,故蒙泽者不谢;凄乎若秋霜之自降,故凋落者不怨也"(《庄子·大宗师注》)。圣人之在天下,虽如阳春之自和,使万物蒙被恩泽,然无由谢之;虽如秋霜之自降,衰杀及于万物,然亦无由怨之,故"无心而无不顺"(《庄子·齐物论注》)。

可以看出,郭象所说的圣人显然已不同于庄子笔下乘云气、御飞龙而游乎四海之外的圣人。庄子之所谓圣人偏向于人的精神境界,是一种对现实的超越,他所关注的是人心灵境界的提升,对社会政治则取远离逃避的态度,故曰"至人无己,神人无功,圣人无名"(《庄子·逍遥游》)。因此,在庄子那里,内圣与外王是相分的,重内圣而斥外王。而郭象通过对圣人无心顺物之德的诠释,认为圣人乃集无心与入世为一体,圣人不仅具有超越的精神境界,而且具有极强的"应世"特征,真正的圣人是内圣与外王通而为一的,是超世与入世合而为一的,这与庄子"孰弊弊焉以天下为事"(《庄子·逍遥游》)的离世态度截然不同。郭象论圣人无心顺物之德,其价值指向其实是现实的理想君王,内圣与外王应该而且能够合而为一,超世与入世亦并非截然相对,而是可以彼此相通。这不仅消解了庄子哲学的出世倾向,而且在理论上为融通儒道提供了可能。

三

郭象既以内圣与外王通而为一,进而又以圣人"游外冥内"之德将庙堂与山林、有为与无为相沟通调和。《庄子·逍遥游》言:"藐姑射之山,有神人居焉,肌肤若冰雪,绰约如处子。不食五谷,吸风饮露。乘云气,御飞龙,而游乎四海之外。"庄子所言之神人,完全是超越的境界形态,此是典型的道家真人人格,而郭象却对此注曰:"此皆寄言耳。夫神人即今所谓圣人也。夫圣人虽在庙堂之上,然其心无异于山林之中,世岂识之哉!徒见其戴黄屋、佩玉玺,便谓足以缨绂其心矣;见其历山川,同民事,便谓足以憔悴其神矣;岂知至至者之不亏哉!今言王德之人而寄之此山,将明世所无由识,故乃托之于绝垠之外而推之于视听之表耳。""庙堂"即是儒家的名教,"山林"即是道家的自然。在此,郭象仍以"寄言出意"的诠释方法,以庄子此言为寄言,认为其所要表达的意思并非字面之意。在郭象看来,庄子所说的神人即现世的圣人,也就是治国理民的君王。圣人虽然身居庙堂,以儒家的名教治理社会,然其心却在方外山林之中,体现的是道家的自然。世人不明白这一点,见其戴黄屋、佩玉玺、历山川、同民事,便认为这些世俗事务足以疲役圣人之心,却不知这些只是圣人的外在表现,是圣人之"迹",而非其"所以迹",其"所以迹"则是圣人的无心。故圣人既在世间,而又不为世间所累,既崇尚儒家的名教,又不废道家的自然。庄子之所以用"托之于绝垠之外"、"推之于视听之表"的方式来描写圣人,也只是让世人明了圣人之本心而已。

郭象即以此"游外冥内"为圣人之圆照境界,他说:"夫理有至极,外内相冥,未有极游外之致而不冥于内者也,未有能冥于内而不游于外者也。故圣人常游外以冥内,无心以顺有,故虽终日(挥)[见]形而神气无变,俯仰万机而淡然自若。"(《庄子·大宗师注》)圣人外内相冥,游于外必冥于内,冥于内必游于外,迹冥圆融无碍,内外从未分为两橛,此即为圣人之圆境。庙堂与山林既然可以统合于圣人之一身,则说明儒家的名教与道家的自然并无本质的对立,而可以相资为用。

郭象进而以此外内相冥之理判尧与许由之高下。《庄子·逍遥游》言:尧让天下于许由,许由对曰:"子治天下,天下既已治也。而我犹代子,吾将为名乎?

名者,实之宾也。吾将为宾乎？鹪鹩巢于深林,不过一枝;偃鼠饮河,不过满腹。归休乎君,予无所用天下为！庖人虽不治庖,尸祝不越樽俎而代之矣。"尧主有为,为儒家所推崇之圣人,许由主无为,则为道家所称许。以庄子原意,则显然是在贬尧而赞许。但郭象却反其意而对此注曰:"夫能令天下治,不治天下者也。故尧以不治治之,非治之而治者也。今许由方明既治,则无所代之。而治实由尧,故有子治之言,宜忘言以寻其所况。而或者遂云:治之而治者,尧也;不治而尧得以治者,许由也。斯失之远矣。夫治之由乎不治,为之出乎无为也,取于尧而足,岂借之许由哉！若谓拱默乎山林之中而后得称无为者,此庄老之谈所以见弃于当涂。当涂者自必于有为之域而不反者,斯之由也。"(《庄子·逍遥游注》)"能令天下治,不治天下者",即是老子"无为而无不为"之义,此为道家的一贯主张。但郭象寄许由"子治"之言而诠释出尧的"不治"之意,认为尧是在以不治的方式治天下,"治"是尧之"迹",而"不治"则是尧之"所以迹",从而将道家的无为与儒家的有为合为一体。故对于尧而言,则是迹本圆融,集有为无为于一身,故曰"取于尧而足",根本无须借许由而明无为之义。因此,无为并非拱默山林之外,而即可实现于现实之中。因此,儒家的有为与道家的无为也是相通的。

郭象的如此诠释,固然是出于调和儒道的理论需要,但郭象更为重要的现实用意却是强调治国理民的君王不仅需要儒家的名教,而且必须不执着于名教而取道家的自然无为。若如许由所言,则为偏执于无为一端,而未能达致圣人之圆境,故使庄老之书见弃于当政者,以之为无用之谈,也导致当政者陷于有为之中而不能得解无为之意。所以,真正的有为是以无为的方式为之,无为是有为之本,故其言曰:"夫游外者依内,离人者合俗,故有天下者无以天下为也。是以遗物而后能入群,坐忘而后能应务,愈遗之,愈得之。苟居斯极,则虽欲释之而理固自来,斯乃天人之所不赦者也。"(《庄子·大宗师注》)游外与依内,离人与合俗、自然与名教、有为与无为本即是一事之两面,不可偏废,唯有真正的冥内才能游外,唯有真正的离人才能合俗,故曰圣人"遗物而后能入群,坐忘而后能应务"。"遗物"与"坐忘",其实即是圣人的无心,而并非真的遗落世事。以此游外冥内之德治世,即可顺天应人,成就帝王之道,"夫与内冥者,游于外也。独能游外以冥内,任万物之自然,使天性各足而帝王道成,斯乃畸于人而侔于天也"(《庄子·大宗师注》)。

通过郭象对圣人人格的创造性诠释,则超世与入世、方外与方内、有为与无为、名教与自然、道家与儒家并非形同水火,而是具有沟通的可能,自然即在名教之中而非在名教之外,逍遥亦可得之于世俗尘世之中而不必得之于山林。

四

汤用彤先生认为,自汉至魏,孔子为圣而老、庄不及圣几为学界公论,至何晏、王弼则"留儒家孔子圣人之位,而内容则充以老、庄之学说。学术宗尚,已趋于新义",郭象乃"继承王、何之旨,发明外王内圣之论。内圣亦外王,而名教乃合于自然。外王必内圣,而老、庄乃为本,儒家为末矣"①。由上也可看出,郭象的圣人人格论是儒道圣人人格的综合:一方面,传统的儒家圣人被赋予了道家的自然性情,使之带有了极强的玄学色彩而成为被老庄化或玄学化了的圣人;另一方面,又为传统的道家圣人赋予了积极有为的品格,从而消解了道家圣人超越避世的特征,而强调积极入世的一面。故依郭象之义,"圣人之名(如尧、舜等)虽仍承炎汉之旧评,圣人之实已纯依魏晋之新学也"②。就此而言,郭象对圣人人格所作的诠释显然已与《庄子》文本的原意有很大的差异,整个《庄子注》与《庄子》文本的差异也随处可见。因此,历代学者不乏对《庄子注》的批评,"于(庄)周之意十失其四五"③,"曾见郭象注《庄子》,识者曰,却是《庄子》注郭象"④,"放乎自然而绝学习,失庄生之旨"⑤。如此等等,皆是批评郭象的注解违背了《庄子》的原意。

然而,当我们在诠释学的视域中重新审视这一问题时,却可发现郭象对圣人人格的诠释,乃至对整个《庄子》的诠释自有其正当性与合理性。当代德国诠释学大师、哲学诠释学的创始人加达默尔认为,具体文本的真实意义"并不依赖于作者及其最初的读者所表现的偶然性。至少这种意义不是完全从这里得到的。因为这种意义总是同时由解释者的历史处境所规定的,因而也是由整个客观的

---

① 汤用彤:《魏晋玄学论稿》,上海古籍出版社2001年版,第98页。
② 汤用彤:《魏晋玄学论稿》,上海古籍出版社2001年版,第98—99页。
③ 姚鼐:《惜抱轩全集》,中国书店1991年版,第24页。
④ 普济:《五灯会元》,中华书局1984年版,第1348页。
⑤ 晁公武:《郡斋读书志》,上海古籍出版社1990年版,第482页。

历史进程所决定的"①。正因为理解者在面对一个文本时会根据自己所处的特定历史处境,以及整个客观的历史进程来理解既定的文本,所以文本的意义永远会超越它的作者,"因此,理解就不只是一种复制的行为,而始终是一种创造性的行为"②。具体到郭象而言,他对圣人人格的理论诠释,代表了其对理想君主的塑造和对现实君主所做的要求。反观魏晋之世的君王,曹操嫉贤,司马懿外宽而内忌,惠帝愚痴等等,不是造成对士人的诛杀,就是导致社会的混乱,这是郭象所面临的特殊历史境遇。所以,郭象对圣人人格的探讨,是针对魏晋之世君主的贤愚、好恶等个人因素对整个社会兴衰治乱的影响所做的理论思考,他力图首先从君主的个人品格上来保证社会的稳定和谐,在当时具有积极的现实意义。而魏晋时代会通儒道的时代要求又构成了当时客观的历史进程,郭象的圣人人格论恰好适应了魏晋士人"礼玄双修"、"逍遥不离世俗"的内在要求,在理论上将内圣与外王、超世与入世、有为与无为、名教与自然等沟通融合,为儒道会通提供了多重视角。

因此,郭象的圣人人格论,乃至其整个《庄子注》,是"以'创造的诠释学'方式故意误读庄子原文,俾便批判地继承并创造地发展老庄所开创的道家哲学理路"③,对于道家哲学的发展功莫大焉。进而,从中国经典诠释的传统而言,通过注解或疏解古代典籍而生发出新的思想是中国文化发展的主要方式,借经典以抒己意是中国古代思想家注疏经典的真正目的之所在,"经典解释者常常在注释事业中透露他个人的精神体验,于是经典注疏就成为回响并落实到个人身心之上的一种'为己之学'"④。所以,郭象通过注解《庄子》而阐发出的圣人人格论,就不是对庄子圣人人格论的简单注解,而是包含了自己对圣人人格的独特理解。同时,中国诠释经典的传统直到郭象这里才表现为经典诠释的成熟形态,为后世确立了一个经典诠释的范例,对中国诠释传统的发展完善,甚至对当代中国诠释学的理论构建,皆能提供一定的理论资源和方法论资源。以此之故,我们在考察郭象的圣人人格论乃至在面对其整部《庄子注》时,就不能仅仅以《庄子》文本为

---

① 加达默尔:《真理与方法》,洪汉鼎译,上海译文出版社2004年版,第383页。
② 加达默尔:《真理与方法》,洪汉鼎译,上海译文出版社2004年版,第383页。
③ 傅伟勋:《从西方哲学到禅佛教》,生活·读书·新知三联书店1989年版,第404页。
④ 黄俊杰:《中国孟学诠释史论》,社会科学文献出版社2004年版,第422页。

标准对其进行是非对错的判断,而必须站在郭象的历史境遇中,在作为"为己之学"的诠释学视域中对其进行同情的理解。唯有如此,才能真正理解郭象对圣人人格问题所做的阐发,也才能真正理解整部《庄子注》的现实意义和历史价值。

原载《孔子研究》2012 年第 3 期

儒家之"学"的德性意蕴

暴庆刚

摘　要:儒家之"学"从内容上包括由知识与技能构成的知识系统和由德性与德行构成的德性系统,上述两个系统虽然在儒家思想中共融并存,但在儒学发展的过程中,却形成了德性系统对知识系统的价值优先传统,这一传统决定了儒家之"学"成为向内观照而注重修身立德的为己之学,从而使儒家之"学"具有了丰富的德性意蕴。对其德性意蕴的把握是理解儒家之"学"乃至整个儒学的重要维度。

关键词:儒家之"学"　知识系统　德性系统　为己之学

儒家之"学"论不仅是儒家思想的重要组成部分,而且从一定程度上决定了儒学的内在品格和特质。其所谓"学",既包括由知识与技能构成的知识系统,又包括由德性与德行构成的德性系统。虽然这两个系统在儒家的思想中一直共融并存,但在儒学发展的过程中,却形成了德性系统对知识系统的价值优先传统,从而使儒家之"学"具有了丰富的德性意蕴而成为修身立德之学,对其德性意蕴的把握成为理解儒家之"学"乃至整个儒学的重要维度。

一

儒家之"学"论系统开端于儒家经典《论语》,《论语》语录问答的体例虽使其"学"论不免有随意片段零散之弊,然其内在主线却并非杂乱无章,而是有迹可循。就《论语》所述观之,虽然其所论"学"之内容十分宽泛,然大致可分两端:一为文,二为德。

对于"文",《论语》中记载孔子之言说:"弟子入则孝,出则弟,谨而信,泛爱众而亲仁。行有余力,则以学文。"(《论语·学而》)"君子博学于文,约之以礼,亦可以弗畔矣夫。"(《论语·雍也》)又说:"子以四教:文、行、忠、信。"(《论语·述而》)对于此处之"文"一般都释为"六艺",如朱熹《四书章句集注》:"文,谓诗书六艺之文。"黄震《黄氏日抄》:"所谓文者,又礼乐射御书数之谓,非言语文字之末。"又《史记·孔子世家》:"孔子以诗书礼乐教,弟子盖三千焉,身通六艺者七十有二人。"《论语》也有单独谈到学《诗》学礼及学《易》处,然皆不出六艺之外。由此可知,儒家之"学"中"文"的主要内容就是"六艺"之学,既包括历史文化典籍,也包括礼乐射御等才能技艺,偏向于知识与技能,此构成儒家之"学"的知识系统。

"德"主要指内在德性修养以及对德性的践行。《论语》中记载:"哀公问:'弟子孰为好学?'孔子对曰:'有颜回者好学,不迁怒,不贰过。不幸短命死矣。今也则亡,未闻好学者也。'"(《论语·雍也》)对于哀公的"好学"之问,孔子答以颜回好学,其具体表现并非颜回对知识"闻一以知十"的触类旁通,而是其"不迁怒,不贰过"的行为表现,此无关于纯粹知识之学习,而体现为道德上之克己与性情上之陶冶。诚如李颙所言:"学苟不在性情上用功,则学非其学。性情上苟不得力,纵夙夜孜孜,博极群籍,多材多艺,兼有众长,终不可谓之'好学'。"①《论语》中又记孔子之言曰:"君子食无求饱,居无求安,敏于事而慎于言,就有道而正焉,可谓好学也已。"(《论语·学而》)求饱求安是外在的物质追求,食无求饱、居无求安是说君子之志不在居食之间,或君子不能以求一己一家之安饱为最高追求,而应做事勤勉,慎于言论,就有道之人求正其言行之是非,是者行之,非者改之。故孔子此处所说之"好学",亦非记诵之类的知识学习,而是谨言慎行以修身,重在德性之提升与人格之完善。孔子弟子子夏亦有言曰:"贤贤易色;事父母,能竭其力;事君,能致其身;与朋友交,言而有信。虽曰未学,吾必谓之学矣。"(《论语·学而》)子夏在此以夫妻、父子、君臣、朋友四伦关系言学,认为夫妇之间能重德不重色②,侍奉父母能尽心竭力,对待君上能尽忠节而不爱其身,对待朋友言而有信等等皆为学,此所说之"学"亦非关知识之学习,而是皆关乎道德修养与践行。在

---

① 李颙:《二曲集》,中华书局1996年版,第449页。
② 关于贤贤易色,约有二解,一为对待贤人,如何晏《论语集解》引孔安国注:"易色,言以好色之心好贤则善也。"皇侃《论语义疏》:"凡人之情莫不好色而不好贤,今若有人能改易好色之心以好于贤,则此人便是贤于贤者。"又引另一说曰:"言若欲尊重此贤人,则当改易其平常之色,更起庄敬之容也。"二为言夫妇之伦,如陈祖范《经咫》:"此主夫妇一伦言。……在妇为嫁德不嫁容,在夫为好德非好色也。"梁章钜《论语集注旁证》:"娶妻重德不重色,亦厚人伦之一事也。"刘宝楠《论语正义》:"今案夫妇为人伦之始,故此文叙于事父母事君之前。"今取后者之说。

子夏看来,能做到上述四方面,虽然其人在知识层面未必通晓多少道理,但因其所行合乎道德,故就其质而言一定能够称之为"学"。这依然是将德性与德行归为学之范畴。德性修养及其践行构成儒家之学的德性系统。

就"文"与"德"二者关系言,"作为'学'之内容的道德系统与知识系统既分立而自足,又内在地融通为一体"①,知识系统对德性系统亦有不可或缺的正面价值,如孔子说:"好仁不好学,其蔽也愚。好知不好学,其蔽也荡。好信不好学,其蔽也贼。好直不好学,其蔽也绞。好勇不好学,其蔽也乱。好刚不好学,其蔽也狂。"(《论语·阳货》)好仁、好知等"六好"显然属于德性系统,好学则偏向于知识性的理论认知,属知识系统。以孔子所言,若无对德性内涵及其合理性的理论认知,则易导致德性养成过程中的愚、荡等种种弊端。但认知层面的好学也仅是对德性养成与提升的必要规导、补充和完善,并不能从根本上代替德性系统。相反,德性系统对知识系统却具有决定作用,若无德性系统的内在支持,则知识系统就将失去其存在的价值和意义,如孔子说:"礼云礼云,玉帛云乎哉?乐云乐云,钟鼓云乎哉?"(《论语·阳货》)赠玉帛鸣钟鼓是礼乐的外在形式,若无内在之"敬"与"和"作支撑,则礼乐就会沦为外在的文饰而丧失其真正的价值。又说:"人而不仁,如礼何?人而不仁,如乐何?"(《论语·八佾》)仁内,礼乐外,人之为人以仁为本,人而无仁,则礼乐仅成徒具形式之空壳,必不能发挥其应有之作用。所以,孔子在对待德性系统与知识系统的态度上也存在明显的轻重之分,他说:"志于道,据于德,依于仁,游于艺。"(《论语·述而》)道、德、仁显然构成德性系统的主要内容,以六艺为具体内容的"艺"则为知识系统,在对待这两个系统的态度上,前者是"志"、"据"、"依",皆表示以之为目标而执守不移,后者是"游",仅表示在认识层面的熟知,因此朱熹将前者视为先、重、本与内,将后者视为后、轻、末与外②,二者之轻重判然分明。孔子又说:"弟子入则孝,出则弟,谨而信,泛爱众而亲仁。行有余力,则以学文。"(《论语·学而》)入孝出悌诸行皆关乎德性与德行,显然属于道德系统,是必须优先去行之事,而"文"则是在行这些道德之事有余力

---

① 陈继红:《知识与道德的安顿——〈论语〉论"学"的内在逻辑线索探微》,《中国人民大学学报》2011年第4期。

② 对此朱熹《四书章句集注》说:"学者于此,有以不失其先后之序、轻重之伦焉,则本末兼该,内外交养。"

的情况下方可去为之。行有余力并非简单表述时间上之先后,而是从本末轻重上言,道德之行为本为重,六艺之文为末为轻。由此,在《论语》的"学"之系统中,可以明显地看出德性系统对知识系统的价值优先性。

二

对德性系统的价值优先考虑,必然决定了儒家之"学"的主体性和内向性特征,即注重向内的观照以成就自我德性与人格,而非向外的追逐以求得功利价值,这就形成了孔子所说的"为己之学"。孔子说:"古之学者为己,今之学者为人。"(《论语·宪问》)"古"代表孔子理想中的时代,"今"代表当时的时代,孔子借古今对比表示对为己之学的肯定和对为人之学的否定。对于为己之学与为人之学,荀子分别称之为君子之学与小人之学,并解释说:"君子之学也,入乎耳,箸乎心,布乎四体,形乎动静,端而言,蠕而动,一可以为法则。小人之学也,入乎耳,出乎口。口耳之间则四寸耳,曷足以美七尺之躯哉!古之学者为己,今之学者为人。君子之学也,以美其身;小人之学也,以为禽犊。"(《荀子·劝学》)荀子对为己之学的解释有三个意思:一是由闻知到内化,即"入乎耳,箸乎心";二是由内化到践行,即"布乎四体,形乎动静,端而言,蠕而动";三是由践行到德性之养成,即"一可以为法则"。故为己之学体现为一个由闻知到内化再到践行,进而养成德性的过程,其最终目的是为了使自己德性完善而并非外在的功利性追求。而为人之学则只是一个简单的"入乎耳,出乎口"的过程,"口耳之间则四寸耳"说明由闻知到表达的过程之短与速度之快,根本就没有经过内化。禽犊,杨倞注曰:"馈献之物也。"是古人馈送他人的小礼物,小人之学以为禽犊,比喻为人之学仅是为了以己所学向他人炫耀卖弄以博得赞美或名声,其学只是一个由闻知到兜售的短暂过程,其目的是追逐外在的功利,因此对自身的修养没有任何裨益。

其后,对为己之学与为人之学的解释基本上都贯彻了荀子的义旨,如何晏《论语集解》引孔安国语曰:"为己履而行之,为人徒能言之。"皇侃《论语义疏》曰:"古人所学,己未善,故学先王之道,欲以自己行之,成己而已也。今之世学,非复为补己之行阙,正是图能胜人,欲为人言己之美,非为己行不足也。"朱熹《四书章句集注》引程子之言曰:"为己,欲得之于己也。为人,欲见之于人也。"以上皆以为己之学在于内得于己成就德性,完善德行,为人之学在于见之于人炫耀自己博得名声或与人争胜博得他人赞美。不难看出,在儒家之"学"的系统中是以为己之学否定为人之学,仍然贯彻了德性优先的为学路径,"这种学的过程必然是一种价值认识或道德认识的过程而非事实与科学认识"①。

既然为己之学以内在的德性提升为目标,则以其为学所造就的就是人格的完善,"在儒家的传统里,学做一个完善的人不仅是一个首要关切的问题,而且是终极关切和全面关切的问题"②。故做一个完善的人,成为圣贤君子就成为为己之学的道德目标。如孔子称颜回"不迁怒,不贰过"为"好学",颜回正是通过德性修养之"好学"而具备了超越的心灵境界,由此备受孔子赞赏。孔子称赞颜回说:"贤哉,回也!一箪食,一瓢饮,在陋巷,人不堪其忧,回也不改其乐。贤哉,回也!"(《论语·雍也》)孔子之所以称颜回为贤能或具备贤德,就在于常人以"一箪食,一瓢饮,在陋巷"为其忧,箪食瓢饮在陋巷为艰难的外在物质条件,人皆不能忍受,而颜回却能不改其乐,此乐显然非通过箪食瓢饮在陋巷的外在条件而获得,故古人释颜回之乐为"乐道"③,"乐道"代表的是一种通过德性修养而获得超越的精神境界,也可以将其理解为通过道德修养而获得的德性提升的充实与快乐,如后世孟子所说的"反身而诚,乐莫大焉"之乐,故颜回之乐乃内在的道德之乐。由此可知,颜回所从事之学乃为己之学而非为人之学,其所成就的正是贤人人格。至于君子,虽然《论语》中有多种规定,但都是立足于德性而言,无论是君子的切己自反,还是君子的怀德坦荡,还是具体的恭、敬、惠、义、礼、逊、信、仁、智、勇等都是以德性来规定君子人格,体现的都是为己之学所要成就的德性诉求。所以,"孔子所说的学,主要的不是追求未来仕途上的实用,而是一种提高自身品质和素养的道德活动"④。

荀子承此思路,认为学的最终目标是成就圣人人格,他说:"圣人者,道之极也。故学者固学为圣人也,非特学为无方之民也。"(《荀子·礼论》)但学至于圣人是一个践行的过程,由此荀子在为学上表现出对"礼"的高度关注,他说:"学恶

---

① 肖群忠:《儒家为己之学传统的现代意义》,《齐鲁学刊》2002年第5期。
② 杜维明:《儒家思想新论——创造性转换的自我》,江苏人民出版社1991年版,第49页。
③ 如何晏《论语集解》引孔安国注:"颜渊乐道,虽箪食在陋巷,不改其所乐。"《史记·仲尼弟子列传》裴注引卫瓘曰:"非大贤乐道,不能如此。"
④ 焦国成:《中国伦理学通论》,山西教育出版社1997年版,第386页。

乎始？恶乎终？曰：其数则始乎诵经，终乎读礼；其义则始乎为士，终乎为圣人。……《礼》者，法之大分，类之纲纪也，故学至乎《礼》而止矣。夫是之谓道德之极。"(《荀子·劝学》)经，指的是《诗》《书》之类的历史文献，礼，指的是有关礼的种种记载，相对于经而言，礼更具有行为的规范性和践行性品格。所以，"终乎读礼""学至乎《礼》"并非仅仅停留于知识层面的"读"与"学"，也同时包括现实层面对礼的践行。而无论是礼对人的引导性还是约束性都具有鲜明的文化意义和社会意义，都是要人按照社会的普遍价值观去行，从而使人成为为"文"所"化"之人。通过学礼行礼的"积善成德"过程，人最终可以达到圣人的境界，从而成就完美的德性。所以，荀子对礼的作用的设定仍然是以完善人的德性为最终目的，与其所论的为己之学内在相通。

由上而论，无论为己之学成就的是圣贤还是君子，都体现出向内在德性上用功探求的致思路径，坚持和发展的依然是儒家"学"之系统中的德性一端。而与之相对的为人之学，因其掺杂了对外在功利的追逐，而根本遗落了德性完善的内化努力，故其最终仅流为知识形态上的夸夸其谈，根本无益于身心修养，故为儒家所否定。

三

《论语》中以修德为"学"以及由此而形成的为己之学，主要突出了对个体之德的关注，也即主要凸显了"内圣"一面，但个人之德与天下国家之间的关联，也即"外王"的一面并未深入展开。虽然孔子也说君子"修己以敬""修己以安人""修己以安百姓"，子夏也说"仕而优则学，学而优则仕"，但修己与安人、安百姓之间是并列的君子之德，其间的内在关系孔子并未明说，学与仕之间也仅表现为一种相互促进的松散关联，无论是学文之学还是修德之学与仕之间的内在联系并不明显。除此之外，《论语》关于德性之学何以可能以及何以必要的问题也未细加详究。这些问题在《大学》及孟子的思想中得以进一步阐述。

《大学》本是《礼记》中的一篇，相传为曾子所作，受到宋儒的高度重视，程子将其看作"初学入德之门"，朱熹将其看作"古之大学所以教人之法"，不仅在儒家之"学"的系统，而且在整个儒家思想体系中都占有极其重要的地位。按照朱熹的看法，古人之学分小大，初年入小学，主要学习洒扫应对进退之节，十六七入大学,《大学》所论即大学所学的内容。朱熹说:"大学者,大人之学也。"①"《大学》是修身治人底规模。"②因此,《大学》所论是修身的学问,也是治国平天下的学问。《大学》开篇曰:"大学之道,在明明德,在亲民,在止于至善。"明明德,即发明内心固有的善良道德;亲民或新民,即推己及人,以自己德性修养影响民众,使其面貌革新;止于至善,即安于至善之境而不迁。此谓《大学》之三纲领。三纲领又有本末之分,《大学》中说:"物有本末,事有终始,知所先后,则近道矣。"明明德为本,亲民为末。为了更好地说明明明德与亲民的本末先后,《大学》又提出八个条目,即格物、致知、诚意、正心、修身、齐家、治国、平天下。格物至修身,是明明德的条目;齐家、治国、平天下,是亲民的条目。上述八个条目之间具有固定一贯的次序,不可颠倒错乱,所谓:"古之欲明明德于天下者,先治其国;欲治其国者,先齐其家;欲齐其家者,先修其身;欲修其身者,先正其心;欲正其心者,先诚其意;欲诚其意者,先致其知;致知在格物。"反之则是"物格而后知至,知至而后意诚,意诚而后心正,心正而后身修,身修而后家齐,家齐而后国治,国治而后天下平。"人若能知此先后而循序为功,则可使己德明、民德新,而至善自在其中。就明明德之五条目言,修身又居核心地位,格物至正心皆为修身而设,故明明德之本即指修身而言,所以《大学》说:"自天子以至于庶人,壹是皆以修身为本。"如此,修身即成为齐家治国平天下之本,身不修则齐家治国平天下根本无法达致,所谓"其本乱,而末治者,否也"。由此,《大学》作为成人之学,既继承了由孔子所开启的重德性的为己之学,又将德性提升与天下国家紧密相连,大大拓展了德性之学的效能边界。

时至孟子,儒家之"学"的德性意蕴又有所深化。如果说在孔子那里,"学"之德性意蕴表现为对内在德性提升的关注和养成,仍明显地展示出经由积累而成德的过程的话,那么到了孟子这里则通过人性善的哲学预设,将德性看作人先天固有的内在道德本性,从而发生了一种直接而彻底的由内向外开掘发明的"学"之转向。对于"学",孟子说:"学问之道无他,求其放心而已矣。"(《孟子·告子上》)所谓"放心",指放失之心、放掉放丢之心。孟子认为,为学之道没有其他的

---

① 朱熹:《四书章句集注》,中华书局1983年版,第3页。
② 黎靖德编《朱子语类》,中华书局1986年版,第250页。

方法,关键就在于找回放丢的心,使心安于其所当安之处,保持其本有的状态。"心"在孟子哲学中是一个非常重要的概念,指人先天固有的道德情感或道德意识,具体又可以分为恻隐之心、羞恶之心、辞让之心和是非之心,上述"四心"能够产生仁义礼智四种道德行为,所以又被称作"四端","恻隐之心,仁之端也。羞恶之心,义之端也。辞让之心,礼之端也。是非之心,智之端也。"(《孟子·公孙丑上》)因这"四心"人人天生固有,所以孟子认为"仁义礼智,非由外铄我也,我固有之也"(《孟子·告子上》)。这就是孟子的性善论。更为重要的是,这"四心"是人与禽兽的根本分别之处,是人之为人的根据,"无恻隐之心,非人也;无羞恶之心,非人也;无辞让之心,非人也;无是非之心,非人也"(《孟子·公孙丑上》),所以对人而言至关重要。但同时,"人之所以异于禽兽者几希"(《孟子·离娄下》),因为这"四心"非常稀少,所以必须对之倍加呵护,否则受外界种种因素的诱惑很容易丢失,由此而有"求放心"之说。因此在孟子看来,所谓"学",落实到现实层面,一是对内在固有善良德性的维护保持,二是对内在固有善良德性的发明呈现。孟子将"求放心"称之为唯一的为学之道,承接了《论语》论"学"的德性维度,不仅从人性论的哲学层面更进一步地解释了德性之学何以可能,而且从人禽之分的意义上确定了德性之学对于人更为本质的价值所在。

四

先秦儒家之"学"的德性特质,奠定了后世儒家之"学"的基本框架,作为儒学成熟形态的宋明理学虽有"理学"与"心学"之分,然在论"学"的思路上皆秉持了先秦儒家之"学"重德性的致思路径,其"学"论也构成整个儒家之"学"的重要组成部分,故择其要者述之如下,以见儒家之"学"德性传统之绵延。

二程以"学"为穷理进德而非玩弄章句:"读书将以穷理,将以致用也。今或滞心于章句之末,则无所用也。此学者之大患。"①"善学者进德,不有异于缀文者耶?"②穷理进德为内,章句训诂等知识层面之"文"为外,学当内求而不应外求,"学也者,使人求于内也,不求于内而求于外,非圣人之学也。何谓求于外?

---

① 程颢、程颐:《二程集》,中华书局1981年版,第1187页。
② 程颢、程颐:《二程集》,中华书局1981年版,第1185页。

以文为主者是也。学也者,使人求于本也。不求于本而求于末,非圣人之学也。何谓求其末?考省略、采同异者是也。二者无益于德,君子弗之学也。"①所以,学者当以修己成德为最终追求,"学必激昂自进,不至于成德,不敢安也"②。基于此,二程指出当时学者有三蔽,即溺于文章,牵于诂训,惑于异端,皆非圣人之正道,甚至说:"学以养心,奚以文为?"③可以看出二程对"学"之德性层面的高度重视。

朱熹之"学"论繁复博大,要之亦不出"文"与"德"二端。虽然朱熹对于知识系统非常重视,说:"若不学文,则无以知事理之当否。"④"不学文,则事事做不得。"⑤并对读书之法多所论述。但学文读书并非仅仅为了获得知识,其指向却在心体,"人常读书,庶几可以管摄此心,使之常存"⑥。所以,为学仍然是为己之学,"学者须是为己。圣人教人,只在《大学》第一句'明明德'上。以此立心,则如今端己敛容,亦为己也;读书穷理,亦为己也;做得一件事是实,亦为己也。圣人教人持敬,只是须著从这里说起"⑦。但在朱熹看来,在儒学发展的过程中,修德之学却逐渐失传,"秦汉以来,圣学不传,儒者惟知章句训诂之为事,而不知复求圣人之意,以明夫性命道德之归",更有甚者乃至"脱略章句,陵藉训诂,坐谈空妙,辗转相迷",此等为学皆不得往圣学以明德之旨,为患甚大。所以朱熹对这种风气进行了严厉批评:"呜呼!是岂骨折圣贤相传之本意,与夫近世先生君子所以望于后人者哉?"⑧既以明德为"学"之旨归,旨归既明则当力行之,"世俗之学,所以与圣贤不同者,亦不难见。圣贤直是真个去做,说正心,直要心正;说诚意,直要意诚;修身齐家,皆非空言。今之学者说正心,但将正心吟咏一晌;说诚意,又将诚意吟咏一晌;说修身,又将圣贤许多说修身处讽诵而已。或掇拾言语,缀

---

① 程颢、程颐:《二程集》,中华书局1981年版,第1198—1199页。
② 程颢、程颐:《二程集》,中华书局1981年版,第1190页。
③ 程颢、程颐:《二程集》,中华书局1981年版,第1187页。
④ 黎靖德编《朱子语类》,中华书局1986年版,第499页。
⑤ 黎靖德编《朱子语类》,中华书局1986年版,第500页。
⑥ 黎靖德编《朱子语类》,中华书局1986年版,第176页。
⑦ 黎靖德编《朱子语类》,中华书局1986年版,第261页。
⑧ 朱熹:《朱子文集》,台北德富文教基金会2002年版,第3792—3793页。

缉时文。如此为学,却于自家身上有何交涉?"①故"学"必须落实于修德之行而不能仅停留于对圣贤之言的吟咏讽诵,突出了"学"之工夫义。

陆九渊认为学有多种:"今自童子受一卷之书,亦可谓之学。虽学农圃技巧之业,亦不可不谓之学。人各随其所欲能者而学之,俗各随其所渐诱者而学之,均之为学也。"②但这等知识层面之所谓"学"却并非根本,"学"之根本在于"不失其本心","不失其本心"即保持爱亲敬兄的本然伦理之善,"孩提之童,无不知爱其亲,及其长也,无不知敬其兄。先王之时,庠序之教,抑申斯义以致其知,使不失其本心而已。尧舜之道不过如此"③。在陆九渊看来,各种私欲以及各种琐碎的知识,在自满自足心态支配下都可能遮蔽本心,愚不肖者之蔽在于物欲,贤者智者之蔽在于意见,高下污洁虽有不同,但蔽理溺心而不得其正则相同,所以在为学上是要对心的这些遮蔽进行剥落,"人心有病,须是剥落。剥落得一番,即一番清明,后随起来,又剥落,又清明,须是剥落得净尽方是"④。如果心体不明,读书不仅无益反而有害,"田地不净洁,亦读书不得。若读书,则是假寇兵,资盗粮"⑤。所以,"古之教人,不过存心、养心、求放心。此心之良,人所固有,人惟不知保养而反戕贼放失之耳"⑥。显然陆九渊对"学"之认识,直接继承了孟子"求放心"的为学之道。

心学集大成者王阳明也非常重视学,其"学"论以明心为要,以成就君子圣贤人格,故其所说之"学"亦是君子圣贤之学。他说:"君子之学,惟求得其心。"⑦"君子之学以明其心。"⑧"士之学也,以学为圣贤。"⑨而成就圣贤则须贯以道德仁义忠信廉耻之道,"圣贤之学,心学也。道德以为之地,忠信以为之基,仁以为宅,义以为路,礼以为门,廉耻以为垣墙,《六经》以为户牖,《四子》以为阶梯"⑩。故

---

① 黎靖德编《朱子语类》,中华书局1986年版,第133页。
② 《陆九渊集》,中华书局1980年版,第372页。
③ 《陆九渊集》,中华书局1980年版,第236页。
④ 《陆九渊集》,中华书局1980年版,第458页。
⑤ 《陆九渊集》,中华书局1980年版,第463页。
⑥ 《陆九渊集》,中华书局1980年版,第64页。
⑦ 《王阳明全集》,上海古籍出版社1992年版,第239页。
⑧ 《王阳明全集》,上海古籍出版社1992年版,第233页。
⑨ 《王阳明全集》,上海古籍出版社1992年版,第900页。
⑩ 《王阳明全集》,上海古籍出版社1992年版,第900页。

王阳明所说之"学"仍然是"为己之学",他也经常说,圣贤只是为己之学,君子之学乃为己之学。凡人若肯学,使其心纯乎天理亦可以成圣人。因为在王阳明的思想体系中,心、性、天通而为一,所以纯乎天理即是在心上做工夫,而不是从单纯的知识上入手向外求索,若无心上的工夫,知识越多人欲越多,反而会使天理越被蒙蔽,"后世不知作圣之本是纯乎天理,却专去知识才能上求圣人,以为圣人无所不知,无所不能。我须是将圣人许多知识才能逐一理会始得。故不务去天理上着工夫,徒弊精竭力,从册子上钻研,名物上考索,形迹上比拟,知识愈广而人欲愈兹;才力愈多,而天理愈蔽"①。所以,王阳明也非常推崇孟子的"求放心"之说,认为博学、审问、慎思、明辨、笃行皆是学此问此思此辨此行此,皆是在心上用功,"故必学以存其心。学以存其心者,何求哉?求诸其心而已矣"②。因此而言,"心外无事,心外无理,心外无学"③。王阳明的为学路径也是立足于德性而向内所做的观照。

五

综上而言,无论在学之内容还是学之目标上,儒家都表现出对内在德性的高度关注。富含德性意蕴的儒家之"学",由孔子开其端,孟子荀子及宋明诸儒承继发展之,由孔孟荀至二程、朱熹、陆九渊、王阳明等呈现出一条清晰的发展脉络。虽然上述诸人在有些学术观点上不尽相同,但在学之德性价值优先性上则是高度一致,完善人的内在德性和人格构成儒家之"学"的主要内容和鲜明特征,从而也成为儒家之"学"的独特性所在。

在近代西学东渐的过程中,西方的知识文明渐趋强势,以致形成以西学的知识理性和工具理性为标准评判中国固有学术传统的种种做法。包括儒家之"学"在内的儒家文化,因其高度关注内在的德性修养而被视为阻碍中国科学文明生发的主要因素,因而遭到过分的批判。这种局面的形成直接起因于对中国近代百年屈辱历史的反思,以至于在知识界形成西方文化优越论。其实,从历史进程来看,重视德性提升并非阻碍科学文明生发的因素,否则就无法解释何以在宋代

---

① 《王阳明全集》,上海古籍出版社1992年版,第28页。
② 《王阳明全集》,上海古籍出版社1992年版,第263页。
③ 《王阳明全集》,上海古籍出版社1992年版,第239页。

之前的数百年间中国的科技一直遥遥领先于世界。不仅如此,我们在反思儒家德性传统的种种弊端,批评其过于关注人的内在性而抑制中国科学理性传统的形成时,是否也应该认识到现代科学主义思潮所倡导的科学理性与工具理性对传统道德理性的全面冲击和遏制,以致包括教育在内的整个社会失去了人文价值的辅助与支持。我们还可以更进一步地追问,以纯粹科学理性和科学思维去改造和发展的世界如果没有道德价值的支持,它将是一个什么样的世界?在这种背景下,如何去发掘儒家之"学"的德性意蕴及其现代价值无疑具有重要的现实意义。

原载《南京社会科学》2016 年第 12 期

从"主义"之争到"问题"意识
——传统道德文化研究的现代转向

张 伟

摘 要:传统或传统文化的真正意义和价值并不仅仅在于它代表了过去的悠远和辉煌,亦在于它从很大程度上决定了一个国家或民族的当下存在样式及其未来发展的方向。因此,在研究中国传统道德文化时,就不仅仅是对传统道德文化进行一种历史性的梳理和阐释,而且要立足于现代及其所面临的"现代性"问题而非传统或"传统主义"问题,进而从中寻求一条可以联结过去和现在的精神纽带以及从现在走向未来的历史依据。然而,在过去的近百年中,对传统道德文化的研究却经历了诸多的波折与坎坷,与此同时亦完成了研究范式从"主义"之争到"问题"意识的现代转向。

关键词:传统道德文化 主义之争 问题意识 现代转向

一、通达与安顿——传统道德文化研究的现实意义

从 E.希尔斯在《论传统》中将"传统"视为"现存的过去,但它又与任何新鲜事物一样,是现在的一部分"[①],以及对传统作为一种社会与个体指导范型的论述中[②],可以知道:对于任何一个国家或民族而言,传统或传统文化的真正意义和价值并不仅仅在于它代表了过去的悠远和辉煌,亦在于它从很大程度上(甚至于从根本上)决定了一个国家或民族的当下存在样式及其未来发展的方向。因此,在研究中国传统道德文化时(显然,传统道德文化并不等于道德文化传统,前者随不同时代的社会变迁而不断地进行自我更新和自我调适,后者则在这种不断的自我更新和调试过程中获得延伸和发展,进而形成一种较为普遍和恒定的文化——心理结构),我们所做的就不仅仅是对传统道德文化进行一种历史性的

---

① [美] E.希尔斯:《论传统》,傅铿、吕乐译,上海人民出版社1991年版,第16页。
② [美] E.希尔斯:《论传统》,傅铿、吕乐译,上海人民出版社1991年版,第42页。

梳理和阐释（虽然这是必不可少且十分重要的一部分），而是更多地从这种梳理和阐释中寻求一条可以联结过去和现在的精神纽带以及从现在走向未来的历史根据，从而避免个体生命存在和国家、民族生命存在在这一过程中产生困顿、焦虑以及茫无归属的意义危机。除非我们断定现代的个体、国家或民族的存在和发展是一种与历史文化因素无关的纯生物或纯机械的运动，否则我们就不能忽视与一定的社会生活样式和个体存在状态密切相关的传统道德文化、价值理念等因素的影响。

对中国传统道德文化研究的这一理路之所以可能，更重要的还在于我们研究中国传统文化的立足点是现代以及所面临的"现代性"问题，而非传统或"传统主义"问题。当我们面对中国现代化进程中所遭遇的工具理性的膨胀、人文理想的失落、人与自身的异化、人与人之间的疏离以及人与自然之间的日益紧张时，我们对中国传统道德文化的研究和探究就不再只是对于中华民族道德文化延续和存亡的关切，而且还包括了对于现代人自身生命存在的意义和价值的一种终极层面的关怀，即意义世界和精神家园的安顿和通达。这不仅关涉到一个人之所以为人的问题（形而上学及个体存在层面），还关涉到一个中国人之所以为中国人的问题（具体现实及民族认同层面）。换言之，一个个体、国家或民族若脱离了自己的历史文化传统，脱离了蕴含并体现于历史文化传统中的道德价值系统，那么，个体的生命存在、民族和国家的生命存在就会成为一种漂浮无根的存在，抑或成为一种可以以这样或那样的不同方式而存在的偶然性存在。

如果说以上关于中国传统道德文化意义的表述，还只是停留在理论的形上层面及对民族性的关怀的话；那么，21世纪的今天，我们沿着前人的足迹继续给予传统道德文化以深入研究的理由则更多的是来自于实践层面的思考及对时代性的关切。只有将民族性与时代性、形上与形下、知与行结合在一起，对传统道德文化的研究才具有完整的意义，其所包含的可能性才能转化为现实性。因此，对传统道德文化的历史总结、现实转化和价值再创造在其本质上就不再仅仅是一个理论推演的问题，而是一个现代践行的问题。这便要求我们不能将这一过程偏狭于"知识精英"及其理论论证之内，而应外扩到整个社会大众及其世俗生活实践之中。如果说前者是传统道德文化价值得以再生的必要前提和程序上的第一步，那么，后者则构成了传统道德文化价值再生的实质所指，即只有对传统道德文化的现代践行问题(包括践行的合理性、运作方式、实现形式等)进行深入的研究之后,我们才能具体回应(如果不是解决的话)不同生活领域中的道德问题,如经济领域中的公平与效率、生态环境领域中的人与自然、科学技术领域中的工具与价值、公共私人领域中的个体与他人等一系列的现实问题。与此同时,对传统道德文化现代践行问题的研究,也会使我们在实践中进一步廓清理论上的迷雾,从而为中国现代道德文化的建设提供一个"文本"之外的支撑。

因此,对于一个素以传统道德文化深厚著称于世的民族而言,无论是从国家和民族发展的连续性和未来走向上来看,还是从国家和民族在当前现代化进程中所遭遇的种种现实问题和民族精神的整体调试来看,对中国传统道德文化的研究都有着不言而喻的重要性。

二、"主义"之争——传统道德文化研究的历史迷误

对任何一种传统道德文化的承诺都意味着一个肯定和否定、接受与批判、认同与超越的双重过程。然而,在过去的一个多世纪里,对中国传统道德文化的研究伴随着传统道德文化的整体命运却经历了诸多的波折与坎坷。

无疑,较之先前的洋务运动和维新运动,20世纪初期的"五四"新文化运动已不再仅仅局限于器物与制度层面的革新,而代之以观念启蒙的形式深入到了精神和文化领域,将重塑中华民族精神与国民性格进而彻底改变中国落后局面的历程推向了高潮。但与此同时,当"五四"新文化运动以一种彻底斩断历史的方式告别中国传统文化,特别是传统道德文化时(如陈独秀的"伦理革命"),当早期知识精英满怀热情地引进现代西方世界之"德先生"、"赛先生",甚至于寄望于全盘西化(如陈序经、胡适的"全盘西化")以期实现中国之新文化和新道德时,当科学派与玄学派就人生观问题展开大辩论,试图澄清科学与人文之界限时,中国传统道德文化的现代延续和再生便陷入了一种颇为艰难的境地,并逐渐退出了社会主流的视野,走向了边缘。面对近代中国社会转型所产生的"意义危机"和"秩序危机",整个新文化运动似乎并没有摆脱洋务运动和维新运动在"体"与"用"、"中"与"西"之间的纠结,也没能够给人们提供一个相对统一和完善的道德文化范型或价值—信仰体系;相反,在新的历史情境中,在各种思潮(如马克思主义、自由主义、保守主义、科学主义等)的影响下却造成了多个紧张尖锐、彼此对

立的思想文化阵营,使原先在这一时期就陷入"前无寄望,后无依托"的整个社会精神状况更加明显地凸显出来。

新中国成立后,通过在道德生活领域开展卓有成效的破旧立新运动,基本上肃清了几千年的封建道德文化和资产阶级道德文化对社会生活的影响,从而使马克思主义道德文化在人们的社会道德生活中占据了支配地位,整个社会亦获得了一个相对完整和统一的价值—信仰体系。遗憾的是,在马克思主义道德文化逐渐成为国家主流意识形态的同时,1949~1978年这30年中关于中国传统道德文化的相关研究在总体上却隶属于政治和意识形态的斗争,陷入了非此即彼的"主义"之争(唯物主义与唯心主义),基本上失去了独立生长的空间。社会对于传统道德文化研究的主流话语是:马克思主义道德文化已经完成了对人类一切道德文明成果的扬弃,其他一切非马克思主义道德文化的研究则纯属多余。20世纪50年代中后期由冯友兰先生提出的"抽象继承法"①所引起的一段公案及对冯友兰观点的批判便典型地反映了这一点。"冯先生提倡从中国哲学史上捡出现成的拿来使用的好东西的方向,这实际上是反马克思主义的,哲学史上没有也不可能有马克思主义哲学中所没有的、可以现成拿过来使用的好东西。"②而60年代初期由吴晗在《前线》在杂志上发表的《说道德》、《再说道德》两篇文章所引起的一场波及全国的关于道德阶级性和继承性问题的大讨论则把"主义"之争的画面完整地展现在了人们面前。这一时期对于传统道德文化的研究而言,唯一重要的便是阶级立场、研究方法问题而非历史知识、理论深度等问题,更糟糕的是这一本属学理探讨的事情最终在"批林批孔"运动的催化下演变成了一场群众性的批判运动,对传统道德文化缺乏起码了解的各色门外人士成了这场争论的主角。至于"文化大革命"运动,则把这种唯"主义"、唯阶级的批判方式发挥到了极致。

值得一提的是,即便在这样一种单一、简单的政治性曲解占支配地位的时期,对中国传统文化和传统道德文化的研究亦在一定限度之内取得了发展。如在中国传统文化方面有冯友兰的《中国哲学史新编》、《中国哲学史论文集》,任继

---

① 关于"抽象继承法"的具体内涵可参见冯友兰于1957年1月8日在《光明日报》发表的《中国哲学遗产底继承问题》一文,或冯友兰在其《新知言》一书中关于哲学方法的相关讨论,在此不再赘述。

② 关峰:《中国哲学史研究的方向问题》,《光明日报》,1958年6月15日。

俞主编的《中国哲学史》，侯外庐主编的《中国思想通史》，以及港台新儒家关于中国传统文化方面的一些著作等；在传统道德文化方面则有张岱年的《中国伦理思想发展规律的初步研究》一书和《道德的阶级性和继承性》等文，吴晗的《说道德》《再说道德》《三说道德》等文，以及周辅成、许启贤、江峰、高仲田、步近智、唐宇元等人关于道德阶级性和继承性讨论的文章。这些著作和论文尽管在数量和理论深度上都受到那个特定时代的诸多限制，却为改革开放后中国传统道德文化研究的复苏和繁荣奠定了思想基础。

三、"问题"意识——传统道德文化研究的现代转向

20世纪70年代末以来，伴随着党的十一届三中全会的召开以及工作重心的根本转变，在真理标准问题、人道主义与人的异化问题、中国传统文化与现代化问题的讨论中，在本土文化与异质文化的交流和碰撞中，关于传统道德文化的研究再一次从社会的边缘走到了前台。

整个20世纪80年代关于传统道德文化的研究在整体上呈现出了逐步打破思想禁区以及重新复苏的趋势，在这一过程中整个社会对于传统道德文化的态度亦获得了极大的转变，即人们开始意识到给传统道德文化简单地贴上"'唯物唯心'的标签以及玩弄'去其糟粕，取其精华'一类的空洞概念或许并不重要，真正重要的是如何认识和发掘我们民族的历史文化中所包含的那些不被历史的尘埃所掩盖的、具有普遍意义的思想价值"①。这一特点尤其体现于80年代后期轰轰烈烈的"文化热"中。在这场持续数年之久的文化讨论中，全国各地先后召开了各种类型的座谈会和讨论会，对文化方面的问题进行了广泛的讨论；一些高校和科研院所也陆续成立了研究文化的机构和团体，并创办了一些文化研究的刊物；此外全国不少报刊亦开辟了专栏讨论文化问题。而有关传统道德文化研究的相关著作、论文在这一思潮中更是如雨后春笋般不断涌现。在这一研究过程中，除了对于传统道德文化的发展脉络、基本理念等进行了细致的梳理和分析外，还着重讨论了传统道德文化在当代能否以及如何批判性地继承问题，而非先前有无继承性的问题。由此形成了如下一些较富启发性的见解：其一，传统道德

---

① 郑家栋：《断裂的传统》，中国社会科学出版社2004年版，第307页。

文化的批判继承是同一过程的两面,否认继承的批判是民族虚无主义的做法,而没有批判的继承则会犯保守主义的错误。其二,正确理解传统道德文化的批判继承问题,既不可抽象地谈论传统道德文化的积极作用,也不能简单地搬用历史上的道德原则直接解决现实问题,而是要消化吸收并改变被继承道德的原本属性,把它变成社会主义道德的有机组成部分。其三,传统道德文化的批判继承问题在方法论上应该舍弃内容,继承形式;破除体系,继承内核;立足现实,中西合璧。① 此外,随着改革开放的深入和"文化热"的延伸,大陆学术界与港、台及海外的实质性学术交流亦得以展开,这其中当代新儒家在海外的发展以及关于传统道德文化的现代转化思想开始引起了国人的注意,并最终导致了所谓"新儒学研究热"的兴起。而1989年10月,由中国孔子基金会和联合国教科文组织在北京及曲阜联合举行的"孔子诞生2540周年纪念与学术讨论会"则标志着在经历了数十年的反传统之后,中国主流意识形态对于传统道德文化的立场有了一个较为完整意义上的转变。

如果说改革开放前对传统道德文化的研究隶属于政治和意识形态的斗争,20世纪80年代的相关研究还在尝试着打破学术禁区、开始思想解放的话,那么,90年后对于传统道德文化的研究则进入了一个空前繁荣的时期。这种繁荣不仅体现在了相关研究著作、论文在数量上的增长,更重要的是研究中所呈现出来的强烈的"问题"意识,即无论是赞成者还是反对者都进一步地摆脱了政治和意识形态的影响,不约而同地把目光聚集到了如何看待传统道德文化在当代中国的命运及其所扮演的角色,如何在当代这个多元文化背景下来深入研究传统道德文化的价值以及究竟该采取什么样的视角与方法(除了批判性地继承这样的口号外)等现实问题上来。这种强烈的"问题"意识首先来自对近代以来传统道德文化大起大落的戏剧性命运的整体回顾和深刻反思。诚如有的学者所指出的:传统道德文化的这一兴衰过程表明,是"生活"本身扬弃了传统道德文化,推动着它的现代化进程;同时也说明了对于一个关涉民族精神发展、有着深厚内涵和多维结构的文化系统,是不能用情绪化的政治批判手段加以消除的,而必须通

---

① 谭忠诚、陈少锋:《伦理学研究》,福建人民出版社2006年版,第355—356页。

过深刻的反思给它一个合乎时代精神的诠释。① 当然,90年后对于传统道德文化命运的整体回顾和反思,除却理论上的需要外,更多的还是着眼于其在当代中国社会的现实价值,特别是在面对各种文明相互激荡所产生的价值冲突和经济迅猛发展所导致的人文理想普遍失落等重大问题上。基于此,有的学者立足于一种哲学阐释的视角,在明辨概念的基础上指出了传统道德文化特别是其主干儒家伦理文化最突出的价值在于它独具特色的人文精神②;有的学者则从目的理性和工具理性的角度指出,传统道德文化是一种目的理性,缺乏工具理性的支持,只有改变其固有的结构实现二者的统一,传统道德文化才能够被专业化、市场化的现代社会所接受③。除此之外,还有不少学者开始注意到从现实的制度层面以及现代人的社会心理层面来研究传统道德文化的现代价值。总之,该时期关于传统道德文化的讨论和研究,尽管研究者各自的视角、期望有所不同,但基于"问题"意识的分析和转化方法基本上已被普遍接受,并显示出了宏大视野、深刻反思与广泛对话的特点。

如今,人们已经越来越清楚地意识到传统社会与现代社会、中国传统道德文化与现代道德文化及现代经济建设的密切联系了:现代无法也不可能脱离传统,中国社会的现代化并不是一个抛弃传统道德文化的过程,而是一个不断变革制度结构的过程。因此,我们有理由相信,在未来很长的一段时期内,基于"问题"意识的中国传统道德文化研究将会呈现出一种更为开放和理性的局面。

原载《云南社会科学》2009年第1期

---

① 牟钟鉴:《二十世纪儒学的衰弱与复苏》(上、下),《孔子研究》1998年第3、4期。
② 万俊人:《儒家人文精神的传统本色与现代意义——试以先秦儒家伦理为例:一种比较阐释》,《浙江社会科学》1998年第1期。
③ 蒙培元:《目的与工具——儒学与现代文明的一个理论课题》,《北京社会科学》1997年第4期。

本真而不神秘：儒家本源体验的特质

李海超

摘　要：依据体验发生的情境、修持方法、描述语言，儒家的本源体验可以分为神秘体验与非神秘体验两类。前一类体验是常人不容易获得的，玄妙、神秘的形上体验；后一类体验是常人容易获得的，亲切、明白的本真情感体验，它是儒家本源体验的特质之所在。近代以来，受到西方哲学、特别是比较宗教学学术话语的影响，学者们通常将儒家的本源体验不加分别地称作神秘主义的，这导致人们对儒家非神秘性本源体验——基于伦常生活的本真情感体验的忽视。揭示并发扬基于伦常生活的本真情感体验，对人们正确看待古代儒学传统、对儒学的当代开展具有重要的意义。

关键词：儒家　本源体验　神秘主义　形上体验　本真情感体验

在西方哲学特别是比较宗教学的学术话语中，那些不能用逻辑、科学的方式表述的终极体验——通常也就是对"本源"的体验，一般被称为神秘主义体验。由此，西方学者在研究中国古代思想的时候，便认为中国古代儒释道思想中特别注重的体证、体悟均是神秘主义体验。近代以来，在西方学术话语的强势影响下，中国学者们逐渐接受了这种论说。尽管这种论说并没有否定体证、体悟相对于理论论述的优先地位，但这种论说事实上造成了对中国传统思想中的本源体验之非神秘主义一面的遮蔽，这在儒家表现得最为明显。儒家的本源体验有神秘主义的一类，但也有亲切、明白的一类，并且这亲切、明白的一类才是儒家最为强调的、视为根本的，它对儒学的当代开展具有重要的意义。

一、何谓儒家的本源体验

"本源"也写作"本原"，通常用来比喻事物的起源或根本。在哲学上，"本源"一词用来指称万事万物及其规则的根源。儒家认为，人可以通达万物之源，但这种通达不能通过概念解析实现,而只能过某种领会、体贴实现,这种领会、体贴也就是儒家的本源体验。由于本源所指称的是终极存在或终极实在,因此本源体验也就是人们常说的终极体验。"本源"是一种比喻性的用法,儒家对其更为明确的表达是仁(仁体)、道、命、性(性体)、理(天理)、心(本心或心体)、诚、良知等。如二程言:"横渠昔尝譬命是源,穷理与尽性如穿渠引源。然则渠与源是两物,后来此议必改来。"①这是说命、性、理是本源。朱熹言:"盖三子只就事上见得此道理,曾点是去自己心性上见得那本源头道理。""'大哉乾元,万物资始,诚之源也。'此统言一个流行本源。""罗先生探索本源,洞见道体。"②这是说性、诚、道是本源。阳明言:"利根之人直从本源上悟入。人心本体原是明莹无滞的,原是个未发之中。""究心理学,倡明良知之训,洞畅本源。"③这是说心体、良知是本源。由此可见,儒家的本源体验其实也就是人们对仁、命、道、性、理、心、良知等的体验。

当然,在儒学的发展过程中,仁、性、理、心、良知等观念,在不同时代、不同儒者的儒学理论中,其含义和地位有很大的不同。故需辨明:儒者们用这些不同的观念所指称的本源,其实质是一样的吗?在哪种意义上是一样的,在哪种意义上又有所不同?

这里有必要区分儒家对本源的体验性表达与理论性表达。所谓儒家对本源的体验性表达,是指儒者们用描述性的语言将他们对本源的体认、领会表达出来。例如,孔子讲:"逝者如斯夫!不舍昼夜。"(《子罕·第九》)朱熹引二程的解释说:"此道体也。天运而不已,日往则月来,寒往则暑来,水流而不息,物生而不穷,皆与道为体,运乎昼夜,未尝已也。"④可见,这是孔子对万物本源生生不息的体验。孟子也有很多对本源的体验性表达,例如他说:"万物皆备于我矣。反身而诚,乐莫大焉。强恕而行,求仁莫近焉。"(《孟子·尽心上》)这说的是,孟子体认到万物与我为一的境界,并指出在这一境界中能获得巨大的快乐。在宋明理学中,这种对本源的体验性表达就更多了,例如,陆九渊《年谱》记载,他在十几岁

---

① 程颢、程颐:《二程遗书》,潘富恩导读,上海古籍出版社2000年版,第77页。
② 黎靖德编《朱子语类》,王星贤点校,中华书局1986年版,第1040、2390、2596页。
③ 《王阳明全集》,吴光等编校,上海古籍出版社2011年版,第133、1653页。
④ 朱熹:《四书章句集注》,中华书局1983年版,第113页。

时,读古人书:"忽大省,曰:'原来无穷,人与天地万物,皆在无穷之中者也。'乃援笔书曰:'宇宙内事乃己分内事,己分内事乃宇宙内事。'"①这可以看作他对本心或"心即理"的一次体验。王阳明在"龙场悟道"时也有类似的体验,阳明《年谱》记载,他在静坐中,"忽中夜大悟格物致知之旨,悟寐中若有人语之者,不觉呼跃,从者皆惊。始知圣人之道,吾性自足,向之求理于事物者误也"②。

以上种种体验,皆是儒者们对宇宙、心性之本来面目的体验,即本源体验,他们认为这种体验乃是古今圣人之所同的。如孟子说:"心之所同然者何也?谓理也,义也。圣人先得我心之所同然耳。"(《孟子·告子上》)这样看来,儒家的本源体验是人人相同,古今不二的。正因如此,宋明时期的儒者们常以本源体验来验证自己是否证道。

尽管儒者们认为本源体验是人人都一样的,但他们对本源的理论性表达却又十分不同。所谓对本源的理论性表达,也就是用理性架构的方式将本源的特性以及本源与具体事物、规范的关系表达出来。对比而言,儒家的理论性表达并不像西方哲学那样注重外在的体系性,但从儒家内部来讲,宋明理学的体系性架构远远超过前代。如果从理论性表达的类型来看,整个古代儒学可以划分为两个时代,即原创时代和形而上学时代。③ 在儒学的初创时期,儒学的理论性表达是比较朴素的,形而上学架构是不突出的。特别是在孔子那里,他并没有详细的论述一个超越的、抽象的形而上学观念,至少很少这样讲,所以子贡才感叹:"夫子之言性与天道,不可得而闻也。"(《论语·公冶长》)但到了宋明时期,"性与天道"的论述俨然成为主流,儒者们对太极如何化生万物,天理如何分殊为具体事物,心、性、理、气之间的关系等,无不大谈特谈。

如果仅从理论架构来看,我们很难说孔子所讲的那么切近的仁,就是高高在上的、超越一切现实事物的天理。对此,黄玉顺指出,在理论形态上,形而上学时代的儒学是遮蔽、遗忘了本源的④,因为宋明儒所谓的本源(天理、良知、本心、性体)乃是形而上学的本体观念,这和孔子儒学中非形而上学化的本源(仁)有着根

---

① 《陆九渊集·年谱》,钟哲点校,中华书局1980年版,第483页。
② 《王阳明全集·年谱》,吴光等编校,上海古籍出版社2011年版,第1354页。
③ 黄玉顺:《儒学当代复兴的思想视域问题——"儒学三期"新论》,《周易研究》2008年第1期。
④ 黄玉顺:《儒学当代复兴的思想视域问题——"儒学三期"新论》,《周易研究》2008年第1期。

本的不同。但宋明诸大儒皆认为,他们所讲的本源正是孔子儒学中的本源。由于他们的论断,最终依靠的是本源体验的一致,而不是理论形态的一致,因此这里不必深究其理论形态是否有缺陷。我们由此可以确定的是,在儒家的传统中,本源体验要优先于理论论述。

那么,儒家的本源体验神秘吗?

二、儒家本源体验的种种神秘主义论说

受到西方强势学术话语的影响,很多学者已经习惯于用"神秘主义"一词来指称儒家的本源体验。"神秘主义"是西方比较宗教学家、人类学家、哲学家经常所使用的术语,一开始用来指称宗教中的神秘体验,后来也应用到非宗教领域。对于神秘体验的基本特征,陈来曾有较好的概括:"神秘体验是指人通过一定的心理控制手段所达到的一种特殊的心灵感受状态,在这种状态中,向外体验者感受到万物浑然一体,向内体验者则感受到超越了时空的自我意识即整个实在,而所有神秘体验都感受到主客界限和一切差别的消失,同时伴随着巨大的兴奋、愉悦和崇高感。"①在将儒学的本源体验冠之以神秘主义之名的种种论说中,美国学者本杰明·史华慈(Benjamin I. Schwartz),中国学者冯友兰、陈来以及日本学者冈田武彦的观点最具代表性。

史华慈在《中国古代的思想世界》一书中对中国古代思想中的神秘主义体验做了很多论述,虽然他重点讨论的是道家的神秘主义体验,但他对儒家的神秘主义体验也做了很多论述。例如,他说孔子并没有提供关于"'仁'这个术语的穷竭性定义",孔子有时将仁"作为一种超过了孔子本人的上达能力、近乎不可言说的神秘实在来定义"②。史华慈认为,颜回拥有这样的神秘主义体验,他说:"他的人格很有圣人气质,而且多少带点神秘主义色彩……在所有的门徒中,他似乎最接近既能对'潜在的统一性'有着直觉性的把握,又能达到'仁'的境地的人。"③此外,史华慈还指出,在孔子提出的学习方法中也存在着神秘主义体验:

---

① 陈来:《有无之境——王阳明哲学的精神》,北京大学出版社2013年版,第362页。
② [美]史华慈:《中国古代的思想世界》,江苏人民出版社2003年版,第90页。
③ [美]史华慈:《中国古代的思想世界》,江苏人民出版社2003年版,第137页。

正如我们所见到的那样,甚至在孔子的学习观念中,人们也能发现对某些思想趋势(它们与老庄思想方向一致)有着明确的表示,对于某种不可言状的整体的感知,应该源于持续不断的学习,同时又使这种学习充满灵气。这里似乎有一种强烈的愿望,要想获得有关"道"的总体"景观"的概要性和直觉性的通见。此外,这里还明确地表示——用颜回的话说——在这种直觉中存在着某种超越于一切言辞之上的、"无法把握的"东西。①

在中国学者中,最早将儒家的本源体验称为神秘主义体验的要属冯友兰,冯友兰早在1927年就发表了《中国哲学中之神秘主义》一文。如果说史华慈主要是从宗教神秘主义的视角讨论先秦儒家中的神秘主义体验的话,冯友兰则明确地将中国哲学中的神秘主义归结为一种哲学境界。他说:"神秘主义一名,有各种不同底意义。本文所说的神秘主义,乃专指一种哲学,承认有所谓'万物一体'之境界者;在此境界中,个人与'全'合而为一;所谓主观客观、人我内外之分,俱已不存。"②

在冯友兰的研究基础之上,陈来重点对宋明时期儒家心学文献中的神秘主义体验进行了详细的梳理和论述,他的研究集中体现在《心学传统中的神秘主义问题》一文中。陈来的梳理使我们看到,与先秦儒家相比,宋明时期儒家心学传统中的神秘主义体验不仅名副其实,而且特别突出。这里试举两例。杨简在《绝四记》中讲述自己的体悟:"一日觉之,此心无体,清明无迹,本与天地同,范围无内外,发育无疆界。"阳明弟子罗念庵描述自己静坐时的体验:"当极静时,恍然若觉吾此心中虚无物,旁通无穷,有如长空云气流行,无有止极。有如大海鱼龙变化,往古来今,浑成一片。"③从杨简和罗念庵的描述来看,他们的体验的确有些"神秘"。

但是,无论史华慈、冯友兰,还是陈来,都没有特别揭示儒家神秘主义体验与其他各种神秘主义体验的不同之处,在这方面,日本学者冈田武彦的研究是值得

---

① [美]史华慈:《中国古代的思想世界》,江苏人民出版社2003年版,第137页。
② 冯友兰:《三松堂学术文集》,北京大学出版社1984年版,第49页。
③ 陈来:《有无之境——王阳明哲学的精神》,北京大学出版社2013年版,第371、366页。

重视的。他在《儒教与神秘主义》一文中指出,"我们可以明确地认识到儒教是基于人伦的情意主义的",而"依照情意的陶冶对根本实在的自我体认是神秘主义的","儒教的神秘主义由于是这样人伦的情意主义,且承认理性主义,就可说是与上面的哲学神秘主义、宗教神秘主义类型不同的神秘主义"。①

在上文中,史华慈实际是将儒家的神秘主义体验看作宗教的神秘主义,冯友兰则将其看作哲学的神秘主义。事实上,无论是宗教的神秘主义还是哲学的神秘主义,就其体验的基本特征——人与终极存在的合一——而言是没有太大的分别的,所以宗教神秘主义与哲学神秘主义的区分主要依据的是获得神秘体验的修持方式及其所依托的文化现象。如果获得某种神秘体验所依据的修持方式主要是信念,它所依托的文化现象是宗教,那么它一般被称为宗教神秘主义体验;如果获得某种神秘体验所依据的修持方式主要是静观、内省等,它所依托的文化现象是哲学,那么它一般被称为哲学神秘主义体验,但严格说来,二者很难做明确的区分。现在的问题是,冈田武彦所说的基于人伦的情意主义的神秘主义与哲学的神秘主义、宗教的神秘主义,又是如何区分的呢?

如果根据上文的标准,基于人伦的情意主义与宗教神秘主义是很好区分的,从文化现象的性质来看,儒家不是宗教,从修持方式来看,儒家的修养功夫主要不是信念。但基于人伦的情意主义与哲学神秘主义又有什么不同呢?这种不同,显然关系到儒家本源体验与佛、道本源体验的区别,因为依据冯友兰的看法,它们都属于哲学神秘主义体验。冈田武彦认为:"其结果以物为一体便是认识实在的原初立场。这是儒家的神秘主义,技艺的神秘主义,道家、佛家的神秘主义的共通的观点。其中儒教的神秘主义把人类的共存共生作为'生活场'是有其特色的。"②这也就是说儒家的修养方式侧重从日用伦常入手,其情意体验不离寻常生活,这是儒家本源体验区别于佛、道本源体验的特质。由此可以看出,史华慈、冯友兰、陈来侧重于梳理儒家神秘体验与其他种种神秘体验之所同,而冈田武彦则侧重梳理儒家神秘体验与其他种种神秘体验之所异,正因如此,他才能揭示出儒家神秘体验的特质。

---

① [日]冈田武彦:《儒教与神秘主义》,《中国人民大学学报》1991 年第 6 期。
② [日]冈田武彦:《儒教与神秘主义》,《中国人民大学学报》1991 年第 6 期。

三、儒家本源体验本真而不神秘的特质

冈田武彦将儒家的基本精神归结为基于人伦的情意主义是非常独到、中肯的，由此出发，我们可以将儒家本源体验的特质称作基于人伦的情意体验或基于人伦的情感体验。所谓基于人伦，并不是局限于人伦，而是指儒家注重这种情感体验在伦常生活中的培育，而其根本在于这种情感体验易于在伦常生活中显发，或者说伦常生活中所显发的情感体验最为真切、最为清楚明白、最易作为修养的下手处。

儒家是非常重视伦常生活中的情感体验的，当然，不是伦常生活中的所有情感体验都是本源体验。儒家认为，只有那些最本真的、未经思量的、不掺杂私欲的情感体验才是本源体验。在日常生活中，人们对父母、亲人的爱通常是最本真的，所以有子才讲："孝悌也者，其为仁之本与！"（《论语·学而》）对于子女服丧时间的长短，孔子主张以人的本真情感体验为最终根据，所以当宰我问能否将三年之丧改为一年时，孔子只问他是否心安（《论语·阳货第》），而内心的安与不安，正是一种本真的情感体验。在孔子那里，本真的情感体验也就是仁，没有仁做基础，一切礼仪规范都将失去意义，所以他说："人而不仁，如礼何？人而不仁，如乐何？"（《论语·八佾》）由于这种本真的情感体验是基于伦常生活的，因此它不是玄妙莫测、不可企及的，正如孔子所说："仁远乎哉？我欲仁，斯仁至矣。"（《论语·述而》）"切问而近思，仁在其中矣。"（《论语·子张》）

孟子也将这种基于伦常生活的本真情感体验视为根本，我们不妨分析一下他的那段为人所熟知的话：

> 所以谓人皆有不忍人之心者，今人乍见孺子将入于井，皆有怵惕恻隐之心。非所以内交于孺子之父母也，非所以要誉于乡党朋友也，非恶其声而然也。由是观之，无恻隐之心，非人也；无羞恶之心，非人也；无辞让之心，非人也；无是非之心，非人也。恻隐之心，仁之端也；羞恶之心，义之端也；辞让之心，礼之端也；是非之心，智之端也。人之有是四端也，犹其有四体也。有是四端而自谓不能者，自贼者也；谓其君不能者，贼其君者也。凡有四端于我者，知皆扩而充之矣，若火之始然，泉之始达。苟能充之，足以保四海；苟不

充之,不足以事父母。(《孟子·公孙丑上》)

在这段话中,孟子所谓的不忍人之心、恻隐之心、羞恶之心、辞让之心、是非之心都是人最为本真的情感显现,因为它们的显现没有私欲掺杂、未经过理智的考量(非所以内交于孺子之父母也,非所以要誉于乡党朋友也,非恶其声而然也)。这种本真的情感不远离人们的日常生活,遇事而发,是近之事父母、远之保四海的基础和源泉,孟子称这种本真情感的显现为"火之始然,泉之始达",这也就是说,这种本真的情感乃是"本源"。

即便在宋明儒学中,虽然学者们梳理出很多描述神秘主义体验的文字,但宋明儒的大部分论述还是不离伦常生活的。例如王阳明讲:"却是须有这诚孝的心,然后有这条件发出来。譬之树木,这诚孝的心便是根,许多条件便是枝叶,须先有根然后有枝叶,不是先寻了枝叶然后去种根。"[1]王阳明的意思是,在孝顺父母的事情上,最根本的是要有个真诚的孝心,而这个真诚的孝心,也就是本真的爱护父母之情。王阳明经常对弟子们强调的,就是对这种本真情感的守护和扩充。就这一点而言,他和孔子、孟子所讲的是一样的。

相信这种遇事而发的本真情感是人人都体验过的,但这种本真的情感体验真的是儒家的所讲的本源体验吗?为什么这种情感体验如此切近、明白,而上文多所引证的"万物合一"等体验却十分神秘莫测?其实这两种体验没有境界的高低之分,它们在本质上是一样的。阳明的弟子曾经问他,圣人之乐和普通人的七情之乐有什么不同?阳明回答说:"乐是心之本体,虽不同于七情之乐,而亦不外于七情之乐。虽则圣贤别有真乐,而亦常人之所同有。但常人有之而不自知,凡自求许多忧苦,自加迷弃。"[2]这是说,常人不是没有体验过圣人的体验,圣人对本源(心之本体)的体验与常人的本真情感体验并无不同,常人区别于圣人之处在于,常人不珍视这种体验(不自知,自然不觉得可贵),并且总是丧失这种体验(不珍视,自然会自加迷弃)。可见,伦常生活中显发的真情真意就是儒家的本源体验。

---

[1] 《王阳明全集·传习录上》,吴光等编校,上海古籍出版社2011年版,第3页。
[2] 《王阳明全集·传习录上》,吴光等编校,上海古籍出版社2011年版,第79页。

而儒家的本源体验之所以有些让人听起来切近、明白,有些让人听起来玄妙莫测,这首先是因为它们显发的机缘和情境不同。正如王阳明常说的,"以此纯乎天理之心,发之事父便是孝,发之事君便是忠,发之交友治民便是信与仁"①。同样,本源体验发在伦常生活之中通常是切近、明白的,发在静坐、冥想之中通常是玄远、神妙的。宋明儒者玄远、神妙的本源体验之所以特别突出,最重要的原因是宋明儒学吸收了很多佛、道的思想,从而特别注重守静、涵养、静坐等修养方法。当然,宋明儒者本源体验的玄远、神妙只是就普通听者而言的,若真有此体验,是不会觉得玄远、神妙的。例如,陆九渊的弟子詹阜民曾有此心"澄莹中立"的体验,陆九渊认为他已经体验到了本心,于是问他:"道果在迩否?"他回答说:"然。"②这说明,对拥有本源体验者而言,其体验都是切近、明白的,但就听者而言,有些的确十分"神秘",显然,这种"神秘"感与体验者的描述侧重点和使用的术语有着很大的关系,进一步讲,体验者运用一套典型的形而上学术语并侧重强调人与终极存在的不二,会极大地增加体验的"神秘"性。正如牟宗三所说,孔子言仁是亲切而又真切的,"而一涉及'存有'问题,则总是奥秘的,此即法国存在主义者马塞尔(Marcel)所谓'存有之秘密'(Mystery of Being)是也"③。但无论如何,伦常生活中的本真情感体验才是儒家最为重视的,而这也是儒家本源体验之特质所在。

通过上文的论述可以看到,由于体验的发生方式、发生情境、描述语言不同,儒家的本源体验可以分为两类:一类是基于伦常生活的情感体验,这类体验是常人很容易获得的,本真的,明白的,可称为本真情感体验。一类是基于静坐、涵养等修养方式发生的,用形而上学语言描述的体验,这类体验带有玄远、神妙的气息,是常人不易获得的,可称为形上体验。在这两种体验中,形上体验其实是异化了的本源体验,因为本源体验是不能用抽象的概念进行描述的,一旦用抽象的概念进行描述,它就会发生异化,即由无任何限定性的本源体验(有对象的体验)。因此,在两种体验中,本真情感体验是更为根本的。近代以来,当人们将儒家的本源体验归为神秘主义体验的时候,往往并没有区分这两类体验的差别,并

---

① 《王阳明全集·传习录上》,吴光等编校,上海古籍出版社2011年版,第3页。
② 《陆九渊集》,钟哲点校,中华书局1980年版,第471页。
③ 牟宗三:《心体与性体》,上海古籍出版社1999年版,第22页。

且由于人们所谓的神秘主义体验通常是指后一类体验,从而造成了人们对儒家前一类体验的忽视,而这一类体验恰恰是儒家最为重视的。冈田武彦将基于伦常生活的情感体验也看作神秘主义的,这实际上是对神秘主义的一种极为宽泛的理解,即将非理性的(非逻辑的、科学的)东西都理解为神秘主义的。神秘主义是源自西方的学术话语,并且主要应用于比较宗教学领域,而在西方现代学术话语中,与理性主义相对的、主要应用于哲学领域的词语是情感主义(emotionalism)。情感主义与神秘主义在极为广义的应用层面有时可以等同,但在通常的应用中却存在着很大的差别,这不仅仅指它们应用的主要领域不同,更主要的是,神秘主义一词带有"不寻常的"、"非人人易得的"的含义,而情感主义一词则没有这样的含义。典型的神秘体验,如"人神合一"、"万物一体",听起来就很玄妙、很难达到,而典型的情感体验,如"同情"、"不安",听起来就很寻常,人人都有感受。因此,基于伦常生活的本真情感体验被称为"神秘体验"是不恰当的。

四、儒家本源体验与儒学的当代开展

上文讲到,儒家本源体验的神秘主义论说在某种程度上造成了人们对儒家本源体验的片面认识。而这种片面认识至少导致两种消极倾向。

第一,忽视本源体验,使儒学成为无本无源之学。由于儒家的本源体验全部被称为是神秘主义的,而神秘体验在这个理性主义的、"祛魅"的时代是很难被学术领域容纳的。因此很多儒家学者在仿效西方哲学逻辑化、体系化的表述方式过程中(尽管这是十分必要的),没有给儒家的本源体验以合适的地位,这使得以理性化的方式表述的儒学总是很难贯通人的内在生命。很多有关心性儒学的梳理和论述,越来越像概念游戏。

第二,忽视基于伦常生活的本真情感体验,片面理解儒学传统。由于以往的种种神秘主义言说并没有对儒家本源体验的两种类型进行区分,因此一提到儒家本源体验,很多人只想到带有"神秘"性的"万物一体"、"此心光明"等形上体验,以及与形上体验密切相关的形而上学理论形态和相应的修养方法。由此,他们便将重视形上体验、具有相应理论形态和提倡相应修养方法的儒学看作正统的儒学,轻视甚至不承认其他类型的儒学。事实上,这一倾向在宋明理学中也有体现,宋明理学以心性儒学为正宗,轻视荀子儒学和汉唐儒学,这与宋明理学对神秘主义体验的注重有着密切的关联。

欲扭转这两种消极的倾向,提倡基于伦常生活的本真情感体验,并拒绝冠之以神秘主义之名,便具有重要的意义。一方面,反对将基于伦常生活的本源体验称为神秘体验,有助于它融入现代学术话语体系。特别是在今天,西方哲学的自身发展"最终解构了西方理性主义传统所孕育的那种以论证为本质特征的逻辑在哲学追问和表征中的合法性"[1],特别是情感哲学在世界哲学中的地位越来越突出,这有助于儒家学者在儒学研究和儒学建构中给本真的情感体验以适当的位置,也有助于儒家学者将儒学的体验性表达与理论性表达贯通起来。在当前的儒学建构中,黄玉顺的"生活儒学"是一个很好的表率。在生活儒学中,黄玉顺将本真的仁爱情感作为一切的大本大源,他对本真仁爱情感的论述体现了孔、孟儒学中的那种切近、明白的"生活场"的特色,没有任何神秘主义的气息。同时,黄玉顺虽然重视本真的仁爱情感,但生活儒学不失三个层级(本源层级、形而上层级、形而下层级)的架构,并在理论形态上给本真情感以基础性地位,这与以往的儒学理论建构相比是一种超越。[2]

另一方面,基于伦常生活的本真情感体验乃是儒家本源体验的特质之所在,是传统儒家,特别是先秦儒家极为重视的,以此为标准去审视儒学传统,就可以给各种类型的儒学以合理的定位。对于那些侧重探讨礼法制度和事功,而不注重探讨心性和建构形而上学理论的儒学,只要它们是以人最本真的情感为本,就不能说它们不是正宗的儒学。比如,荀子儒学在宋明理学看来是无本的,如程颐说"荀子极偏驳,只一句性恶,大本已失"[3]。但从基于伦常生活的情感体验来看,暂不管荀子对人性的判断,荀子儒学的出发点和落脚点其实都是人的基本情欲(欲作为七情之一其实也属于情),荀子的最终目的不是去人之情,而是养人之情,是"术礼义而情爱人"(《荀子·修身》),这正是要人们拥有本真的仁爱之情,所以不能说荀子儒学是无本的。

基于伦常生活的本真情感体验的上述两方面意义,对儒学的当代开展是十

---

[1] 何中华:《"哲学"语义嬗变与"中国思想"属性》(下),《社会科学战线》2011年第3期。
[2] 参见黄玉顺:《爱与思——生活儒学的观念》,四川大学出版社2006年版。
[3] 程颢、程颐:《二程遗书》,潘富恩导读,上海古籍出版社2000年版,第316页。

分重要的。第一,真切、明白的本真情感体验若能在当今的儒学建构中占有一席之地,儒家的修养实践传统就能够被接续。当然,若以基于伦常生活的情感体验为本,儒家的修养实践方法必然要进行重新阐释和创新,那些具有神秘主义气息的内容将被清除,而这可以看作儒家修养实践的现代转化,或者说是儒家工夫论的现代转化。第二,以基于伦常生活的本真情感体验为儒学的根本,心性儒学和广义的政治儒学都将被视作有本之学,这样长久以来被割裂的内圣之学与外王之学就可以有机关联起来,相互配合,而不会相互诋毁,这有利于当代儒学一本而多元的开展。

原载《中南大学学报(社会科学版)》2015年6期

论冯友兰的道德行为观

赵 浩

摘 要：本文主要论述冯友兰关于何谓道德行为及其要素的观点：觉解是道德行为的前提，行义与为公是道德行为的本质属性，仁是道德行为的情感基础。冯友兰的道德行为思想对当下伦理学中关于道德行为的相关争论具有参考价值，也对我们的道德实践具有引导意义。

关键词：道德行为　觉解　公　仁　冯友兰

道德行为是伦理学的一个重要概念，一般也称作"伦理行为"，是"在一定道德意识支配下表现出来的具有道德意义并能进行道德评价的行为"[①]，由这一定义出发，道德行为具有三个内容：1. 它是人的一种能够进行道德评价的行为，人的行为有很多类别，如经济行为、政治行为、一般的个人化的日常行为等，行为不一定都具有道德评价的内容，因而并不是所有的行为都与道德相关，道德行为是人的一种特殊的行为类别；2. 道德行为具有道德意义，也即有一定的意义所指；3. 道德行为由道德意识支配，具有意识自觉的基础。这个一般化定义并不代表道德行为的所有内涵，也不能终止在道德哲学中对道德行为的争辩，从西方伦理学来看，对何谓道德行为以及如何判断一个行为是道德行为，主要有动机论与效果论两种对立观念，前者主要看行为本身是否符合道德的规范，是否出自善良的心，而不计结果如何；后者认为一个行为是否道德主要应该根据它是否带来了善的效果。从西方伦理学史来看，义务论是动机论的，康德伦理学是主要代表；功利主义是效果论的，如杰里米·边沁的观点。对道德行为的发生机制，有直觉主义与良心论的不同；对道德行为的作用方向，有自利利他与利他利己的区别。总

---

① 朱贻庭主编《伦理学大辞典》，上海辞书出版社 2011 版，第 39 页。

之,在伦理学领域形成了一个道德行为观念的问题丛林。

以西方伦理学的观念反观中国伦理学,道德行为诸种争论的问题域在中国伦理学中都有呈现,越是深入中西之别越会发现中西之间观念的同大于异,且能够在一个通达的时空中进行横向纵向的比较。中国伦理学以儒家伦理为主,儒家伦理是如何判别道德行为的?本文以冯友兰的观点来探讨这一问题,冯友兰既是现代新儒家,"接着"宋明理学讲,开启现代新儒学的"新理学"一脉,同时又是美国哥伦比亚大学的哲学博士,熟谙西方哲学伦理学。他的哲学观点是在对西方伦理学与儒家伦理综合深入了解的基础上的创发,具有分析哲学的气质,同时具有中国哲学的底蕴,因此他的道德行为观中西兼备,但仍以儒家伦理为主;其次,冯友兰著作中特别强调道德行为,形成了完整的道德行为的观念,这也是本文选择论述冯友兰的原因,以期从他的观点中引发对这一问题的当代启示。

一、觉解:道德行为的前提

对于何谓道德行为,冯友兰首先区分了道德的行为与合乎道德的行为,二者的区别就在于行为者是否对其行为有觉解。"觉解"是冯友兰独创的概念,"解是了解,觉是自觉","人做某事,了解某事是怎样一回事,此是了解,此是解;他于做某事时,自觉其是做某事,此是自觉,此是觉"①。冯友兰认为了解是一种活动,自觉是一种心理状态,这使得觉解与理性的认识并不相同,后者是依靠事实、经验、逻辑的手段达到对客观明晰的知道,而觉解既包括知觉的活动,又是一种心灵的"悟性",因而冯友兰的觉解更具有中国哲学的气质,他借鉴佛家的观念来说觉解,觉解是"明",不觉解是"无明",如果没有觉解,整个宇宙与世界都在无明之中,只有人的觉解才让宇宙等一切显现出来,觉解是无明的破除。觉解的程度不同,对宇宙人生的认识也就存在差别,所能达到的境界也就有高低之分,觉解是理解冯友兰"新理学"的关键概念。那么觉解与道德行为的关联是什么?从觉解的内涵来看,如果没有觉解,人根本不能自觉了解其行为的道德指向,也不会去做出道德的行为,到达不了意愿去做道德行为的境界,由此我们可以说觉解是道德行为的前提。

---

① 冯友兰:《三松堂全集》第4卷,河南人民出版社2001版,第471—472页。

觉解的主体与道德行为的主体只能是人,儒家强调"人禽之辨",孟子说"人之所以异于禽兽者几希"(《孟子·离娄下》),人与禽兽有很多相似性,有相似的活动,相似的组织,相似的欲望,但是禽兽依靠本能而行,并不了解其活动是怎么回事,而人不仅了解其活动是怎么回事,而且自觉其是在从事某一活动。冯友兰举了两个例子:人要修房,鸟要筑巢,这看似一样的活动,但人在修房时,知道自己是为了御寒暑避风雨,了解修房是怎么回事,也自觉自己在修房,而鸟筑巢不过是本能罢了;又如一群蚂蚁要与另一群打架,这与一国出兵与另一国打仗相似,但是人在打仗时了解打仗是为国争权利,争自由,也自觉打仗是要有牺牲的,而蚂蚁虽打架但并不了解打架是怎么回事。朱子说"天地生万物,本乎一源。人与禽兽草木之生,莫不具此理……惟人得其正,故能知其本具此理而存之,而见其为仁;物得其偏,故虽具此理,而不自知,而无以见其为仁",这就是"理一分殊",人是万物之灵,只有人才能有觉解,动物植物没有觉解,也就没有道德行为之说,只有有觉解的人,才可能做出道德的行为。

觉解使得道德行为成其为道德的行为。虽然只有人才能有道德行为,但是有道德指向的行为并不都是道德行为,有的只是合乎道德的行为,二者的区分在于行为者是否觉解其行为是为道德而行动的,合乎道德的行为表面看来是道德的行为,但行为者并没有自觉去做这一行为,也对自己的这一行为没有觉解。以救落水儿童为例,如果是接到报案的警察救了落水儿童,他自己内心里并没有自愿去救或自觉到这一行为的道德性,那他的行为就只是合乎道德行为而不是道德行为;如果是一个傻子正好路过救起了落水儿童,他并不知道自己行为是在救人,不过是稀里糊涂为之,这也只是合乎道德的行为,而不是道德的行为;如果一个路人看到了落水儿童,他自己也意识到救人可能有生命的危险,虽然落水儿童非亲非故,但是还是要去救他,救他是正确的行为,不救良心会谴责他,那么他的行为就是有觉解的道德行为。

冯友兰的这一区分很重要,如果一个人对他的行为无觉解,他也就不能明白行为的目的指向,也就不能与道德相关联,由于习惯的、职务要求的、碰巧的为善都不是真正的为善,还要知道善是什么并为了善本身的缘故而去行动。以西方伦理学反证之,康德伦理学同样明确指明了这一点,对于一个行为是否是道德行为并不能从它带来的道德后果而论,而必须从其行为的主观价值上看,康德的伦理学强调义务,一个行为必须出自义务才具有道德的内容,才能够算是道德的行为,如果只是合乎义务,出自自然的偏好、内心的恐惧或功利的目的等都不能算是道德行为。但其与冯友兰观点的区别在于出自义务的能力是理性奠定的,人作为理性存在者为义务而义务是其自由的本质,"义务就是出自对法则的敬重的一个行为的必然性"①。这与觉解的情感、体悟等指向不一样。康德的道德学将人从自然与认识的必然性中解放出来,而进入了自由的领域,显然此点没有觉解更高一层,冯友兰认为觉解是人不断获得人生境界进阶的根本所在。

觉解不仅是道德行为的前提,也是使人达到道德境界的途径。人能常为道德行为,那他就常驻于道德境界,依靠本能而行动的人只能属于自然境界,动物是在自然境界之中的,人则可以达到道德境界,冯友兰的境界说正是以觉解程度的不同分为四个境界:自然境界、功利境界、道德境界、天地境界。自然境界需要最少的觉解,在这种境界中的人不著不察、不知不识,接近于一种本能的状态,功利境界需要较多的觉解,道德境界需要更多的觉解,天地境界需要最多的完全的觉解。② 自然境界中的人不知有我,功利境界中的人只有我,道德境界中的人知道有我,但是更知道还有他人,可以为无我,天地境界中的人无我,是超越了有我,而与天地同体,是一种"同天的境界"。从冯友兰的境界说来看,觉解是境界高低的条件,道德行为可以使人到达道德境界,是进一步达到天地境界的前提。但是人也可能落入自然境界与功利境界,尤其是停留在有我为我的功利境界。功利境界的特点是行为为自己求利,眼中只有我,而不顾及他人,这种行为不是道德的行为,但有可能是合乎道德的行为。因此,冯友兰特别强调道德行为的本质属性,为他人的利,也就是为公。

二、为公:道德行为的本质属性

在觉解的前提下,道德行为区分于一般的行为或合乎道德行为的特点是行义。"在功利境界中的人,其行为是为利的;在道德境界中的人,其行为是行义的。为利者其行为是求自己的利。行义者,其行为遵循'应该'以行,而不顾及其

---

① 李秋零主编《康德著作全集》第4卷,中国人民大学出版社2005版,第407页。
② 冯友兰:《三松堂全集》第4卷,河南人民出版社2001版,第501页。

行为所可能引起的对于其自己的利害"①,"义者,宜也"(《中庸》),行义的行为才是道德的行为,自然境界中的行为无关乎义利,它是没有利也没有义的,因为其并没有觉解到有我无我,而功利境界的行为也不能算是道德行为,它是为利的,不是为义。冯友兰将义规定为道德行为的本质属性,这一属性可以通过道德行为的指向与目的而识别。这一部分将分三个方面总结冯友兰的观点:道德行为行义与为利之间的联系;道德行为行义的实质是为公;行义的方法是尽伦尽职,于日用伦常之间即可达到道德境界。

"行义的行为是道德行为。"②冯友兰举了个例子,两个军人同时冲锋陷阵,一个是想得到上级的奖赏或同伴的称赞,一个是认为这是军人的天职,其他别无所求,那么第一个军人的行为是为利的,求的是他个人的利益,是属于合乎道德的行为而不是道德的行为,第二个军人的行为是"无所为而为",具有更高的道德价值,是道德的行为。但是冯友兰强调,行义的行为并不是与利无关,而是与利有密切的关系。首先冯友兰批评了归义入利的观点,这一观点认为任何行为都以人的快乐为最终归宿,利是落脚点,他们忽略了谁之快乐,何人之利的问题,如果仅仅是使得自己快乐,自己获利,则行为不能是道德的,这是应该反对的,如果为的是他人的快乐,求的是别人的利益,这一行为就是道德的。其次,分利与义的观点也是错误的,孟子见梁惠王,一上来就说"王何必曰利,有仁义而已",但是孟子后面又大讲了一通如何让百姓安居乐业的谋划,这不是利吗? 其实这是义,因为这是为了百姓的利,不是孟子个人的利。冯友兰提出了分别意向的好与意向所向的好,意向的好是义,意向所向的好是为了别人的利,冯友兰以董仲舒的"正其义不谋其利,明其道不计其功"为例来说明,董仲舒抓住了儒家的基本精神,这句话是就个人行为意向的好说的,当然应该"正其义不谋其利",个人的行为只能问是否应该,而不能比较对于他个人的利害,但是当考虑到对谁有利时,这就是意向所向的好,就应该计较了,对社会有利,对国家有利。

我们从冯友兰对道德行为的义利之辨可以看出,冯友兰打通了义利之间的区分,认为道德行为的义就是为利,只是这利是他人的利,社会的利,国家的利,

---

① 冯友兰:《三松堂全集》第 4 卷,河南人民出版社 2001 版,第 546 页。
② 冯友兰:《三松堂全集》第 4 卷,河南人民出版社 2001 版,第 547 页。

绝不是个人的利。孟子说鱼与熊掌不可兼得,舍鱼而取熊掌者也,身与义不可兼得,舍身而取义者也,鱼与身是个人的利,而熊掌与义是他人的利,为此可以舍弃鱼与身。进一步,沿着新儒家宋明理学的路子,冯友兰将义利之别归结为公私之分,为义的人,不是不为利,而是为公利,如果仅仅为我,就是纯粹的利,如果为他,则是行义。虽然冯友兰批评墨家是一种功利主义,但是他也肯定墨家所追求的"国家百姓人民之利",主张的"忠,利君也","孝,利亲也","功,利民也",因而墨家这里讲的忠、孝、功,都不是为了个人的,而是为了他人的,这是公不是私。这里我们也可以与康德伦理学比较,康德的目的是要建立一个排除一切经验的定言命令,这一道德的律令是从纯粹理性出发的,纯粹理性又是实践的,它与冯友兰说的觉解与行义相同,理性能够提供完全的道德法则,而其动机又是应该的应该,但是差别在于冯友兰将行义引向了为公,走向了为他人、为社会、为国家的实践领域,"一种行为,无论其为个人的或团体的,若不站在其所属于之社会之观点看,就无所谓道德的或不道德的"①,这也是儒家的现实政治社会抱负,而康德伦理学就没有这样的内容,只是一个关于行为法则的纯形式,从康德对经验主义的反对理由中更能看出以道德法则为轴、为义务而义务之旨趣,经验主义"因此与一切禀好结盟,而后者如果被提升到无上实践原则的尊位,就会贬损人道……经验主义比一切狂热更加危害"②。道德法则是不容许掺杂任何经验内容的纯粹理性实践能力,儒家的行义与为公在康德看来是指向经验的,并以经验为内容,总存在着危及"出自义务"的可能性,事实上这也可能是儒家的缺陷之一,可以以行义与为公为口实而做实质上不道德的事情。邓晓芒就批评"儒家的道德原则不是普遍的道德法则,它是建立在一种'人情'与功利上的道德,一旦人情变化,功利到手,道德的'工具'就被抛弃"③,但是我们同样可以以儒家的观点来批评康德伦理学的义务是空虚的纯形式,是不关涉道德行为惠及对象之人的假定,是不入世的伦理学。

既然行义是为公,公不是"我",而是"他",那么为公是不是意味着像墨家那样对所有人"兼相爱"或者类似于基督教伦理将所有人看作一个平等的被造物

---

① 冯友兰:《贞元六书·上》,华东师范大学出版社1996年版,第121页。
② [德]康德:《实践理性批判》,韩水法译,商务印书馆2005年版,第77页。
③ 邓晓芒:《康德道德哲学详解》,《西安交通大学学报(社会科学版)》2005年第3期。

呢？不是，冯友兰也批评墨家"无君无父"，批评基督教不够理性彻底，但冯友兰没有特别强调"絜矩之道"，而是认为他所谓的人伦不是传统所说的"五伦"，"五伦"从属于他说的人伦，"人与人的社会的关系，谓之人伦"①，家庭伦理关系、国家君臣关系不过是社会关系的种类，冯友兰大大扩展了传统儒家对人伦的划分。人在社会中必居于某种位分，就要尽那个位分的职责，"在伦谓之'尽伦'，在职谓之'尽职'……尽伦尽职，就是尽性"②，所以为父尽慈，为子尽孝，为君尽惠，为臣尽忠，都是尽伦尽职，就是做到了行义，也就是做到了为公。冯友兰的为他之利的"他"，既与儒家差序格局的外推相关，又不仅限于"家—国"的传统结构，这与冯友兰生活在现代社会及在国外接受过教育相关，与现代性有一个很好的接榫。我们可以看到，觉解是从人对道德行为本身的认识来说的，只有觉解的道德行为才能够被称为道德的行为；为公是对道德行为的外在规定性来说的，道德行为即为公，为公且觉解的行为即道德行为。如果这是道德行为的全部内容，道德行为依然显得冷冰冰的，这不是儒家的特点，儒家是温情的，理想的，冯友兰对道德行为的论述亦不仅限于此，道德行为还有一个情感的出发点，也可以称作道德行为的心理动力，这就是"仁"。

三、仁：道德行为的情感基础

冯友兰说"行义的人，于行义时，不但求别人的利，而且对于别人，有一种痛痒相关的情感"，这样的人就是仁人，这样的情感就是仁。仁在儒家传统里面既是一种德，也是一切德，仁人既是具有仁义礼智信美德的人，也是具有仁德的人，"恻隐之心，仁之端也"，恻隐之心对别人有一种感同身受的情感，大致等同于现在的同情心，同情心的基础是人心的相同，能感受别人的痛苦，能体会别人的快乐，也就能知晓别人的好恶，推己及人地做出道德的行为。"仁，人心也"（《孟子·告子上》），"仁者，人也"（《中庸》），冯友兰认为"儒家以说仁义见称于世"，"康德只说到了义，没有说到仁"③，仁是儒家的标志，在冯友兰论述道德行为的观点中，仁成了道德行为的标志。

---

① 冯友兰：《三松堂全集》第 4 卷，河南人民出版社 2001 版，第 545 页。
② 冯友兰：《三松堂全集》第 4 卷，河南人民出版社 2001 版，第 555 页。
③ 冯友兰：《三松堂全集》第 4 卷，河南人民出版社 2001 版，第 552 页。

仁的行为是对义的行为的超越,仁中包括了为公的义,同时具有了一种对别人痛痒相关的情感。冯友兰认为义的行为与仁的行为都是道德的行为,如果只讲到义的行为就还没有超越康德,讲到仁的行为就是儒家道德行为的特质了。二者的关系是义的行为不必是仁的行为,也可以是道德的行为,但仁的行为一定是义的行为。仁是对道德行为的锦上添花,从日常经验来看,哪一个道德行为的背后没有道德情感的作用?仍以救落水儿童为例,在施救的时候,必然有着对落水儿童的同情之心,这么小的美好的生命夭折了多么可惜,孩子的父母会多么伤心等,道德情感对道德行为有激发的作用,出于强烈的道德情感,人们更能将行为付诸实践,会义无反顾地去行。有人认为"人类的道德行为,强力的支撑在'理性'"①,但是理性并不能给人提供觉解的能力,更不能形成痛痒相关的道德情感。西方的情感主义伦理学也强调同情心的作用,休谟就说"理性,由于是冷漠而超然的,因而不是行动的动机,仅仅通过给我们指明达到幸福或避免苦难的手段而引导我们出自欲望或爱好的冲动"②,同情才是道德判断与道德实践的基础。

作为道德情感的仁是发自行为者内心的,但并不意味着仁是一种个体的私人化的情感,仁是公的,能体会他人的情感,觉察他人的需要方可谓之仁。程伊川说"公而体之谓之仁"(《二程遗书》卷十七),朱子亦说:"仁之道,只消道一公字,非以公为仁,须是公而以仁体之。伊川已曰'不可以公为仁'。世有以公为心,而惨刻不恤者。须公而有恻隐之心。此功夫却在人字上。"(《朱子语类》九十五)这一点很重要,义不义可以以公私区分,但是仁不仁不能仅仅以公私区分,还要有一种对公的体贴的情感。我们现实社会中,以公的名义所行的事情有些给人类带来了痛苦和灾难,没有对他人的仁,为公可能变成了为私,为公而无仁,是有缺陷的。只有仁义相结合,才能真正做到"己所不欲,勿施于人"(《论语·卫灵公》),"老吾老以及人之老,幼吾幼以及人之幼"(《孟子·梁惠王上》),这是儒家的忠恕之道,尽己推己,都是为了他人。在这里,我们可以理解孟子所说的"仁之实,事亲是也"(《孟子·离娄上》),亲也是他人,只是与自己更为亲近的他人,

---

① 周秀芹:《理性:道德行为发生的内力》,《中央党校学报》2013年第4期。
② [英]休谟:《道德原则研究》,曾晓平译,商务印书馆2001版,第146页。

"实"可以理解为切近的方法,而不是本质或者唯一的内容,儒家只是就一个人最为日常的生活来说仁义,因而总是从家庭的伦理关系出发,但我们不能仅限于此。墨子强调兼相爱,但最终的方法亦是"施由亲始",可见儒家只是找到了更现实更有效的行仁义的途径。

康德认为"这种情感现在也可能称为对道德法则的敬重情感……它也可以称为道德情感"①,因此敬重是唯一的与义务相匹配的情感,"敬重始终仅施于人,决不施于物"②,同时敬重在康德看来也是"无可置疑的道德动力,这种情感除了仅仅出于这个根据的客体之外就不指向任何客体"③。我们可以看到康德的"敬重"是对道德法则本身的敬重,同时也是对于具有义务能力的理性存在者的敬重,它并不是一种与道德行为事实发生的人与对象的痛痒相关的情感,这种敬重的情感毋宁说是神圣的、形式的、先天的,而不是世俗的、贴切的、后天的。敬重与"出自义务"一样,不能来自个人的偏好,经验的事实以及任何受到外在杂质的影响,它具有一种"崇高性"。从道德情感来看,我们能发现冯友兰代表的儒家伦理学与康德伦理学的差异所在,前者是经验性的入世的,以社会为指向的,后者是先验的形式的,以理性存在者人本身为指向的。

冯友兰认为,作为道德情感的仁不仅使得人的行为是道德的,让人达到道德境界,仁还可以使人达到天地境界,这是同于大全的境界,"万物皆备于我",在天地境界中的人是"无我"的,也是"有我"的,我与非我的区别已经不存在了。在道德境界中,以我有自私来说,已经是"无我",因为道德行为要求人为他忘我,以我之主宰来说,又是"有我"的,在道德境界中有真正的"我"。天地境界是比道德境界觉解更高的境界,儒家要人常驻道德境界,但是更要人努力达到天地境界。冯友兰的天地境界已经神秘化且宗教化了,这是其"新理学"的高明处。

四、结语

从以上的简单论述与比较中,我们得以管窥冯友兰的道德行为观。研究冯友兰关于道德行为的观点有三方面的意义:其一,发掘传统,不仅是儒家伦理的

---

① [德]康德:《实践理性批判》,韩水法译,商务印书馆2005年版,第81页。
② [德]康德:《实践理性批判》,韩水法译,商务印书馆2005年版,第83页。
③ [德]康德:《实践理性批判》,韩水法译,商务印书馆2005年版,第85页。

传统,而且是现代新儒家伦理的传统,诞生于现代背景之下的新理学,交融着传统与现代,接榫着中国与西方,是一种综合的创新;其二,在一个全球化的学术背景之下,儒家伦理能够与西方伦理进行对话,且共享一个相似的问题域,我们讨论的冯友兰的道德行为观点的各个方面都能与西方伦理学的相关理论对应,也可说明冯友兰的观点并不过时,还对我们理解传统,对话西方,开启当下的道德行为研究具有借鉴意义;其三,学以致用是中国的学术传统,儒家伦理强调不离日用之间,冯友兰的观点能够给我们提供道德行为实践的指导,其觉解、行义、为公、仁都是我们现在社会所缺乏的,当我们面对"扶不扶"的道德困境,当我们面对道德知识与道德实践的分离,当我们面对越来越盛行的功利主义、自私自利,我们更需要认识何谓道德行为,更需要勇敢地践履道德的行为。面对当下人们贫瘠的精神生活,也需要提升一种人生的境界,道德行为是到达道德境界,进而达到天地境界的必要阶梯。

原载《原道》2015年第3期,有部分内容改动。本文是江苏省普通高校研究生科研创新计划资助项目KYZZ_0050的阶段研究成果。

中国当代德育思想研究

发挥高校网络文化育人功能

王明生　王叶菲

实现校园网络文化育人功能是加强高校思想政治工作的重要体现。高度重视新媒体平台的建设和发展,重点建设"两微一端"。提升品质,打造精品内容,用卓越的内容建设实现校园网络文化的育人功能。

校园网络文化作为校园文化在互联网时代的升级产物,是网络信息技术作用于校园,以微信、微博、论坛等数字化互动媒体为载体,师生员工共同参与,以发送和接受数字化信息为核心内容的变化。怎样把握网络文化的特征,有效地发挥校园网络文化的育人效果,不断提高网络文化育人水准,是当前加强和改进新形势下高校思想政治工作急需解决的重点和难点问题。

发挥网络文化育人功能的重要性

在互联网时代,高校要充分认识到网络文化建设在全面提高大学生素质中所起的重要作用,加强网上思想文化阵地建设,净化校园网络环境,充分发挥校园网络文化的育人功能。

首先,实现校园网络文化育人功能是加强高校思想政治工作的重要体现。中共中央、国务院印发的《关于加强和改进新形势下高校思想政治工作的意见》中指出,高校要加强"两微一端"建设,运用大学生喜欢的表达方式开展思想政治教育。高校育人工作必须贴近师生和实际,增强时代性和针对性,正视网络对师生的影响,主动适应网络的发展要求,积极利用网络带来的机遇,创新人才培养方式,丰富育人内容和形式,发展积极向上的网络文化,改进思想政治工作手段,着力打造一批高校网络传播平台,以内容优势赢得师生,增强高校网络文化的传播力、引导力、影响力、凝聚力和公信力,提高网络育人的成效。

其次,校园网络文化育人功能是实现高校人才培养目标的重要举措。作为互联网用户中极为重要的群体,学生网民的思想政治工作是互联网工作中非常重要的组成部分。大学生正处在成长成才的关键时期,辨别是非的能力还有待加强,因此,加强网络文化建设,完善网络信息服务,维护网络意识形态安全,及时清理校园网络可能出现的不良信息,严密防范和抑制网上意识形态渗透,为学生形成正确的世界观、人生观和价值观营造良好的网络育人环境,是当下加强高校思想政治工作的当务之急。

再次,实现校园网络文化育人功能是提高人才培养质量的必然选择。强化高校思想政治工作,提高人才素质,是当前高校的重要任务,这就要求各高校加强网络道德的建设,创造优良的校园网络文化,培育更多满足社会需要的优秀人才。高校要充分认识网络文化的育人作用,加强校园网络文化建设和管理,建设优秀的校园网络文化。

加强和改进网络文化育人工作的紧迫性

高校网络育人工作具有极端的重要性,但目前各高校的网络育人工作还存在不平衡性,进一步改进网络育人具有必然性和紧迫性。

一是网络育人的平台不够完善。在现阶段的高校网络育人中,部分高校依然以线下教育和校园网、主题网站等传统网络平台为主要教育手段,较少发展自媒体时代条件下青年学生易于访问、乐于接受的移动客户端、微博、微信等具有互动性的移动平台。目前仍有极少的学校没有开通"双微"平台,而在已开通的高校中,有的学校对新媒体的应用还停留在仅仅用来发布通知和新闻的初级阶段,对新媒体平台的强大多元功能没有进行主动发掘和运用。

二是经费保障和人员投入不足。相对于新媒体的迅猛发展和网络思想政治教育要求的日益迫切,一些高校在网络硬件建设、软件建设、人员培训等工作方面缺少必要的经费投入。很多高校网络管理人员由职能部门工作人员或院系辅导员兼任,专职网络管理工作人员配备严重不足。兼职工作人员对网络育人的基本目标、工作重点、内容生产把握不到位,计算机使用能力、信息处理及数据分析能力较弱,网络意识形态安全意识不够强。

三是网络安全和舆情应对准备不足。部分高校仍没有建立起及时高效的网络舆情监管机制,不重视网络信息的反馈及响应速度,白白错失舆情应对的最佳时期;对网络舆论的筛选、热点问题的分析和难点问题的解读等方面缺乏深入研究及配套的预案,无法针对舆情的发展提出有效的解决方案,使得负面网络舆情得不到及时有效的控制。

发挥网络文化育人功能的有效途径

网络文化对于高校的育人工作是一把"双刃剑":网络文化用好了,对于高校育人工作将起着非常大的促进作用,反之,将会对高校的育人工作产生负面的影响。鉴于此,高校应立足实际,创新思维,不断探索创新网络育人的多种形式与途径。

1. 加强领导,多部门协同合作,用完善的制度建设实现校园网络文化的育人功能

充分发挥校党委的领导核心作用,坚持以社会主义核心价值观引领校园网络文化建设,成立校级网络文化建设管理领导小组,分管校领导担任组长,党委宣传部部长兼任校园网络文化建设领导小组办公室主任,具体落实领导小组工作部署,宣传部、学生工作部、校团委、信息技术中心等多个职能部门及新闻传播学院、计算机学院等相关院系共同参与,努力打造网络文化建设的大格局。高校在学校中长期发展规划和年度建设规划中要将网络文化建设写进规划,在人、财、物等方面大力支持网络建设,为网络文化建设提供强有力的保障。

健全网络文化建设相关规章制度,为打造健康清朗的校园网络空间提供制度保障。建立网站备案制度,加强对新开网站的审批,加强对现有网络的管理、监督和维护。健全网络发布的审查制度,按照"谁发布、谁管理、谁负责"的原则,对部门、职工及学生的网络信息发布实行责任追责。加强对网络舆情的监控,及时关注、积极应对、主动作为,做好舆情监控、分析、研判与应对工作。高校应出台网络信息发布与舆情管理的相关管理办法和条例,对舆情管理工作内容、工作制度、监测制度、上报制度、舆情事件处理、突发事件的信息发布、舆论引导、校内网络阵地管控、校外媒体支持等进行明确规定。

2. 注重积累,多平台融合发展,用扎实的阵地建设实现校园网络文化的育人功能

在平台建设中,要以占领和开拓网络文化建设阵地为主要任务,注重积累,

融合发展,充分开发网络资源,将教育、管理、服务等功能进行融合。

注重学校主页、二级网站的思想内涵提升和知识信息扩充,增强其吸引力和感染力,打造一批具有时代特色、大学精神、品位高雅的网站。高校要以学校主页、新闻网、党建网、校内论坛等网站为基础,构建综合、联动、高效的网络思想政治教育工作平台,旗帜鲜明地宣传中国特色社会主义理论体系,深入学习与传播习近平总书记系列重要讲话精神和党中央治国理政新理念、新思想、新战略。

高度重视新媒体平台的建设和发展,重点建设"两微一端",充分意识到新媒体平台的重要性,利用 App 客户端、微信、微博等网络平台积极培育和践行社会主义核心价值观,卓有成效地宣传党和国家的方针政策。建设学校 App 客户端,将师生平时学习工作生活中的实用信息进行整合,并实现校园卡消费流水、图书馆借阅信息、工资、体检结果等个人信息查询功能以及消息推送功能。重视建设学校官方"双微"平台,通过官方"双微"平台第一时间发布学校的权威信息,采用新媒体的方式向师生、校友、社会各界介绍学校的悠久历史和当前发展,更好地服务学校师生,更好地向社会公众宣传和展示学校。高校要鼓励学校的各职能部门、各院系积极进行微平台建设,开设学院、年级、课题组、班级微信微博等微平台,促进师生间的沟通交流,实现微平台的全覆盖。

高校要通过新媒体联盟对各党群组织、行政部门、院系、直属单位等组织开办的微信、微博等新型网络媒介进行统一管理,整合校内新媒体的优势资源,搭建交流学习平台,创建集群系统化、网络化的新媒体工作格局,提升高校宣传合力。

此外,高校新媒体应掌握网络文化育人的主动权,针对当前大学生普遍存在的困惑和问题,主动发声,组织专家、学者主动参与讨论、发表言论,引导青年学生与党中央保持高度一致。

3. 提升品质,打造精品内容,用卓越的内容建设实现校园网络文化的育人功能

校园网络文化内容建设要坚持内容为王,创新取胜,充分发挥网络文化作品在宣传真理、传播文化、弘扬正气等方面的作用,提升网络文化作品的思想教育价值。

高校要利用多平台、多渠道进行内容建设。在学校党委的统一领导下,党委

宣传部、校团委、学生工作部门和相关院系等多部门、多院系通力合作,校园网站、校园论坛、"双微"平台等多平台进行发布,以官方"双微"平台、主页、新闻网、校报网、校园论坛、辅导员博客、学生自媒体等为主要载体,鼓励各网络平台利用各自的优势和特点,各有侧重,相互联动,推送制作和发布各具特色的全媒体作品,不断传播先进思想、倡导科学求真、树立美好情操、发挥"正能量"。

要坚持社会主义先进文化的发展方向,从青年学生关心的社会热点问题、学校新闻、校园生活等角度切入,把握契机、抓住开学季、招生季、毕业季、特殊事件等关键时间节点,鼓励原创,打造优秀原创网络文化产品。将思想政治素质、人文素质、科学素质和艺术素质的培育融入网络文化产品的制作中,制作网络文章、微电影、微视频等多种表现形式的网络文化产品,并通过学校官网、新闻网、"双微"平台等多渠道进行宣传报道,以青年学生乐于接受的方式传播网络"正能量",唱响网上思想文化的主旋律,在潜移默化中引导青年学生树立正确的理想信念。

4. 协同配合,坚持"四导"原则,用过硬的队伍建设实现校园网络文化的育人功能

为进一步做好网络文化育人工作,高校要形成一支分层负责、分工明确、协同配合、反应迅速的网络管理队伍。学校主要领导总负责,各单位主要领导负直接责任。网络硬件的配置与维护由网络中心负责,网络文化由党委宣传部负责。选拔相关职能部门、专家、教师、职员、学生骨干等人员组成一支优秀的网络文化管理队伍,并通过培训提高他们的法制意识、政治意识、责任意识和网络管理工作技能。

在网络文化管理工作中要坚持"导先于防、防寓于导"的原则,加强领导、积极引导、重点指导和注重疏导,主动化解矛盾,积极解决问题,坚持网络文化建设正确的政治方向,不断促进网络文化繁荣。其中,"加强领导"是指构建学校、院系、部处相协调的网络文化建设管理格局,明确各级领导在网络文化建设上的职责和任务。"积极引导"包括积极地宣传主旋律,强化师生的主流意识;强化网络道德方面的建设,倡导文明、理性上网,不断强化高校学生的责任感和自律性;采取网上指导和网下教育结合的模式,达到虚拟世界和现实世界道德品质的对接,帮助青年学生形成健全的人格。"重点指导"包括对网络管理队伍定期进行理论

和技术上的指导;在突发事件管控上加强对管理人员的重点指导;在重点时段、特定敏感时期,对网络管理人员进行专门指导。"注重疏导"主要是指尊重网络传播规律,对不当言论进行分类,做好细化处理工作;对网上不良情绪进行梳理,做好理性疏导工作。

在高校网络文化管理中,要有底线思维,坚持法律法规底线、社会主义制度底线、国家利益底线、公民合法权益底线、社会公共秩序底线、道德风尚底线和信息真实性底线,做好网络育人的主流话语表达,掌握网上舆论工作主动权。第一,落实党团员和领导干部网络引导责任,推动高校党员、团员和各级领导干部敢于在网上亮明观点,发出正面声音。第二,积极组织有立场、有思想、有影响的专家学者和理论工作者上网发声,激发网络正能量。第三,对网络热点舆情及时主动应对,对那些恶意攻击、造谣生事的言论坚决清理。第四,始终重视和运用网络手段,提高学校思想政治教育工作的时效性,扩大覆盖面,增强影响力,抢占制高点。第五,大力营造网上理论学习的氛围,及时把青年学生迫切需要了解的党建理论上传到各网络平台,定期安排学校理论专家做好在线学习辅导和答疑工作。第六,进一步推动国家主流媒体网站与学校网络的深度融合,扩大主流价值观的影响力。

原载《中国高等教育》2017年第13、14期

经济全球化与弘扬培育民族精神

王明生

党的十六大报告指出:"面对世界范围各种思想文化的相互激荡,必须把弘扬和培育民族精神作为文化建设极为重要的任务,纳入国民教育全过程,纳入精神文明建设全过程,使全体人民始终保持昂扬向上的精神状态。"胡锦涛总书记7月28日在全国防治非典工作会议上强调:"必须大力弘扬民族精神,不断赋予民族精神以新的时代内涵,使民族精神牢牢扎根于人民群众的心灵中,见之于人民群众的行动上,成为推动中国特色社会主义事业不断发展的强大精神力量。"(《人民日报》,2003年7月29日)纵观人类发展的历史,任何一个民族的兴衰,都与其是否有一种高昂的民族精神直接关联。在世界多极化,经济全球化,各国各民族文化交流日趋频繁,国际竞争日益激烈的今天,弘扬和培育以爱国主义为核心的民族精神,是发展社会主义文化的一项极为重要的任务,对全面建设小康社会,推进改革开放和社会主义现代化建设,实现中华民族伟大复兴具有重大意义。

一、弘扬和培育民族精神是中华民族应对经济全球化挑战,增强综合国力,全面建设小康社会,实现中华民族伟大复兴的必然选择与客观要求

经济全球化是当今时代的重要特征,它不仅影响着21世纪的世界进程,而且深刻影响着中国的改革与发展。

经济全球化的发展推动了世界各国人民的相互联系和普遍交往,增强了国家之间的相互依赖和相互了解,经济、科技领域的相互竞争,综合国力的竞争成为世界各国关注的焦点。随着经济全球化进程的发展,发达资本主义国家从自身利益出发,需要同社会主义国家扩大交流和加强合作,共同解决世界经济和其

他世界性的问题。可以说,经济全球化为我国吸收人类先进文明成果,发展我国经济带来了良好机遇。

但是,一个不可否认的事实是,在当今世界,社会主义国家无论在数量上还是在经济发展水平上,与资本主义国家相比都处于劣势,在经济全球化进程中,资本主义国家占据主导地位。在这样的背景下,经济全球化无疑给社会主义的发展带来了巨大的挑战。虽然二者在经济上相互依存,但资本主义对社会主义进行"和平演变",一统天下之心依然未变。同时,经济全球化还对社会主义国家的意识形态和民族认同造成强大冲击。冷战结束以后,经济全球化进程进一步加快,经济科技因素在国际政治中的地位加强。可是,冷战的结束并没有使资本主义和社会主义在意识形态领域的斗争终结,以美国为首的西方资本主义国家利用经济全球化,加紧对社会主义国家进行意识形态的渗透,推销自己的意识形态、价值观念、生活方式、政治体制等,从而给社会主义国家的民族文化甚至国家的安全带来了巨大威胁。正如江泽民同志所指出的:"世界多极化、经济全球化的深入发展,引起世界各种思想文化,历史的和现实的,外来的和本土的,进步的和落后的,积极的和颓废的,展开了相互激荡,有吸纳又有排斥,有融合又有斗争,有渗透又有抵御。总体上处于弱势地位的广大发展中国家,不仅在经济发展上面临严峻挑战,在文化发展上也面临严峻挑战。保持和发展本民族文化的优良传统,大力弘扬民族精神,积极吸取世界其他民族的优秀文化成果,实现文化的与时俱进,是关系广大发展中国家前途和命运的重大问题。"① 因此,面对经济全球化和世界多极化引发的文化碰撞,我们必须居安思危,直面现实,既要有面向世界的气魄和胸怀,又要有强烈的民族意识和鲜明的民族特色,不断弘扬和培育以爱国主义为核心的民族精神,增强中华民族的凝聚力,树立民族自尊心、自信心和民族自豪感,自觉坚持马克思列宁主义、毛泽东思想、邓小平理论在意识形态领域的指导地位,用"三个代表"重要思想统领社会主义文化建设。这是中华民族应对经济全球化的挑战,增强我国综合国力的必然选择,也是全面建设小康社会,实现中华民族伟大复兴的客观要求。

---

① 《江泽民论有中国特色社会主义》,中央文献出版社 2002 年版,第 390—391 页。

二、在经济全球化的背景下弘扬和培育以爱国主义为核心的民族精神,使全体人民始终保持昂扬向上的精神状态,是社会主义文化建设的重要任务,是我们时代主旋律的重要内容之一

十六大报告指出:"在五千多年的发展中,中华民族形成了以爱国主义为核心的团结统一、爱好和平、勤劳勇敢、自强不息的伟大民族精神。我们党领导人民在长期的实践中不断结合时代和社会的发展要求,丰富着这个民族精神。面对世界范围各种思想文化的相互激荡,必须把弘扬和培育民族精神作为文化建设重要的任务。"这里明确提出了弘扬和培育民族精神要以爱国主义为核心,要随着时代和社会的发展不断丰富民族精神的内涵,要把弘扬和培育民族精神作为社会主义文化建设的重要任务。

中华民族具有源远流长的爱国主义传统。这种爱国主义是人们千百年来巩固起来的对祖国和民族的最深厚的感情,是中国人民政治品质和道德面貌的一个重要特征。在我国历史上,爱国主义从来就是动员和鼓舞人民团结奋斗的一面旗帜,是我们国家几千年发展进步的重要力量源泉,是我们民族生生不息的强大精神支柱。中国共产党人是伟大的爱国主义者,一直站在为民族的生存和发展而奋斗的最前列,同时也历来重视爱国主义教育,把爱国主义教育作为弘扬和培育中华民族精神的有效途径。江泽民同志多次强调:"世界上任何国家任何制度下,都很重视对人民进行爱国主义的教育,在我们这样人口众多的社会主义国家里,更应如此。"①"为了把我们的事业继续推向前进,必须在全国人民特别是青少年中进一步加强爱国主义教育。"②"我们要永远发扬伟大的爱国主义精神,把爱国主义同社会主义有机地统一于建设有中国特色社会主义的实践中,使之成为全民族奋发前进的强大精神支柱。"③历史经验证明,爱国主义具有巨大的凝聚力和生命力,它能够最大限度地凝聚和动员全民族的力量,鼓舞中国人民风雨同舟、自强不息、团结奋斗,推动我国社会的发展和进步。

---

① 《在新的历史条件下继承和发扬爱国主义传统——十一届三中全会以来有关重要文献摘编》,红旗出版社1990年版,第388页。
② 《江泽民论有中国特色社会主义》,中央文献出版社2002年版,第404页。
③ 《江泽民论有中国特色社会主义》,中央文献出版社2002年版,第395页。

爱国主义作为一个历史范畴,在社会发展的不同阶段既有共同的要求,又有不同的具体内容和时代特征。我们应当在继承历史、把握现实、面向未来的基础上,充分了解当代爱国主义的深刻内涵,吸纳中华民族几千年发展中积淀的民族团结、国家统一、文化认同的历史智慧,弘扬近代以来中国人民在民族生存与发展的奋斗中获得的体现时代进步的民主精神和科学精神,熔铸在建设中国特色社会主义伟大实践中取得的基本经验,使其成为我们全面建设小康社会、实现中华民族伟大复兴的精神支柱。这种爱国主义是富有时代特征的爱国主义,"这种爱国主义,坚持马克思主义科学理论的指导,融入了体现时代进步的民主精神和科学精神,使中华民族的发展有了正确的思想指引。这种爱国主义,与社会主义紧密结合,推动中华民族伟大复兴的事业走上了正确的道路。这种爱国主义,把中国的前途和命运放在世界格局中观察,把中国社会的发展与整个人类社会的进步紧紧联系在一起"①。

　　不可否认的是,世界多极化与经济全球化对人们的爱国主义观念带来了一定的冲击。有的人只看到我国与西方发达国家在物质生产和生活水平上的差距,以为一切都是外国的好,对外国盲目崇拜,对祖国妄自菲薄。有的人甚至为了个人的私利,不惜丧失国格、人格,不惜损害国家和民族的利益。历史上遗留下来的殖民文化的影响,也在一些地方沉渣泛起。对此,我们应采取积极措施,在完善原有爱国主义教育方法的同时,紧密结合经济全球化的实际,注重引导,更新方法,既要沿用有效的传统手段和方式,更要采用新的手段和方式,努力做到可操作性和可接受性的统一、科学性和艺术性的统一,努力做到爱国主义教育与社会主义教育的统一,把以爱国主义为核心的民族精神的弘扬与培育引向深入。这对全国人民统一思想认识,增强建设中国特色社会主义的信心,振奋民族精神,激发报国热情,实现中华民族的伟大复兴,具有重要作用。

三、在经济全球化的背景下弘扬和培育民族精神,需要我们以世界眼光和创新思维正确处理民族性与世界性、传统性与时代性、继承与创新的关系,与时俱进地丰富和发展中华民族精神

　　中华民族是一个伟大的民族,具有悠久的文化传统,其中所凝聚和蕴涵的独

---

① 《江泽民论有中国特色社会主义》,中央文献出版社2002年版,第406页。

特的民族精神,不仅是中华民族的伟大财富,也是世界人民的共同财富。面对世界多极化和经济全球化的国际环境,在弘扬和培育民族精神时,我们要注意处理好民族性与世界性、传统性与时代性、继承与创新的关系。

弘扬和培育民族精神与经济全球化并不矛盾。当今世界,文化与经济和政治相互交融,在综合国力竞争中的地位和作用越来越突出。世界范围的各种思想文化的相互激荡,既为我们借鉴人类文明成果,博取世界各民族之长,促进中国特色社会主义文化的发展,丰富民族精神的内涵提供了条件,同时也对保持我国的文化特色和优秀传统提出了挑战。在经济全球化的背景下弘扬和培育民族精神,需要我们正确处理民族性和世界性的关系:既要维护中华民族的利益和尊严,又要尊重其他民族、密切关注域外文化;既要努力学习其他民族的优点,吸收其积极成果,又要警惕消极、颓废文化的侵袭;既要反对文化壁垒和盲目排外的狭隘民族主义,又要反对崇洋媚外和全盘西化。总之,要以开放、融汇、创造的思维思考如何更好地弘扬和培育中华民族精神。

民族精神与传统文化有着密不可分的关系。但是,我们不能把民族精神等同于传统文化。民族精神是传统的,又是时代的;有连续性,又有创造性;是对历史优秀文化传统的升华,又是对当代民族生活实践的新概括。任何一种民族文化传统,只有接受时代精神的选择、洗礼和充实,才能具有现实的意义。因此,在经济全球化的背景下弘扬和培育民族精神,必须正确处理民族精神的传统性与时代性的关系,不断地丰富和拓展民族精神的内涵,培育和弘扬开拓创新精神、科学精神、民主精神、法治精神、兼容精神,使我们的民族精神顺应时代要求、富有时代气息、具有新的内涵。在社会主义市场经济条件下,我们要认真研究市场经济的本质和内在规律,研究市场经济对形成平等、竞争、开放、创新、诚实守信的社会文化的积极作用,引导市场经济内含的积极因素与我们的民族精神相适应,与中华民族的传统美德相承接,吸纳外来文化精华,大力培育和塑造与社会主义市场经济发展相适应的民族精神,使民族精神的内涵更加丰富、更加具有活力、更加具有时代性,做到民族精神的传统性与时代性的统一。

民族精神是民族共同体自觉、长期、精心培育的结果。在经济全球化条件下弘扬和培育民族精神,要求我们正确处理继承与创新的关系,继承祖国文化传统的优秀遗产,吸纳世界文化的先进成果,弘扬五四运动以来的革命文化传统,立足全面建设小康社会的实践,结合我国改革开放和社会主义市场经济的实际,结合广大人民群众的精神文化生活的需要,构建成熟的、先进的民族精神,用人民大众喜闻乐见的形式宣传民族精神,使广大人民群众认同民族精神,并内化为自己的理想信念、行为方式乃至生活习惯,从而在实践活动中自觉践行和弘扬民族精神。

中华民族精神,既是一种历史沉淀,又有一个培育锤炼和与时俱进的过程。以胡锦涛同志为总书记的党中央,抓住全国抗击非典这个时机,率领全党和全国人民,大力弘扬民族精神,赋予民族精神以新的内涵。4月28日,胡锦涛总书记在主持中共中央政治局第四次集体学习时指出:"中华民族是具有伟大民族精神的民族。千百年来,中华民族之所以能够历经磨难而不衰,饱尝艰辛而不屈,千锤百炼而愈加坚强,靠的就是这种威力无比的民族精神,靠的就是各族人民的团结奋斗。越是困难的时候,越是要大力弘扬民族精神,越是要大力增强中华民族的民族凝聚力。在当前这场防治非典型肺炎的斗争中,我们要大力弘扬万众一心、众志成城、团结互助、和衷共济,迎难而上、敢于胜利的精神。"(《人民日报》2003年4月30日)"万众一心、众志成城,团结互助、和衷共济,迎难而上、敢于胜利的精神"正是中华民族精神在抗击非典斗争中的集中体现。

伟大的事业需要伟大的民族精神。全面建设小康社会目标的顺利实现,需要伟大民族精神的支撑。我们正在进行的建设中国特色社会主义的伟大实践,是培育民族精神的深厚土壤。二者相互促进,相得益彰。

原载《高校理论战线》2003年第11期

榜样之美与社会主流道德传播的主体转向

陈继红

摘 要：作为一种新的榜样形态，"最美人物"承载着与传统榜样相同的任务——社会主流道德传播。就此而论，"最美人物"的独特意蕴在于，通过"善"之表达方式的转换，使社会主流道德传播的主体角色发生了根本性的转向，社会公众取代政府及其相关组织成为价值判断的主体、榜样选择的主体、榜样教育的主体。这种主体转向的意义在于：在社会公众的自觉认知中确证了社会主流道德的实存性与价值合理性，在榜样之美与榜样之真的统一中证明了传播载体的真实性，以"发明本心"之榜样教育路径提升了传播活动的长效性与实效性，传统榜样在社会主流道德传播中的种种偏蔽由此得以纠正。但是，"最美人物"并不能完全取代传统榜样的经典魅力。

关键词：榜样之美 最美人物 社会主流道德传播 主体转向

近年来，在各种力量的推助下，"最美人物"评选成为社会公众普遍关注的道德风景，"最美人物"因之成为一种新的榜样形态。关于榜样的理解有一个基本共识：一个人（或群体）在社会主流道德的践行中具有楷模作用，并能以此引导、激励他人的仿效行为，影响他人的道德品格。那么，"最美人物"是否同样能够承载这一重任？如果能够，其内在机理及独特意蕴在何？本文试图透过热闹的表象深入解读"最美人物"背后所含蕴的社会主流道德传播的主体转换问题，并在与传统榜样形态的比较中对这种转换的合理性与必然性做一番探讨。这种探讨或许有一个延伸意义——有助于我们从一个新的角度思考中国特色社会主义道德建设的有效路径。

一、榜样之美：价值判断之主体转向

传统的表达方式是以"好"、"崇高"之类的道德色彩比较强烈的词语来表达

"善"——社会主流道德,而"最美人物"这种新型榜样则是以美作为善的表达方式,意指美与善的统一。对社会主流道德的传播而言,这种表达方式的转换意喻着价值判断主体的转换,这种转换确证了传播内容的实存性与价值合理性。

首先需要从理论上厘清一个前提性问题:美能否作为善的表达方式?关于这个问题,中西思想家们都给出了肯定性的答案。孔子明确地以德性作为美的内涵①,朱子则深刻地揭示了二者之间的关系:"善者,美之实也。"②所谓"实",即本质性规定,即"美之所以然处"③。朱子打了一个形象的比喻,"就世俗论之,美如生得好,善则其中有德行耳。以乐论之,其声音节奏与功德相称,可谓美矣,善则是那美之实"④。在朱子看来,美是善的外在表达方式,善是美的本质性规定。康德则提出了"美作为德性的象征"这一著名的命题,并举例说,我们把大厦或树林称之为庄严的和雄伟的,或把原野称之为欢笑的和快活的;甚至颜色也被称为贞洁的、谦虚的、温柔的,因为它们激起的那些感觉含有某种类似于由道德判断所引起的心情的意识的东西。⑤尽管学者们对这一命题有不同的解读,但是我们认为,在美与善的关系问题上,康德与朱子达成了一致。由是,以美来表达善,在理论上是无可置疑的。

在此基础上,便可以顺利进入下一个问题:与传统榜样相比,"最美人物"所内蕴的善在内容上有无改变?如果对这两种榜样形态的典型人物做一番比较,二者之间的承续关系便非常分明了。对比如下:

德目	传统榜样代表	"最美人物"代表
集体主义,为人民服务(道德原则)	20世纪60年代的雷锋	"最美警卫战士"高铁成、"最美消防员"群体
见义勇为,舍己救人(社会公德)	20世纪80年代舍身救落水老农的张华,20世纪90年代勇斗歹徒而牺牲的徐洪刚	"最美妈妈"吴菊萍、"最美司机"吴斌、"最美老师"张丽莉

---

① 子张曰:"何谓五美?"子曰:"君子惠而不费,劳而不怨,欲而不贪,泰而不骄,威而不猛。"(《论语·尧曰》)
② 朱熹:《四书章句集注》,中华书局2005年版,第68页。
③ 朱熹:《四书章句集注》,中华书局2005年版,第35页。
④ 朱熹:《四书章句集注》,中华书局2005年版,第636页。
⑤ [德]康德:《判断力批判》,邓晓芒译,人民出版社2013年版,第201—202页。

续 表

德目	传统榜样代表	"最美人物"代表
敬业奉献,勇于创新(职业道德)	20世纪60年代的"铁人"王进喜、20世纪90年代的公交模范李素丽	"最美乡村医生"群体、"最美员工"群体
奋发向上,自强不息(个体道德)	20世纪80年代的残疾人作家张海迪、同时代的中国女排	与病魔做斗争的"最美小营人"袁敏
孝亲敬老(家庭道德)	21世纪的敬老爱老模范谢延信、林秀贞	"最美孝心少年"群体

由上述可知,"最美人物"依然承续了传统榜样的道德内涵,二者所传播的道德条目在外部体系与内在精神上均具有一致性。同时,也应当注意到两个明显的变化:其一,"最美人物"增加了传统榜样所没有的道德条目——生态道德,如"最美浙江人"金德意以爱绿保绿的道德实践宣扬了"爱物"之美德;其二,"最美人物"以其独特的道德实践对道德规范的内涵进行了新的诠释。这些变化回应了当前社会道德建设的实际需要,在社会主流道德中注入了时代的内涵。可以确证的是,与传统榜样相类,"最美人物"同样是以社会主流道德作为传播内容。

我们关注的中心问题是,既然传播内容并没有发生实质性的变化,那么为何不沿袭传统的表达方式,而一定要以"美"表达善呢? 其中的答案可以从两个维度来思考。其一,"美"的表达方式意喻着社会公众成为道德判断的主体,社会主流道德的真实存在由此得以确证。自20世纪90年代以来,发生于一些时段、一些领域、一些人群中的腐败问题、诚信问题、公德问题等遮蔽了社会主流道德的影响力,"道德滑坡"成为学术界评判社会道德现状的一种颇为流行的观点。这种道德判断的主体是部分知识精英,其独特的影响力使一部分社会公众视经济发展与道德进步为一种悖论,对社会主流道德在当下的可能性与可行性产生了怀疑,进而引发了消极的道德心理。而"最美人物"的出现则有力地回应了这一问题,所谓"美"是一种情感体验,即如康德所说是一种"纯粹的、无利害的愉悦"[1],充分展现了社会公众对榜样及其内蕴之善自发的"仰慕、敬重、追求、学习"[2]的情感态度,社会公众由此成为道德判断的主体。如此,知识精英与社会

---

[1] [德]康德:《判断力批判》,邓晓芒译,人民出版社2013年版,第39—40页。
[2] 李泽厚:《华夏美学·美学四讲》,生活·读书·新知三联书店2013年版,第269页。

公众便合力展示了社会道德的"两极"情状：一极是道德失范的丑陋表象，另一极是展现社会主流道德的美丽风景。易言之，在社会公众的自觉认知中，社会主流道德的影响力不但是无法遮蔽的真实存在，而且具有欣赏价值与仿效价值。由此，对社会道德现状的错误判断及其引发的消极心理在很大程度被社会公众自我消解了，对社会道德进步的期许在"最美人物"的激励下得以重新恢复。

其二，"美"的表达方式意喻着社会公众成为道德之内在价值评判的主体，社会主流道德的价值合理性由此得以确证。"最美人物"之"美"主要是指人性的自然之美，这种"自然"状态可以分为两种情况，一种是以"自然"的心态长期坚持着某一项道德实践，如"最美乡村医生"李佳生，十几年来冒着生命的危险，凭借自制的滑具从怒江的钢索上溜索过江，为江对面的村民送医送药。再如"最美乡村教师"朱建成，甘受常人难忍的清贫，45年如一日坚守在大山深处偏僻的村庄里教书育人，等等。他们共同的特点在于，没有任何伟大的成就，也没有任何造作的理想，只是将服务人民、爱岗敬业等社会主流道德视为一种"自然应当"的职业常识而努力践行。另一种"自然"是偶然情境中绽放出的人性光辉，如"最美妈妈"吴菊萍，在突然发生的事件面前，不假思索地伸出双手接住了即将坠地的孩子。再如"最美女教师"张莉莉，面对突然失控的大客车，毫不犹豫地扑向处于危险中的学生。他们共同的特点在于，在一个不可复制的偶然情境下，没有犹豫和权衡的空间，自然而然地以自己的行为诠释了见义勇为、舍己救人等社会主流道德。上述两种"自然"状态下的道德行为何以会令社会公众产生"美"的体验？以康德的观点，"对美的鉴赏的愉悦才是一种无利害的和自由的愉悦；因为没有任何利害，既没有感官的利害也没有理性的利害来对赞许加以强迫"①。因之，美的体验排除了任何外在的压迫，完全出自审美者内心的真实感受。就道德行为而言，美的体验意味着审美对象与审美者在心理上产生了强烈的共鸣。那么，这种共鸣从何而来呢？康德认为，审美判断具有"普遍可传达性"，"这种普遍可传达性却是以一个共通感为前提的"②。所谓"共通感"，虽然是主观的原则"但却被看作主观普遍的（即一个对每个人都是必然的理念），在涉及不同判断者之间

---

① ［德］康德：《判断力批判》，邓晓芒译，人民出版社2013年版，第45页。
② ［德］康德：《判断力批判》，邓晓芒译，人民出版社2013年版，第75页。

的一致性时是可以像一个客观原则那样来要求普遍赞同的"①。朱光潜将之解释为"人同此心,心同此理"②。这实际上是借用了儒家的思想,以此表明康德的"共通感"与儒家性善论的相通性。也就是说,只有当判断对象(主要是道德行为)符合我们共同的人性构造,展现了人性的真实,才能引起判断者的情感共鸣,进而产生美的体验。易言之,"美"的体验实际上是社会公众关于道德之内在价值的自我评判,是否符合人性内涵是唯一的评判标准。这种评判意味着"最美人物"所承载的社会主流道德并非目的性很强的政治教条,或是外力强加于我的道德规范,而是人性的自然内涵。在社会公众的自主判断下,社会主流道德便由崇高归于自然,由外在约束转化为内在自觉,其价值合理性得以确证。

以美来表达善,并非意味着对传统表达方式的否定,而是对社会主流道德传播活动中价值评判主体的身份赋予了新的内涵。这种主体转换顺应了时代的要求,以社会公众的立场,通过独特的话语方式表达了对社会主流道德的欣赏、赞叹与仿效的强烈情感,以此奠定了社会主流道德传播的合理性基础。

二、榜样之美:榜样选择之主体转向

榜样所承载的道德内涵必然要以某一个或某一群具体的人物作为传播载体,这个传播载体是否有效,直接影响到传播任务的完成效果。而榜样的选择机制则直接决定了传播载体的特质,也间接地决定了上述任务完成的效果。那么,传播载体的何种特质才是必需的呢?以学者们的观点,成功的或正确的、优良的和科学的榜样必须以真实性为基础。③ 易言之,作为传播载体的榜样人物是否具有真实性是评判榜样选择机制优劣的一个重要指标。以此而论,"最美人物"的选择机制通过对榜样选择主体的转换,有效地确证了传播载体的真实性,从而使社会主流道德的传播获得了可靠的凭依。

"最美人物"的选择机制使社会公众取代政府及其相关组织成为榜样选择的主体,从而实现了榜样之美与榜样之真的统一。具体而言,这种主体转换主要体

---

① [德]康德:《判断力批判》,邓晓芒译,人民出版社2013年版,第76页。
② 朱光潜:《西方美学史》,人民文学出版社2014年版,第355页。
③ 王海明:《论道德榜样》,《贵州社会科学》2007年第3期。

现于两个维度。其一,"最美人物"的选择机制转换了榜样选择的目的性诉求,使社会公众成为榜样选择中设定的主体。"最美人物"的选择机制主要有三种具体的形式:一是网络推动下的社会公众自主评选,经由网民对"美"的大力传播,最终促成政府部门的介入。"最美妈妈"吴菊萍、"最美司机"吴斌等人就是以这种方式得以迅速传播。二是媒体主导下社会公众推荐与组织选拔相结合的评选,一般由国内的主流媒体与民间组织联合发动,采用社会公众投票与由组织筛定相结合的方式确定"最美人物"。近年来影响较大的"寻找最美乡村医生"、"寻找最美乡村教师"等活动均是按照上述方式而实施。三是政府主导下社会公众推荐与组织审核相结合的评选形式,这类活动一般由政府组织发动,经过自荐、社会推荐、组织推荐环节,采取社会公众投票与组织审定相结合的方式决定"最美人物"所属。如"最美浙江人"等即是由此而产生。上述三种形式均采取了自上而下与自下而上相结合的形式,设定了社会公众在榜样选择中的主导性地位。与传统的政府主导式的榜样选择机制相比,这种变化的意义在何?传统意义上的榜样选择机制主要是一种自上而下的政府主导行为,如雷锋、焦裕禄、任长霞等皆是在政府的推动下成为人人仿效的榜样。这种选择机制的特点在于:着力突出了以政府为代表的榜样传播者的道德判断与政治意图,政府在榜样选择中居于绝对的主导性地位,而榜样学习者——社会公众对善(社会主流道德)的主观心理体验则无法直接显露出来,更难以表达政府与社会公众在伦理判断上的心理默契。在当下这个主体意识高扬、多元价值并存的时代,这种选择机制易于使榜样被理解为"政府制造"的产品,使社会公众对榜样的疏离感日渐增强,榜样的真实性因此受到质疑。这一弊端已经在逐渐得到纠正,在诸如"感动中国人物"、"全国道德模范"等具有影响力的榜样人物评选活动中,社会公众投票已经逐渐成为其中的重要环节。"最美人物"的选择机制则更为鲜明地突出了社会公众投票的决定性意义,它使得社会公众自主的道德判断与心理体验得以充分显扬,政府的意图则退居其后而不显。如此,社会公众的道德需要就取代了政府的政治需要转而成为榜样选择的目的性诉求。由于榜样的选择来自社会公众的真实意愿,其真实性因之无可置疑。同时,由前述可知,"最美人物"并没有否定传统榜样所承载的道德内涵,由于对榜样之善认知的同质性,社会公众与政府在伦理判断上达成了一致,政府的政治意图亦能得以顺利实现。因之,"美"与"真"的统一使社会主流道德便如春风化雨般潜入人的心里,政府与社会公众之间达成了默契。

其二,"最美人物"的选择机制喻示了榜样选择的平民化、生活化趋向,使社会公众成为榜样选择中自觉的主体。"最美人物"群体具有两种鲜明的特质:一是草根化,他们在身份结构上无一例外为草根阶层,主要涉及教师、警察、司机、工人、学生等等各类社会人群,并且大多数为职业岗位上的普通个体;二是生活化,他们皆因在日常生活的某一种道德实践中具有卓越的表现而入选。与传统意义上的榜样相比,这两种特质有何独特的意蕴?传统的榜样群体亦具有两种鲜明的特质。一是精英化,精英群体在其中占据了很大的比例。以颇具影响力的"感动中国人物"为例,在2002年至2012年十年时间里,入选者遍布各个职业领域,其中,科技教育界占26.05%,文体界占11.76%,商界占3.36%,国家机关和事业单位等占10.92%,军人、警察、武警占18.49%,工人农民等占13.45%,医生、律师等领域占15.97%。① 上述数据表明,知识精英、文体明星、商业精英等精英群体共同构成了榜样人物的主要来源,而草根阶层在其中的比例则相对微弱。二是完美化,榜样形象几乎皆具有"高、大、全"的特征,展示了完美的道德人格。比如雷锋,其所代表的"雷锋精神"涵盖了四个方面的道德规范:一是热爱党、热爱祖国、热爱社会主义的崇高理想与坚定信念,二是服务人民、助人为乐的奉献精神,三是爱岗敬业、刻苦钻研的敬业精神,四是锐意进取、自强不息的创新精神。再如焦裕禄,其所代表的"焦裕禄精神"所内蕴的道德规范为:亲民爱民、艰苦奋斗;科学求实、实事求是;廉洁奉公、无私奉献。这些道德规范既代表了一个时代的道德诉求,同时也具有延续性的当代价值。从本质上看,雷锋、焦裕禄所演绎的已经不是生活化的真实个体,而是一种抽象的精神符号。可以说,传统榜样的形塑最初是采纳了中国传统文化中"人皆可以为尧舜"②的思路,意在推崇道德上的完人或圣人。客观而论,我们既不能否认精英群体的道德楷模作用,亦难以否认完美道德人格存在的可能性与现实意义。问题是,随着时代的变化,上述两种特质容易使榜样与社会公众之间形成一道难以逾越的心理鸿沟,使榜

---

① 中国校友会网,http://www.cuaa.net。

② 《孟子·告子下》。

样成为"可望而不可即"的冰冷的道德符号。如此,榜样的真实性与说服力便大打折扣,其所承载的社会主流道德亦可能被理解为一种道德高标而被悬置于半空。由是,自20世90年代起,榜样形塑的思路开始有所改变,"标准化、统一化的道德榜样逐步让位于多元化、个性化、生活化的道德榜样"①,榜样人物逐渐走出"高、大、全"的模式。

"最美人物"的出现使榜样彻底实现了从精英化到草根化、从完美化到生活化的转向,榜样真正从天上降落到了凡间,成为一种真实的、接地气的、可仿效的传播载体。在社会普遍期求的"应然"的榜样人物(如作为社会道德资源者掌握和控制者的官员、对社会负有重大责任和具有重要影响者的社会精英等)遭遇种种道德危机的当下中国,上述转向使榜样及其所承载的善更易于获得社会公众的心理认同。正因如此,在"最美人物"的评选中,社会公众不仅是榜样选择中设定的主体,而且成了自觉的主体。以央视组织的"最美"系列评选为例,这一活动的影响范围之广、参与人数之多在主流媒体历年来举办的社会公益活动中是较为罕见的。② 这种参与的广泛性是社会公众主体身份自觉的有力佐证。这种身份自觉表明,榜样选择同时也是社会公众对榜样及其所承载之善的自觉认同过程,因之,榜样选择与榜样认同便成为一个合而为一的整体行为。易言之,社会公众取代了政府成为榜样认同的主导性推助力量。那么,其中的意义何在呢?如沛西·能所言,"任何强迫模仿的企图,都会引起抵制或冷淡的态度,使它不能达到目的——这一事实,可以说明有很多使年轻人崇拜文学、艺术和道德行为上优秀范例的用意很好的努力,都会遭到失败"③。由于对榜样的模仿出自社会公众的自觉认同,所谓的"抵制或冷淡"便不再成为担忧。由此,榜样所承载的社会主流道德因其真实性与可行性而得以有效传播,并成为自觉的道德实践。

"最美人物"选择机制的特点在于,通过榜样选择主体之转换,使榜样之美与

---

① 邹秀春:《道德榜样论》,北京出版社2010年版,第55页。
② 以"寻找最美乡村医生"为例,这一活动在CNTV、新浪、腾讯、搜狐、网易5家门户网站开设官方微博,粉丝总数超过218万,覆盖人数超过4800万,微博平台相关内容58万条。仅仅不到三个月的时间,以"最美乡村医生"为关键词通过百度进行搜索,可找到相关新闻报道约39800篇次,160万个相关网页,"最美乡村医生"的官方微博的粉丝多达一百多万。
③ [英]沛西·能:《教育原理》,王乘绪、赵端瑛译,人民教育出版社2009年版,第161页。

榜样之真在现实中达到了统一,"最美人物"因之成为社会主流道德传播的有效载体。但是,这并非意味着对传统榜样选择机制的全面否定。两者相辅相成,更利于完美地实现榜样所承载的传播任务。

三、发明本心:榜样教育之主体转向

在传统意义上,政府及其相关组织通常担任了榜样教育者的角色,是榜样教育活动的主体;而社会公众则是被动接受教育的学习者,是榜样教育活动的客体,二者之间是一种主体→客体之单向关系。"最美人物"昭示了一种"发明本心"的榜样教育路径,使社会公众在教育活动中实现了从客体到主体的身份转换,由此提升了社会主流道德传播的长效性与实效性。

所谓"发明本心"是借用了陆九渊的思想,其意涵主要有两个方面。其一,思悟本心,使社会公众实现了从教育客体向教育主体的身份转换。陆九渊认为,人的本心中自然地存有仁、义、礼、智等道德内涵[1],因此,欲探求学问和做人的道理,并不需要向外寻求,只要努力思悟本心之善即可。"最美人物"的产生过程则从某种程度上验证了这一思想。如前所述,"最美人物"的产生主要是社会公众自我发现、自主选择的结果,那么,这种发现、选择的内在本质是什么?亦如前述,"美"是一种真实的情感体验,所谓真实,意味着外在的道德行为与人性的内涵正相契合。这种内外契合的发生,出自思悟本心的心理活动,其意涵为:在高度紧张的生活节奏中,放慢前行的步伐,静下心来不断反思、体悟生活中"美"的事件及其所带来的感动之根源所在,由此发现心中本然存有的善。这种思悟本心的活动既与陆九渊所提倡的"安坐瞑目,用力操存"[2]之冥想功夫相类,又因其对"美"的专注而避免了朱子对陆子的"狂禅"之批评。由是,所谓发现、选择的内在本质是:社会公众内心本有的善在外在力量的感染与内在思悟的推动下被唤醒、被点明了,于是产生了真实的感动。易言之,发现、选择实际上是一种思悟本心的道德修养功夫,其意义如陆九渊所言"明得此理,即是主宰,真能为主,则外物不移,邪说不能惑"[3]。这就是说,在本心的主宰下,人方能获得道德的自主性

---

[1] 《陆九渊集》,中华书局2012年版,第487页。
[2] 《陆九渊集》,中华书局2012年版,第471页。
[3] 《陆九渊集》,中华书局2012年版,第4页。

与自觉性,成为真正的道德主体。亦如沈语冰所言,这种美的反思"一方面这涉及一种将来自某人的感性天性的所有利害或愉悦搁置一边的努力,另一方面也涉及对一种普遍立场的采纳,这一立场至少类似于作为目的王国的立法成员的自律道德行为者所采取的那个立场"①。在这个意义上,社会公众从传统意义上的教育客体转而成为教育主体,社会主流道德传播便成为社会公众的自我传播。

相对于传统意义上的榜样教育而言,这种主体转换意味着什么呢?传统的榜样教育活动主要有两种形式:一是集中传播某个榜样,这类活动一般由政府及其相关组织展开,通过报告会、主题演讲、理论学习等形式推出榜样人物;二是学校德育课堂中的榜样教育,榜样人物成为学校德育教科书的内容。这两种形式的教育活动能够围绕政府的意图系统而明确地昭示社会主流道德的内涵,也会在一定的时段内激发社会公众的道德行为,其特质被概括为"即时性、轰动性、应景性"。但是,由于其强烈的灌输色彩,社会公众在其中始终是被动接受的客体,社会主流道德易于被理解为外力强加于我的道德教条,其传播效果的实效性与长效性确实难以估量。而将社会公众置于教育者的地位,让他们主动去发现、体悟心中本有的善,被动的灌输便转而成为主动的学习。社会公众通过思悟本心所体知到的善具有陆九渊所说"天所以与我,非由外铄"②的特性,是根源于人性、平等地存在于每个人的心中,社会主流道德因之成为一种内在的道德自觉。由是,所谓的实效性与长效性这两个问题便迎刃而解。

其二,依心而行,使社会公众实现从教育客体向"可能的教育主体"转换。陆九渊所说的"本心"是指"万物皆备于我矣,反身而诚,乐莫大焉"③之心,是指儒家意义上的天赋于人的、未受外物浸染的纯善之心。"本心"及其所承载的"理"(亦即善)是"天下之公理"、"天下之同心"④,圣人与平民没有任何区别。但是,在现实中,此种"本心"常常因为私欲的遮蔽而不复其纯善的初始状态。那么,如何才能使善恶并存的"人心"回复"本心"呢?陆九渊提出了"在人情、事势、物理

---

① 沈语冰:《美何以成为道德善的象征》,《浙江大学学报》2008 年第 1 期。
② 《陆九渊集》,中华书局 2012 年版,第 4 页。
③ 《陆九渊集》,中华书局 2012 年版,第 5 页。
④ 《陆九渊集》,中华书局 2012 年版,第 196 页。

上做工夫"①的道德涵养功夫,"最美人物"所昭示的道德涵养功夫与此不乏相类之处,但亦有鲜明的时代意蕴。在"最美人物"那里,我们并没有看到道德知识的影响力,几乎没有人以现有的道德理论来解释其道德行为的价值依据,他们对行为依据的理解是心中本有的生活常识,如"最美婆婆"陈贤妹所言,"我其实只是做了一件很平常的事,救人是一件很平常的事"。由是可知,"依心而行"是他们共同的道德涵养功夫。

所谓"依心而行"并非意味着随心所欲,也并非依照陆九渊意义上的圣人境界而行动,它的要点在于:在日常的生活实践中,能够不断去除私欲,遵循本心中善的律令而行动,而所谓的善即协调人伦关系的具有普遍性的基本价值共识,或者是生活常识——如前所述,此种生活常识与社会主流道德具有同一性。对于社会主流道德的传播而言,"依心而行"的意义在于:通过着力强调日常道德实践,使社会公众从教育客体转而成为"可能的传播载体",进而成为"可能的教育主体"。所谓"可能的传播载体"的意涵是:只要在日常生活中能够遵循作为生活常识的社会主流道德的要求而行动,每个人都可能成为道德的传播载体——榜样。这种"可能的传播载体"同时亦是"可能的教育主体",作为可能的道德承载者,社会公众有可能在不自觉中承担道德教育的任务,并引发他人的主动仿效。对"可能的传播主体"的昭示,使社会主流道德实践成为一种日常的道德修养功夫,引导社会公众在具体而细微的生活事件中随时体悟善、践行善,努力成为可能的榜样。如此,社会主流道德传播的实效性与长效性问题将从根本上得以解决。

"思悟本心"与"依心而行"是"发明本心"的两个相互交织的环节。"思悟本心"需要"依心而行"的后续支持,否则,道德体知便只能停留在"思"的层面,而无法落实到具体的道德行为;"依心而行"亦以"思悟本心"为前提,否则,"本心"之善便无法被体知,道德实践易于陷入功利计算的泥淖。在这两个过程中,社会公众的身份实现了"客体—主体"之质的转换。这种转换充分肯定了社会公众的道德自觉与道德践履的价值,同时也弱化了政府宣传与学校教育的权威地位,这与

---

① 《陆九渊集》,中华书局2012年版,第485页。

陆九渊所强调的"自得、自成、自道,不倚师友载籍"①有相合之处。但是,这种转换并非意味着如陆九渊一样将正统的道德教育置于辅助性地位,虽然每个人皆有充分的道德自主性与自觉性,但是,对于大多数人而言,由于个体能力的差异与外在私欲的遮蔽,人之本心的显扬总是需要借助外在力量的引导与推助,而政府宣传与学校教育正是那股强劲的引导与推助力量。因之,一个恰当的立场是:应当全面地把握社会公众在榜样教育中的客体与主体之双重意蕴,使传统的榜样教育活动与社会公众的自我教育活动相辅相成,并行不悖。

作为一种新的榜样形态,"最美人物"通过对社会公众在社会主流道德传播中的主体地位之充分彰显,释放了人的道德主体性,使社会主流道德渐成一种道德自觉而直指人心。但是,审美须要审慎,只有在真、善、美内在统一的意义上,才能够以美来表达善。在这个榜样日渐式微的时代,我们既欣赏"最美人物"的迷人风景,同时也向往雷锋、焦裕禄的经典魅力。

原载《南京社会科学》2014 年第 9 期

---

① 《陆九渊集》,中华书局 2012 年版,第 452 页。

基于"信任"理论视角下的"好社会"建设

李喜英

摘 要:"好社会"这一概念的提出在当代中国有其独特的背景,如何建设一个"好社会"也是摆在中国当下的重要任务。好社会理论立足于经济自足和个体自由,旨在建立一个经济上强大、所有人都有机会实现自己抱负的现实的社会。在经济全球化和政治民主化的现时代,好社会要求处理好"个体自由"和"共同体"的关系,使个人和国家在社会层面达成契合,而信任理论可以为"好社会"建设提供一个很好的视角,它超验和经验性兼备,能降低社会交易成本,将国家、社会和个人紧密粘合,实现合力最大化,从而推动社会朝着"好的"方向发展。

关键词:好社会 加尔布雷斯 信仰 信任 价值转换

三十多年的改革开放让中国人摆脱了贫困,逐步过上了好生活,精神面貌发生了显著变化,与市场经济相适应的现代理念已深入人心,激发了空前的社会活力。于是,许多人理所当然地认为中国迈入了"好社会"行列。然而随着改革的深入出现了一些不和谐因素,社会乱象的产生不断刺激国人的神经,一些人产生了好生活未必好社会的困惑,同时国人的土豪金等形象也未能得到国际社会关于"好社会"的认同,于是,好社会的标准以及如何建设好社会就成为学界乃至中国社会建设的热点和重要课题。

一、"好社会"的属性、目标指引与"好社会"理论

"好社会"(good society)这一概念从 20 世纪 90 年代开始出现在人们的视野中。经典的好社会理论是对以往乌托邦社会理论的反思与发展的产物。社会不是一种先验的存在,也不是一开始就被人们认识的,它与民族国家相伴而生。

---

* 本文系江苏省社科基金项目"美国公民意识培育的经验、反思与启示"(13ZXB018)的阶段性成果。

国家出现之前,人们生活在一个混沌的状态之中;民族国家出现之后,"社会"这一概念才在人们头脑中越来越清晰。以往人们对于社会的发展有两种认识,一种从理想视角来看待未来社会的发展,一种从总体视角来理解社会的未来趋势。"我们前面已经提到经典社会学家在理解社会上的乌托邦色彩,而到帕森斯的体系,这种乌托邦的倾向无疑达到高峰。达伦多夫在批判结构功能主义时使用了走出乌托邦(out of utopia)的口号,是非常适切的。尽管达伦多夫本人所提出的社会整体模型与之颇多相似。"①但是,从整个世界的社会发展来看,对社会发展的这两种认识视角都造成了许多社会问题,在现实中表现为理论指导性不强、实践操作性不高,很难按照一条明确的道路操作。因此,需要突破以上两种视角另辟蹊径,寻找一条符合实际的"好社会"建设路径。

社会的发展不应该建立在空泛的信仰之上,而需要深深扎根于经验的沃土之中,要以经济发展为根本。贝尔的认识有很大启发性,"人们需要——像他们一直需要的那样——得到关于其可能性的前景,关于把激情和理智结合起来的方式。在此意义上,今天比以前任何时候都更加需要乌托邦。不过,通往上帝之城的阶梯再也不可能是'信仰之梯'了,而只能是一把经验之梯;乌托邦必须具体化为:一个人想要往何处去,怎么样才能抵达那里,谁将为此有所付出,有所领悟,有所证明,并有所决定"②。从这个角度而言,当代西方的好社会建设理论摈弃了乌托邦色彩,更加注重经验层面的可操作性。尤其,加尔布雷思的"好社会"属性更值得我们借鉴,他对富裕的增长与道德的沦丧深恶痛绝,他希望看到市场有序发展,同时希望政府在这些方面有引导和规制作用,这些正是我们当下建设好社会所需要的。

1. 经济为好社会之本

加尔布雷思在《好社会:人道的记事本》里说:"本书描绘的是一个可以实现的好社会。它承认有些重大阻力无法克服,只有与之共存。但有些目标是断然不能牺牲的。在好社会里,所有的公民必须享有个人自由、基本的生活水准、种族和民族平等以及过有价值生活的机会。必须看到,对个人自由最彻底的剥夺

---

① 成伯清:《从乌托邦到好社会——西方现代社会建设理念的转变》,《江苏社会科学》2007年第6期。

② 丹尼尔·贝尔:《意识形态的终结》,张国清译,江苏人民出版社2001年版,第465页。

莫过于一贫如洗。对个人自由最大的损害莫过于囊中羞涩。"①可以看出,他着力讨论的根本问题是在一个讲究实际的时代,现实的好社会应该具备怎样的基本属性,以及如何才能为所有人争取到一个更加安全、更加美好的未来。他不仅规定了好社会的属性,而且为好社会建设提出了更有效的标准、更适当的目标指引和更适当的实践操作模式。加尔布雷思不遗余力地强调,"经济为好社会之本"②,好社会的经济体制应使所有人受益。只有这样,个人的抱负才能有机会实现,"机会存则社会安"③。他始终认为,稳定强大的经济以及它所提供的机会是好社会的关键。在这个前提下,他兼论教育、管理、环境保护和移民、军事势力、政治对好社会建设的重要影响。他把世界上的穷人看作建设好社会的具体历史背景,把帮助世界上的穷人看作好社会建设的重要历史任务。对照我国,当下社会对于共同富裕的价值目标以及开展小康社会建设、新农村建设等实践举措正是对这种好社会理论的现实实践和发展。

2. 个人自由与社会价值统一

我们注意到,在加尔布雷思看来,除了好的经济基础之外,个人自由和社会价值的统一是好社会建设能够可持续发展的保证。"好社会"是人们的共同期望,人类文明发展的一个重要目标就是逐渐形成一个良性发展的社会,以此为基础使人得到自由而全面的发展。社会在发展的过程中,需要考虑其所依托的具体情境,社会发展的情境不断变化注定社会很难有统一规划,只能在发展过程中根据遇到的实际情况进行判断和规划。因此,"好社会"在理论上要平衡并兼顾社会整体,社会和谐与个人自由、尊严和价值的实现。不过自近代以来,自由和共同体(社群)似乎就是一对不可调和的矛盾统一体,马克思主义为实现二者协调提供了理论上的指南:个人自由价值和共同体利益的实现基本是相互促进,而不是对立的。在强调个人具有"原子化"存在属性的同时,更强调人的社会性这

---

① 约翰·肯尼斯·加尔布雷斯:《好社会:人道的记事本》,胡利平译,译林出版社1999年版,第3页。
② 约翰·肯尼斯·加尔布雷斯:《好社会:人道的记事本》,胡利平译,译林出版社1999年版,第19页。
③ 约翰·肯尼斯·加尔布雷斯:《好社会:人道的记事本》,胡利平译,译林出版社1999年版,第20页。

一本质属性。个人权利和自由价值的实现基于社会这一共同体价值的目标。共同体的"善"是实现个人自由与社会价值统一的"平台",个人在社会共同体中才能最大限度实现个人的自由价值,而个人自由价值的实现则会促进社会的前进。"好社会"不仅提供和满足个人自主发展的空间,还要有社会多元共生的属性和特征,并统一于社会共同体的大空间内,实现社会整体秩序的良好发展和个人自由价值的实现。

3. 适当的目标和价值引导

"好社会"理论不仅突破了社会发展的理想视角,也突破了社会发展的总体视角。社会不再被简单地看成一个整体,而是由许多互动的元素组成,它们之间形成一种替代性秩序。"好社会"不是整齐划一,而是由各个组成部分形成多样性的统一。但是,如果社会发展和建设过程中没有统一的目标,人们就很难凝聚在一起,在社会发展的过程中难以形成有效的合力。当社会没有一个适当的目标和价值标准做指引时,社会发展的过程往往会出现相互矛盾和对立的情形,使发展陷入僵局。福山指出,"历史终结之际所出现的自由民主其实并不全然'现代'。如果民主与自由主义制度要顺利运作,就必须和若干'前现代'的文化习惯并存共荣——法律、契约、经济理性只能为后工业化社会提供稳定与繁荣的必要却非充分基础;唯有加上互惠、道德义务、社会责任与信任,才能确保社会的繁荣稳定"①。也就是说,"好社会"的政府应当从价值观念上对公民进行引导和规制,尤其在前现代传统中随时代变迁变化最大也最重要的就是"信任"这一价值理念,它的超验性使它优先于其他前现代传统价值。

二、信任的超验性与现代信任理论

信任是哲学概念,它与信赖、信念乃至信仰(信念)相关,具有超验性特征。如果说,信仰(信念)和宗教本源相关,那么,信赖则明显和知识紧密结合,特别是和实证性知识相关,凡是可以证实的东西都是可以信赖的。而信任则是介于二者之间,信任一方面有赖于知识,另一方面又悬置知识。在这一点上,康德的观

---

① 弗兰西斯·福山:《信任:社会道德与繁荣的创造》,李宛蓉译,远方出版社 1998 年版,第 17—18 页。

点富有启发性。我们可以回溯至《纯粹理性批判》中的名言："因此,我不得不悬置知识,以便为信仰留地盘。"①康德是在区分现象与物自体、知识与信仰(思想)之际提出这一观点的。其中"悬置知识"的意思是说,与现象相对应的物自体是"无条件者",对于这一无条件者,我们不能像认识现象那样进行认知,而只能去"思维"。这是认识方式的变革,只有换一种方式我们才能通达"无条件者"。自由、不朽、上帝这些先验理想就是康德在此所谓的"信仰的地盘"。这里其实说的就是信念,是一种不同于"知"的"认之为真",即"信"。相信、信念、信任、信赖都源自这里,也就是说信任是先验的。康德的观点无疑对现代信任理论产生了深刻影响。同时西美尔、福山、卢曼、吉登斯等人的观点也颇具代表性。

中国当下社会具有吉登斯所说的那种基于现代社会时空分离的"脱域"特质。社会成员已经不需要直接到场,社会关系抽离于地方性场景之外,通过再嵌入形成全新的社会生活空间,所以熟人交往方式逐渐向普遍交往方式转变。由此,信任对象发生转移,不再囿于前现代社会中对熟人的信任。社会网络的扩大使社会的认同度降低,社会发展面临着复杂环境,人们普遍感到焦虑,信任危机由此产生。如前面所说,近现代社会的发展充分证明,互惠、道德义务、社会责任等"前现代"的文化习惯依然是好社会的基础,而社会资本内核的"信任"则是这些基础的前提,也是"好社会"价值标准的前提,它能够有力地推进"好社会"的建设,给社会提供一个适宜其发展的场域,使社会不再是冷冰冰的,而是有温度、充满活力、和谐有序发展的。

1. 信任是超验的确认和社会交换的前提,它为"好社会"奠定基础

著名社会学家、现代信任理论的创始人西美尔认为交换活动产生了社会化,它是社会关系中的一种。社会的形成没有信任是不可能的,在这里,信任是交换的前提。整个社会的运行离不开信任。"如果没有人与人之间的普遍信任,社会自身也会变成一盘散沙,因为几乎没有哪种关系能完全建立在对他人确切的认知之上。"②西美尔认为,信任不同于"弱归纳性知识",不仅包含认知性因素,还包含一种类似于信仰的超验的因素。他说:"如果人与人之间的信任力量比不上

---

① 康德:《纯粹理性批判》,李秋零译,中国人民大学出版社2004年版,第18页。
② 西美尔:《货币哲学》,朱桂琴译,光明日报出版社2009年版,第70页。

理性证据或个人经验的力量,那么,也很少会有什么关系能长久维持的。同样的道理,离开了信任,货币交换也将崩溃。"①关于信任的这种超验性或"很难描述的因素"和康德的物自体学说和信仰理论有一种本源联系。西美尔基于社会学视角,考察社会的形成机制和交往规则,无论交换还是交往,信任的本质规定性中都包含"认之为真"的"秘密"。信任不只是经验的交往关系实践,更是超验的确认,信以为真是更为内在和深刻的信赖。人与人之间的交往关系有赖于这种超验的假定。正是有一个"无条件者"保证了人们之间的交往朝着一个"好的"方向展开。这种好的交往就是"互惠、互利",而保证这种交往之普遍价值的前提是人们彼此间的信任。这表明,在前社会传统中只有信任才能有互利互惠,才能产生道德和社会责任。同时,正是基于信任的这种超验性特征,在多元化背景下建设一个共同期望的"好社会",一个集自由、不朽与永恒于一体的美好社会,不仅是必要的,而且是可能的。可见,信任的超验性特征使人与人之间的交往有向好的方面发展的可能,可以为"好社会"建设奠基。

2. 信任降低交往风险和社会交易成本,使"好社会"趋向安定

福山指出,"信任是人们共享诚实和互惠标准而因此能够与他人合作的产物,指的是在正式的、诚实和合作行为的共同体内,基于共享规范的期望"②。在高度分化的和互动关系复杂的现代社会生活中,随着人类社会结构化和系统化的加深,传统乡土社会的瓦解使社会生活中的个人面临多种选择的困扰,这种选择困境使人们陷入不确定性和偶然性,使得社会关系呈现复杂状态,基于社会公众互动基础上产生的信任有利于降低人与人交往、人与社会交往的成本,以及显性和隐性的交往风险,在一定程度上使复杂社会关系得以简化,促进社会安定。

卢曼承认,信任在减轻对风险的担忧方面"有所作为",信任就是知与无知(非—知)的综合。"在其最广泛的涵义上,信任指的是对某人期望的信心,它是社会生活的基本事实。"③卢曼继续从系统论视角解读信任。他区分"人格信任"与"系统信任"。在社会复杂系统中"人格信任"最具风险。如果说,在社会互动

---

① 西美尔:《货币哲学》,朱桂琴译,光明日报出版社 2009 年版,第 70 页。
② 弗兰西斯·福山:《信任:社会道德与繁荣的创造》,李宛蓉译,远方出版社 1998 年版,第 242 页。
③ 尼古拉斯·卢曼:《信任:一个社会复杂性的简化机制》,瞿铁鹏译,上海人民出版社 2005 年版,第 1—2 页。

较少、关系单一的前现代社会中,"人格信任"还发挥着稳定社会关系的功能的话,那么,在结构复杂、多元互动的开放性现代社会,"人格信任"中的"受信任者"可能会利用信息的不对称等因素滥用别人对他的信任,使已经建立起来的信任关系遭到破坏。那么,如何在复杂的关系和多样化选择中避免不确定性和偶然性的困惑呢?卢曼认为人们应该求助于"系统信任",因为"系统信任的合理基础在于,信任他人的信任"[①]。这种信任系统中制度会成为其媒介,信任制度并遵守成为现代生活的根本前提。人们对反复使用的社会各个子系统功能的信任,有助于减少复杂社会关系和多样化选择中的不确定性和偶然性。

3. 对系统的积极信任创造现代性"好社会"的团结机制

吉登斯是在现代性背景下论述信任的。"信任是对一个人或一个系统之依赖性所持有的信心,在一系列给定的后果或事件中,这种信心表达了对诚实或他人的爱这一信念,或者对抽象原则技术性知识的正确性的信念。"[②]他把时空分离、脱域的机制和知识的反思作用作为现代性的三大动力机制。社会抽象系统极大地增加了社会风险的可能性。信任是为了降低风险,但有时信任本身也存在一定风险。吉登斯将信任看成一个伴随个人成长而逐渐拓展的过程。基本信任是个人从儿童时代就逐渐产生的,在社会化的进程中,基本信任的范围逐步拓展,进而实现从基本信任到一般信任的进阶。一般信任又分为"人对人的信任"和"人对系统的信任",信任的对立面应该是生存性焦虑或忧虑,而不是模糊意义上的"不信任"。信任的类型和机制将会随现代性社会的展开而转变。于是,"人对人的信任"开始向"人对系统的信任"转变,消极被动的信任开始向积极主动的信任转变。现代性使得陈旧的社会团结机制转变为新式社会团结机制,积极信任是新式社会团结机制的重要来源。作为社会资本之重要组成部分,"主动的信任必须得到强有力的对待和维系。从亲密的私人关系到全球化的交互系统,主动信任在各种情境中都处于新式的社会团结的本源地位"[③]。对系统的主动积

[①] 尼古拉斯·卢曼:《信任:一个社会复杂性的简化机制》,瞿铁鹏译,上海人民出版社2005年版,第92页。

[②] 安东尼·吉登斯:《现代性的后果》,田禾译,译林出版社2000年版,第30页。

[③] 安东尼·吉登斯:《亲密关系的变革——现代社会中的性、爱和爱欲》,陈永国等译,社会科学文献出版社2001年版,第179—180页。

极信任无疑成为现代好社会建设的依托。

三、中国特色"好社会"的建设之路

我国小康社会的建设经验已经表明,经济发展是立足之本,现在的人民富裕了,为好社会建设提供了物质保障。新农村建设、环境保护、政治体制改革、公民意识培育正纳入轨道,正在朝向有尊严的生活和人的自由发展方向迈进。

康德对于超验的"非—知"因素的信任特性的分析批判,以及西美尔、卢曼、福山、吉登斯等人基于社会学立场对于信任特性的探讨,无疑构成了我们判定和建设一个好社会的独特视角,只有基于这一视角,我们才能描绘一个好社会的特征,开列出建设好社会的处方。

首先从宏观角度对传统价值观进行创造性转换,即以信任为前提整合社会各方的力量形成有效合力,实现一次真正意义上的返本开新。中国传统文化倡导个人诚信、政府仁政,强调个体及血缘、地缘的信任,往往忽视社会系统的信任。民众渴望拥有好社会,并将其寄予政府,但民众往往对政府又持一种不信任态度,造成了社会管理的负熵。因此,中国特色的好社会建设,既要遵循现代信任理论这一独特视角,更需结合中国实际国情,开辟一条既具有普遍性又符合中国国情的建设道路。在《现代性的后果》中,吉登斯曾谈到现代性的"断裂"。现代性相对于前现代社会来说是一次质的飞跃。他认为,历史并不是按照规定的路线向前发展的,而需要回到具体的社会发展环境中,通过对传统的扬弃和对现代性的追寻实现社会的进步和历史的发展。在价值取向多元化的今天,同样要处理好传统与现代之间的关系。在立足中国发展实际和具体发展阶段特征以及社会现实发展矛盾的基础上,从中国传统文化和文明中继承符合社会发展潮流的价值元素和思想体系,为整合价值做好思想准备。中国正在从传统向现代转型,在新旧更替时期必然会存在多种价值取向,可能相互契合,也可能相冲突,现代性发展和好社会的建设需要有相对一致的价值观指导。整合价值观就是协调利益关系、维护良好公共秩序、达成社会共识,以科学理性、正义诚信、科学发展的共识成为"好社会"建设的内在支撑。整合价值观能够使社会在发展的过程中不至于摇摆不定,不至于异常焦虑,在个人和社会之间建立起有效的信任机制,增强社会整体的信任感和个人对社会的认同。比如我们目前正在进行的社会主义核心价值观的提炼和教育。好社会建设的有效途径或模式应该是将表征个人价值的"自由"价值和"共同体"利益的"内核"进行有效整合,既有顶层的制度设计,又能根据具体的社会历史发展阶段和特征做出具有可操作、具体性的举措。好社会的建设不再需要从整体上进行设计和规划,而应该在现实经验基础上寻求每一个目标的达成,在多方力量的共同参与和合作下走向社会的和谐发展。

其次,制度的完善即系统信任对于走出信任危机尤为迫切。制度之于信任的作用是一体两面的。一方面,随着前现代社会进入现代社会的历程,现代性制度影响着社会的发展,固有的制度缺陷一定程度上造成了信任危机。另一方面,良好的、适应社会发展的制度又可以缓解社会的信任危机,成为社会和谐发展的基石。现代中国社会信任危机部分来自制度缺失,社会乱象的频发多因旧制度被打破,而新的制度尚未建立健全,即制度建设处于空窗期。现在应该充分借鉴国外已经建立起来并为实践证明是成熟了的制度设计,反思制度建设问题,结合我国传统的制度文化,建立与现代性背景下的社会发展相配套的制度。只有建立起完善的制度才能打破僵局,使各方力量再次活跃起来,为好社会建设保驾护航。"制度不仅约束而且成全,当我们寻求合作去实现好社会的时候,我们正是通过实质性的制度形式了解我们自己的身份以及他人的身份。"[1]尽管制度完善非一日之功,但意识到制度之于"好社会"建设的优先性却是当务之急。

再次,良好的社会关系与成熟、理性的公民心态也是培育社会信任的内在土壤。我国社会结构正在发生巨大变化,城乡结构、就业结构、人口结构都在发生深刻变革,国家和政府必须深刻认识社会结构变革对公众带来的心理冲击,及时调整公共政策,理顺社会结构,协调社会关系,避免社会冲突。重要途径是认识社会结构变革背后利益关系的调整,完善利益表达、利益诉求、利益分配和利益冲突的解决机制,以利益的动态平衡促进社会关系的良好处理。面对复杂多变的利益关系调整,理性平和、开放包容的社会心态显得异常重要,而这种心态正是构建和培育社会信任的社会心理基础。培育公民成熟、理性的心态,既有赖于执政者真诚解决关涉公平正义的"有形"问题,也需要公众以平和心态对待他人

---

[1] 约翰·肯尼斯·加尔布雷斯:《好社会:人道的记事本》,胡利平译,译林出版社1999年版,第12页。

利益诉求,以包容心对待"异质思维",使多元利益诉求的表达权得以实现,并在平等对话中协调彼此立场,在理性交流中化解矛盾,在多元思维的"异质"中达成"共识"。

最后,社会网络是培育社会信任的重要途径。人与人之间的信任是整个社会信任的基础,而人与人交往的社会网络在现代社会日益分崩离析。比如美国人生活中的个人主义耗尽了所谓的"社会资本",即让强有力的共同体成为可能的信任以及合作的愿望。美国是福山心中所谓的高信任度社会,而高信任度需要建基于超越血亲、延伸到家族血缘之外的信任关系,在信任半径大的团体中建立起来的社会资本相对充裕,信任度也较高。我们看到,在具有高度自发的社群倾向的美国,人们早已意识到,现代人参与社会活动度的降低会导致社会资本流失,从而降低合作而产生的信任愿望。而在低信任度的中国,我们本来就缺乏这种基于非血缘的团体建立的信任,在社会转型中,突破传统定势建立广泛的社团,促使公众参与公共生活,从而形成高信任度的社会困难重重。另一方面,建立在血缘、血亲以及地缘、业缘上的传统社会的信任随着急速加剧的社会流动和变迁,也面临快速瓦解的态势。可见,我国社会信任的建立面临双重艰巨的任务,基于信任的好社会建设更是任重而道远。

原载《江苏行政学院学报》2014年第3期

"接着讲"还是"重建"？
——现当代中国哲学开展方式反思

李海超

摘 要：21世纪以来，冯友兰提出的"接着讲"的中国哲学开展方式逐渐受到冷落，"重建中国哲学"的呼声越来越高，这是因为，中国文化的现代转型要求中国哲学在话语体系、问题意识、理论架构方面做根本的转变，而"接着讲"的中国哲学开展方式会妨碍这些转变。"重建中国哲学"是适应中国文化现代转型之要求的，但重建不是凭空建构，必须回归原创时期的中国哲学，以从其中诠释出的最具本源性、普遍性的观念及其架构为基础，以当代生活中的根本问题为导向。

关键词：中国哲学 中国文化 接着讲 重建

冯友兰提出的"接着讲"的中国哲学开展方式曾获得众多学者的认可，直至今天依然有学者在提倡。然而新世纪以后，"接着讲"的提法逐渐受到冷落，"重建中国哲学"的呼声越来越高。为什么"接着讲"会受到冷落？"接着讲"与"重建"有什么区别？如何"重建"？这些问题值得认真研究。

一、"接着讲"的含义

"接着讲"是冯友兰在1939年出版的《新理学》一书中提出的。在《新理学》的《绪论》中，冯友兰指出："我们现在所讲之系统，大体上是承接宋明道学中之理学一派。我们说'大体上'，因为在许多点，我们亦有与宋明以来底理学，大不相同之处。我们说'承接'，因为我们是'接着'宋明以来底理学讲底，而不是'照着'宋明以来底理学讲底。"[①]到了晚年，冯友兰对"接着讲"的中国哲学开展方式作

---

① 冯友兰：《新理学》，《三松堂全集》第4卷，河南人民出版社2001年版，第4页。

了重申,他说:"中国需要近代化,哲学也需要近代化。近代化的中国哲学,并不是凭空创造一个新的中国哲学,那是不可能的。新的中国哲学,只能是用近代逻辑学的成就,分析中国传统哲学的概念,使那些似乎含混不清的概念明确起来。这就是'接着讲'和'照着讲'的分别。"①我们可以综合这两段话,分析"接着讲"的具体含义。

对此,蒙培元的解读是值得参考的。蒙培元认为,"照着讲"是哲学史的方法,即"忠实于传统哲学的本来意义,并用现代语言将其写出来";而"接着讲"是哲学的方法,"着眼于哲学的发展和新的创造,是有明显的时代性的,而时代性就意味着新东西的产生"。此外,他还具体分析了"接着讲"的两层涵义:"第一层涵义是,赋予中国哲学以全新的现代理性精神,实现中国哲学的现代化";"第二层涵义是,在中国哲学形式化、理性化的同时,要保留、继承其最核心实质内容,特别是终极性的价值内容。"②蒙培元的理解可以概括为四点:第一,"接着讲"是哲学创造,不是哲学史研究;第二,"接着讲"有新内容产生;第三,"接着讲"是实现中国哲学的理性化;第四,"接着讲"应继承中国哲学最核心实质的内容。这四点与冯友兰的上述论述具有对应性:第一点对应"新理学"体系的创建;第二点对应冯友兰所说的"在许多点,我们亦有与宋明以来底理学,大不相同之处";第三点对应"新的中国哲学,只能是用近代逻辑学的成就,分析中国传统哲学的概念,使那些似乎含混不清的概念明确起来";第四点对应"近代化的中国哲学,并不是凭空创造一个新的中国哲学,那是不可能的"。从以上的对应可以看出,蒙培元对"接着讲"的理解是相当准确、全面的。

然而,第四点值得进一步思考。"不是凭空创造一个新的中国哲学",当然意味着对原有的中国哲学有所继承,并且要使中国哲学仍然称得上是中国哲学,必须继承原有中国哲学最核心实质的内容。可是,如果只是"保留、继承其最核心实质内容,特别是终极性的价值内容",并不能充分体现"接着"的含义。"接着"的确蕴含着保留和继承,但确切地讲,它意味着从某个地方"继续",特别是从一个曾经发展较好的地方。就中国哲学而言,"接着"应该指接续中国哲学发展最

---

① 冯友兰:《中国现代哲学史》,广东人民出版社 1999 年版,第 20 页。
② 蒙培元:《如何解读冯友兰的"接着讲"》,《中州学刊》2003 年第 4 期。

后、最好的高峰。具体到儒学,"接着讲"也就意味着接续宋明理学讲,因为宋明理学是传统儒家哲学发展的巅峰。因此,"接着讲"并不仅仅是保留、继承中国哲学中最核心实质的内容,因为这些内容,特别是终极价值内容,是中国哲学的任何一种形态都具有的,"接着讲"实际上一定是接着中国哲学的某种形态讲。比如,冯友兰的"新理学""大体上是承接宋明道学中之理学一派"。

综上,所谓"接着讲"是指接续中国哲学某种具体形态的哲学建构,根据时代需求,这种哲学建构应采用新的表达方式并开展出新的内容。在现代社会中,所谓"新的表达方式",也就是理性化的形式;"新的内容",简言之,主要是能够融摄现代科学和民主政治。

现代新儒家的新儒学建构,基本遵循的是"接着讲"的开展方式。除了冯友兰大体接续宋明道学中的理学一派外,梁漱溟、熊十力、贺麟、牟宗三、唐君毅等大体接续的是宋明道学中的心学一派。但无论接续的是哪种儒学形态,他们大都以理性化的方式建构了较为精致的哲学体系(如果说梁、熊哲学的理性化不太明显的话,冯、贺、牟、唐哲学的理性化则十分明显),并在哲学体系的建构中竭力为现代科学和民主政治保留地位。不过,今天看来,现代新儒家虽然在哲学建构上取得了很大的成就,但他们并没有完成儒学现代转型的任务,所以当代儒家学者们依然在为儒学的现代转化而努力着。需要反思的是,现代新儒家在儒学现代转化上的不成功,是其"接着讲"的不完善?还是"接着讲"的儒学开展方式本身存在问题?事实上,现代新儒家已经把"接着讲"发挥到了极致,即便存在不完善的地方,也不过需要小修小补,在这条道路上超越现代新儒家几乎是不可能的了。因此,现代新儒家没有完成儒学现代转化的根本原因是"接着讲"的中国哲学开展方式存在问题。

二、"接着讲"的局限

"接着讲"的中国哲学开展方式存在什么问题?欲回答此问题,首先应该反思中国哲学现代转化的目标是什么,因为"接着讲"正是为实现这个目标而提出的。

其实,中国哲学应该朝什么目标发展,根本上要看中国文化的发展目标。对于中国文化的发展目标,梁漱溟指出了一个大体的方向:"第一,要排斥印度的态度,丝毫不能容留。第二,对于西方文化要全盘承受而根本改过。第三,批评的把中国原来态度重新拿出来。"①梁漱溟的观点可以概括为：批判地发扬中国传统文化（剔除印度态度的传统文化），并以此为本批判地接纳西方近现代文化。尽管梁漱溟对中国文化和西方文化应发扬什么和批判什么皆有所列举，但他只是指出了笼统的方向，并没有给出一个明确的目标。相对而言，牟宗三、唐君毅、徐复观、张君劢的论述是具体的，在《为中国文化敬告世界人士宣言》中，他们明确指出："中国需要真正的民主建国，亦需要科学与实用技术，中国文化中须接受西方或世界之文化。但是其所以需要接受西方或世界之文化，乃所以使中国人在自觉成为一道德的主体之外，兼自觉为一政治的主体，认识的主体及实用技术活动的主体。"此外，他们还指出，西方文化也需要接受中国文化当下即是的精神、圆而神的智慧、温润而恻怛之情感、历史悠久的智慧以及天下一家的情怀。世界文化只有综合中西文化之长，然后才能使世界各民族"共同担负人类的艰难、苦病、缺点、过失，然后才能开出人类的新路"②。由此可以看出，牟、唐等人认为，中国文化未来的发展，应以塑造兼具道德主体、政治主体、认识主体的个体，科技发达、政治民主的国家，民族平等、和谐互助的世界为目标。他们的认识是十分正确的，中国文化的现代化的确应该朝着这一目标发展。

哲学作为对世界、人生的根本思考应该为其所在文化中的基本观念奠基，因此中国哲学现代转化的目标应该是为现代化的中国文化之基本观念奠基。即应该为现代性的个体、科学技术、民主政治、国家、世界等观念奠基。此目标的实现必然要求中国哲学：第一，对现代化的中国文化之基本观念做清晰的界定，这要求中国哲学采用理性化的表达方式；第二，围绕这些基本观念展开哲学的思考，这要求中国哲学将这些基本观念作为核心话语，并将与这些基本观念相关的问题作为核心问题；第三，对这些基本观念得以可能的根据及其结构做出说明，这要求中国哲学体系的架构与此一致。现在的问题是："接着讲"的中国哲学开展方式能够满足这些要求吗？

上文讲到，"接着讲"要求中国哲学根据时代需求采用新的表达方式（理性化的形式）并开展出新的内容（融摄科学和民主）。但有一个前提，即接续某种传统

---

① 梁漱溟：《东西文化及其哲学》，商务印书馆1999年版，第204页。
② 《唐君毅集》，黄克剑、钟小霖编，群言出版社1993年版，第475—525页。

的中国哲学形态。这样一来,新的哲学体系虽可以实现理性化的表达,但它所使用的话语、探讨的基本问题、哲学体系的大体架构不可能发生根本的转换。因为这些方面若发生根本的转换,新的哲学体系所接续的传统哲学形态也就不存在了。以冯友兰的"新理学"为例,"新理学"在表达方式上虽然是"逻辑化"的,但整个理论体系的基本概念依然是道、太极、理、气、性、心、欲、势等,讨论的基本问题也不外理气关系、心性关系、理欲关系、成圣之道,哲学体系的基本架构与宋明道学中的理学派也大体一致。而这样的话语体系、基本问题及理论架构必然是"新理学"的核心内容,即便"新理学"可以为现代性的个体、科学、民主观念留有余地,但很难将这些观念及其相关问题作为理论建构的核心内容。这样一来,"新理学"所探讨的核心观念、基本问题甚至理论架构就与中国哲学现代转化的目标不相应了。

从总体上看,现代新儒家的主要贡献在于实现了中国哲学的理性化,并在现代新儒学的理论体系中为民主、科学的发展留下了余地,但"留有余地"并不意味着成功地为这些观念做了奠基。现代性的个体、科学、民主等观念是现代社会生活中的基本观念,不为这些观念奠基,依旧将心性问题作为理论研究的核心问题,中国哲学在现代生活中的地位只能越来越边缘化。在现代新儒家中,牟宗三对儒学融摄科学和民主的贡献最大,提出了"良知坎陷"说,并撰写了"新外王三书"。但牟宗三思想的主体依然是心性问题,所以他的整体思想才被称为"道德的形而上学"。更为关键的是,牟宗三没有细致地探讨作为科学之基础的认识何以可能的问题,也没有细致地探讨作为民主政治之基础的自由、平等的个体何以可能的问题。如果牟宗三在讨论心性问题之外,也能像康德一样细致地展开这些问题,那么,他的思想将不再是"道德的形而上学",而是融摄"认识的形而上学"、"自由的形而上学"的新形而上学。这样一来,心性观念及其问题将不再是儒学的核心话语和核心问题,儒学的理论架构一定会发生巨大的变化,这样的新形而上学也就不能被称为"新理学"或"新心学"了。

可见,中国哲学现代转化的目标要求打破中国哲学固有的形态(打破固有的话语体系、核心问题和理论架构),而"接着讲"的中国哲学开展方式恰恰是要接续某种传统的中国哲学形态,这势必会给中国哲学的现代转化造成困境。其实,"接着讲"的根本问题在于,执着于某一历史时期的中国哲学形态,并将其作为中国哲学的根本。以儒学为例,现代新儒家始终认为,宋明时期的心性儒学是儒家的根本。如牟宗三、唐君毅等人所说:"实则此心性之学,正为中国学术思想之核心,亦是中国思想中之所以有天人合德之说之真正理由所在";"中国心性之学,乃至宋明而后大盛";"不了解中国心性之学,即不了解中国之文化也。"[1]这其实是对儒家的误解,即将儒学的某种形态等同于儒家的根本。事实上,任何一种儒学形态,都是儒家根本观念的某种体现,将观念的某种体现作为儒家根本观念本身,也就没有真正发掘到儒家最本源性的观念。大凡某种儒学形态总有它的局限,一旦时代的发展要求打破这种局限,就应该舍弃这种儒学形态,以儒家最本源的观念为基础建构新的儒学形态。执着于以往的某种儒学形态,注定不会成功。这就是"接着讲"的根本困局所在。

三、从"接着讲"到"重建"

21世纪以来,"接着讲"的中国哲学开展方式逐渐受到冷落,越来越多的学者主张"重建中国哲学"。[2] 但他们所倡导的"中国哲学的重建"大多是追求一种新的中国哲学形态的建构,这与"接着讲"有着根本的不同。如上文所述,"接着讲"要求接续某种固有的中国哲学形态,而一旦以某种固有的中国哲学形态为本,新中国哲学所使用的话语、探讨的基本问题、哲学体系的大体架构就不可能发生根本的转换。因此,只有"重建中国哲学",建构一种新的中国哲学形态,才能实现哲学话语、哲学基本问题、哲学基本架构的根本转换,才能适应现代化之中国文化的发展要求。

需要注意的是,中国哲学的重建虽然要求打破固有的中国哲学形态,不以传统的任何一种中国哲学形态为本,但并不意味着中国哲学的重建不需要以任何传统资源为本。如果是"打破一切"、"白手起家"、对传统毫无借鉴的重建,这样建构起来的中国哲学也就失去了"民族性"、"中国性",只是"在中国的

---

[1] 《唐君毅集》,黄克剑、钟小霖编,群言出版社1993年版,第490、494页。
[2] 参见朱汉民:《重建"中国哲学"的双重理据》,《中山大学学报(社会科学版)》2006年第4期;黄玉顺:《主体性的重建与心灵问题——论当代中国哲学的形而上学重建》,《山东大学学报(哲学社会科学版)》2013年第1期;方朝晖:《走出学科的樊篱,回归意义的重建——试谈中国哲学今天面临的主要问题与任务》,《哲学动态》2003年第10期。

哲学"了。有的学者认为,中国文化就是应该进行这样"彻底的重建"。如甘阳认为,传统并不是凝结于过去的一种确定的"实体",而是"尚未被规定的东西",它永远在创造之中,向未来敞开无穷的可能性。"从我们今日来说,就是要创造出过去的中国人不曾有过的新的现代的'民族文化心理结构';而所谓'批判的继承',也就并不只是在'过去已经存在'的东西中挑挑拣拣,而是要对它们的整体进行根本改造,彻底的重建。"他还说,重塑中国文化的基本精神,必须把传统的儒、道文化带入一个更大的文化系统中,在这个新的文化系统中,儒家文化只是一个次要的、从属的成分。① 甘阳这里谈的虽然是"中国文化",但已经包含了对"中国哲学"的态度,根据他的观点,中国哲学当然也要进行彻底的重建,在新的"中国哲学"中,儒家哲学、道家哲学必然也是一个次要、从属的成分。郭齐勇曾对甘阳的观点提出批评,他说甘阳的"彻底重建"论,把传统文化等同于封建文化,事实上二者并不能画等号;将传统与现代截然对立起来,但传统并非没有合理的层面;忽视了传统文化中可供挖掘的潜在价值,但随着社会的发展和人们思维水平的提高,人们可以不断发现和挖掘传统文化的价值。②郭齐勇的批评是很有道理的。

无论如何,中国哲学的重建不是要凭空创造一个中国哲学,而是要建构中国哲学的新形态,如同宋明道学家们建构了区别于汉唐经学的儒学新形态一样,中国哲学在今天的使命,应该是建构不同于传统中国哲学形态的现代性中国哲学。可是,如果不凭空创造,中国哲学的重建应该从传统中继承什么、怎样继承、又如何重建? 这些问题需要进一步思考。

四、如何"重建"?

中国哲学的重建既然不是凭空创造,就一定要对传统有所继承,而继承又不是接续某种传统的儒学形态,那究竟应该如何继承呢? 人们会想,要重建首先应该对传统进行分解,然后再用今天的方式对其进行重组,就像先将一座大厦推倒,然后再从地基上重建一样。但这并不符合中国哲学重建的要求,中国哲学的

---

① 甘阳:《传统、时间性与未来》,《读书》1986年第2期。
② 郭齐勇:《中华人文精神的重建》,北京师范大学出版社2011年版,第154页。

重建要求新的话语、新的问题、新的架构,即这座新的大厦不仅不能用旧的图纸,而且不能用拆下来的旧砖、旧瓦、旧地基,必须铸造新砖、新瓦、新地基。这样一来,传统似乎没有什么能够继承的了。所以有的学者认为,我们所能向传统效法的,只是"圣人之所以为法",也就是"圣贤之用心",即"于具体情境中达成对圣人所以为法的把握,作为今天理论批判原则和创造原则"。① 这种观点实际上是认为传统没有什么可以继承,因为"圣贤之用心"是不确定的,圣贤不可能面对今天的情境,我们又怎么能把握他们面对当今情境会如何用心呢? 所以"法圣人之所以为法"实质是以自我对具体情境的把握为法。如果只是以"自我对具体情境的把握"为理论批判和建构的终极原则,这完全可以看作另起炉灶,要想指明这乃是中国哲学的重建,还必须在此之外说明,这种理论批判和建构的原则与传统中国哲学有何内在关联,特别是一致之处,而这种内在关联和一致之处,正是我们一直探求的应从传统继承之物。找到了这些,然后才是真正的"六经注我",否则只是盲目的"依我"。

如何才能找到应从传统继承之物? 不妨研究一下宋明理学是如何超越汉唐经学的。宋明理学之所以要重塑一种崭新的儒学形态,首先是时代问题的转变。在汉唐时期,社会生活中最突出的问题是秩序问题,因此汉唐经学主要围绕这一问题展开讨论。宋代以后,社会制度规范和伦理道德规范已基本定型,人们的心性修养问题成为社会生活中的主要问题,而传统的汉唐经学受其话语体系、问题意识、理论架构的局限,无法将心性问题作为核心问题展开讨论,这时,宋明理学家不得不创建新的儒学形态。宋明理学家的新儒学建构不是接续汉唐儒学,恰恰相反,是批判汉唐儒学,回归先秦儒学。先秦儒学是儒学的原创阶段,后来的种种儒学形态都是对先秦儒学的诠释。宋明理学家选择先秦儒学不仅仅因为它在时间上居于源头地位,更重要的在于先秦儒学中的观念具有原初性,它们未经过他者的诠释,这就为自己的诠释提供了方便。通过对先秦儒学的诠释,宋明理学家们不仅找到了中断已久的心性儒学道统(尧舜禹汤文武周公孔孟,以下不得其传),找到了心性儒学最根本的观念(仁、性、本心、良知),而且找到了心性儒学最根本的架构(性→情;尽心→知性→知天)。可以说,宋明理学就是在这些观念

---

① 陈明:《即用见体初说》,《原道》第 10 辑,北京大学出版社 2004 年版,第 18 页。

及其架构的基础上建立起来的。不过,宋明理学家对先秦儒学的诠释是存在问题的,那就是他们完全按照自己的需要诠释先秦儒学,缺乏一"客观"的学术心态。尽管一切诠释都存在主观性,完全如实呈现过去的观念是不可能的,但我们还是能够对尽量客观的论述与为我所用的诠释做出区分,并且这种区分是有意义的,它可以避免明显的、故意的曲解。

当代中国哲学的重建应该借鉴宋明理学的经验:首先,回归原创时期的中国哲学,拒绝被他者诠释过的中国哲学形态,因为被他者诠释过的中国哲学形态存在话语体系、问题意识、理论架构的局限;其次,要有客观的学术态度,不能故意曲解文本原义;第三,在客观的学术态度下,在原创时期的中国哲学中探寻并诠释出最具本源意义和普遍意义的观念以及这些观念之间的基本架构;第四,以这些最具本源性、普遍性的观念及其架构为基础,解决当代社会生活中的主要问题。其中,第三点解决的是民族性的问题,第四点解决的是现代性的问题。

这种中国哲学重建的方法与完全"依我"的方法之区别在于,前者认为,传统中国哲学中并不是只有"圣人之用心"可法,而是存在着本源性、普遍性的观念及其架构,这是中国哲学的重建需要继承的。与"接着讲"的区别在于,它要求继承的是具有本源性、普遍性的观念及其架构,而不是适用于某一特殊时代的观念及其架构,因此可以避免因时代转型所造成的话语系统、问题意识、理论架构的限制。与"分解传统而重构"之方法的区别在于,它并不要求分解传统和重构传统,而是以传统中最具本源性、普遍性的观念及其架构为基础,解决当代社会生活中的主要问题,建构中国哲学的当代形态。由于中国哲学重建的目标是建构中国哲学的当代形态,其与时下流行的探讨传统中国哲学中某些观念之当代意义的研究,也有根本的区别。

现在的问题是,原创时期的中国哲学中是否存在着超越具体历史时代的本源性、普遍性的观念及其架构呢?这里不妨以黄玉顺的研究为例做简要的说明。黄玉顺经过多年的研究,建构了生活儒学以及作为生活儒学在制度伦理学方面之展开的中国正义论。其生活儒学是以本源的仁爱观念为基础的,他认为本源的仁爱观念乃是先秦儒学中存在的最为本真、最为根本的观念。[①] 在中国正义

---

① 黄玉顺:《爱与思:生活儒学的观念》,四川大学出版社2006年版,第51—53页。

论中,黄玉顺考察了先秦儒学中的制度伦理学建构,指出义(正义原则)→礼(制度规范)的架构是一切制度规范建构的基本架构。① 可见,传统儒学中存在着具有本源性、普遍性的观念及其架构,关键在于我们如何去发掘和诠释。

总之,中国哲学的重建是中国文化现代转型的发展要求,重建不是凭空建构,必须回归原创时期的中国哲学,以从其中诠释出的最具本源性、普遍性的观念及其架构为基础,以当代生活中的根本问题为导向。至于中国哲学的重建能否成功,重建的中国哲学"在中国的文化"中处于什么样的地位、发挥什么样的作用,还要看当代中国哲学学者的努力。

原载《贵州社会科学》2015 年第 11 期

---

① 黄玉顺:《中国正义论的重建——儒家制度伦理学的当代阐释》,安徽人民出版社 2013 年版,第 9 页。

双重交互性:思想政治教育主客体关系新解
——兼评学界几种代表性观点

王学荣

摘 要:"单主体说"、"双主体说"以及"主体际说"(或者叫"主体间性说")等是关于思想政治教育主客体关系的代表性观点,但都欠准确。实际上,教育者和教育对象之间是一种"双重交互"的关系。这涉及两个不同的层次:若从"施教"和"受教"的不同视角看,教育者和教育对象之间是"互主体"的,这种"互主体性"鲜明地体现在教育者和教育对象之间主客体关系的转化上;即便单就"施教"而言,教育者和教育对象在一定程度上也是"互主体"的。从这个意义上讲,用"双重交互性"能够更加精准地概括出思想政治教育过程中教育者与教育对象之间的主客体关系。

关键词:思想政治教育 "单主体说" "双主体说" "主体际" 双重交互性

关于思想政治教育过程中教育者和教育对象之间的主客体关系问题,学术界存在多种不同的观点,诸如"单主体说"、"双主体说"以及"主体际说"(或者叫"主体间性说"),等等。如果对这些代表性观点进行仔细分析,便不难发现:这些观点尽管在一定程度上反映了思想政治教育过程中教育者与教育对象之间的主客体关系,但都欠精准。为了更好地概括教育者与教育对象之间的主客体关系,笔者认为有必要引入一个新的概念,即"双重交互性"。这种"双重交互"实际上涉及两个不同的层次。若分别从"施教"和"受教"的不同视角看,教育者和教育对象之间是"互主体"的,这种"互主体性"鲜明地体现在教育者与教育对象之间主客体关系的转化上。说到教育者和教育对象主客体关系的转化,有一个问题笔者特别需要做出说明,即教育者和教育对象在不同的场合,其主客体关系当然也是可以相互转化的,在一种场合下的教育者在另一种场合可能扮演的是教育对象,反之,在一种场合下的教育对象在另一种场合也可能充当教育者的角色。

我们这里不去讨论不同场合下教育者和教育对象的角色转换，而仅仅讨论同一场合下教育者与教育对象之间主客体关系的交互性问题。同一场合下教育者和教育对象的主客体关系亦涉及如下两个不同层次：从"施教"的视角看，教育者是主体，教育对象是客体；而从"受教"的视角看，情况恰好相反，教育对象是主体，教育者则变成了客体。此为交互性的第一层次。即便单就"施教"过程而言，教育者和教育对象在一定程度上也都具有主体性。此为交互性的第二层次。因为在教育过程中，教育对象并非完全消极被动。相反，教育对象具有自己的主观能动性，对教育者所传递的信息能够进行筛选、整合、内化、吸收和重构。在此基础上，教育对象还会对教育者进行信息的反馈，从而让教育者"亦受到某种教育"，在这个意义上，教育对象也就成了主体。所以说，"双重交互性"能够更加精准地概括教育者和教育对象之间的主客体关系。当然，这仅是笔者的一家之见，不当之处敬祈指正。

一、学界对思想政治教育主客体关系的不同观点

"主体"和"客体"最初是一组哲学领域的范畴，后来被学者引入思想政治教育研究领域，但同时也给思想政治教育界带来了种种"麻烦"。这组范畴引进之初就曾受到过学界的"质疑"，学者们曾经讨论过引进这一范畴的必要性问题，围绕"在思想政治教育学科领域中究竟有没有必要引进'主体与客体'这样一对范畴"，学界展开了很多的讨论和争鸣。经过反复研究和比较，这对范畴逐渐被越来越多的思想政治教育领域的学者接受。目前，在这个问题上学界已经基本上有"定论"了，绝大多数的学者都对引进"主体与客体"这样一对范畴的必要性持肯定态度。

然而，这个前提性的问题一旦得到基本解决，思想政治教育理论界马上又面临着另一大"疑点"，即思想政治教育者和思想政治教育对象之间的主客体关系问题。围绕着这一"学术疑团"，理论界又展开了很多讨论，其中讨论的"焦点"之一就是思想政治教育的"教育者和教育对象"（或者说"施教者和受教者"）究竟谁是主体。关于这个问题，学界至今仍存在分歧，可谓"见仁见智"，还没有达成"共识"。把这些不同观点归结起来，代表性的主要有"单主体说"、"双主体说"和"主体际说"（或者叫"主体间性说"），甚至还有少数学者主张的"多主体说"，不过最

主要的是前三种。那么这些观点究竟如何呢？下面就简要分析一下。

持"单主体说"的主要有仓道来先生，他主编了《思想政治教育学》一书，认为："从教育的广义和狭义的含义中，形成了教育者同被教育者的不同身份地位。广义的教育者是指对教育者施加影响的主体，它有群体主体（阶级、团体）和个体主体（个人）；被教育者是指接受教育的对象，即被教育的客体，它有群体客体（阶级、团体）和个体客体（个人）。狭义的教育者是指教育工作者，包括从事教育的教育工作者、组织者、教师、校长等，被教育者主要是指学生。"①在这里，该教材至少将"广义的教育者"与"教育主体"、"广义的被教育者"与"教育客体"等同起来了。不仅如此，该教材接下来还对"思想政治教育者和被教育者"做了更为详细的论述："思想政治教育包括思想教育、理论教育、政治教育、道德教育、美育教育、劳动教育、民主法制教育、形势教育、方针政策路线的教育等。为了完成这些任务而承担向被教育者施加影响的主体，称为思想政治教育的教育者。这就是说，广义的思想政治教育者是指进行思想政治教育活动的主体，它有群体主体（阶级、团体）和个人主体（个人）。而被教育者是指接受教育者施加影响的对象，即被教育的客体，它有群体客体（阶级、团体）和个体客体（个人）。狭义的思想政治教育者是指专门从事思想政治教育的工作者，即按照一定阶级的要求对被教育者施加思想、政治、道德等影响的主体，而被教育者是指接受一定阶级思想、政治理论等的接受教育的对象。思想政治教育者和被教育者的内涵，既包括广义的涵义，也包括狭义的涵义。"②综合该教材给"思想政治教育者"和"被教育者"所下的定义及所展开的论述，明显可以看出：《思想政治教育学》一书作者认为无论是"广义的涵义"还是"狭义的涵义"，"教育者"与"思想政治教育主体"是同一意义上的概念，将"被教育者"（即"教育对象"）与"思想政治教育客体"也"划等号"了。显然，该书所持观点是一种典型的"单主体说"。此外，还有学者认为："客体相对于主体而存在，思想政治教育客体就是思想政治教育主体认识和施加可控性影响的对象。换言之，思想政治教育客体是思想政治教育的接受者和受

---

① 仓道来主编《思想政治教育学》，北京大学出版社2001年版，第83页。
② 仓道来主编《思想政治教育学》，北京大学出版社2001年版，第83页。

动者,它与思想政治教育主体相对应,是思想政治教育主体的作用对象。"①在这里,"教育对象"(即"被教育者")与"思想政治教育客体"又被等同起来了。可见,他们亦是倾向于"单主体说"的。笔者认为,"单主体说"存在一个明显的缺憾,就是将教育者和教育对象之间的关系简单化了,在一定程度上抹杀了(至少是"遮蔽"了)受教者的能动性,把教育对象仅仅看成"接受者"和"受动者","受动者"这个词显然隐含着"被动"的意味,而实际上,教育对象并非那么"被动"。因为受教者乃是活生生的"人","人"毕竟不同于"物","人"之为"人",恰恰在于其具有鲜明的主观能动性,并不完全是被动地接受施教者的信息。而过分强调教育对象的受动性,却不同程度地"遮蔽"其能动性恰恰是"单主体说"的一大弊病,基于此,笔者认为"单主体说"具有明显的片面性。

"双主体说"则是一种更为普遍和流行的观点。持"双主体说"的学者非常多,代表性的有张耀灿教授等,他们编写的《思想政治教育前沿》一书在学界影响很大。该书认为:"教育者与教育对象二者都是思想政治教育的主体,是复数的主体,他们把教育资料作为共同客体,与教育资料构成'主体—客体'的关系。"②笔者认为,我们这里所讨论的主客体问题,涉及的仅是教育者与教育对象之间的关系,并不涉及"教育资料"的问题,因此在讨论"教育者与教育对象究竟谁是主体"时不宜将"教育资料"考虑进来。

"主体际说"(或者叫"主体间性说")实际上是由"双主体说"派生(或者说"衍生")出来的。这种观点认为,"思想政治教育过程是在教育者与教育对象互动交往过程中,通过'主体—客体—主体'的转化过程实现的,在这个转化过程中,教育者和教育对象结成'主体—主体'的关系,即一种主体际关系,或主体之间的关系。"③这种观点最大的不足之处是,它并没有阐释清楚所谓的"'主体—客体—主体'的转化过程"究竟是怎么样实现的。

---

① 卢岚、徐志远:《思想政治教育客体:思想政治教育学的重要范畴》,《武汉理工大学学报(社会科学版)》2006年第4期。

② 张耀灿等:《思想政治教育学前沿》,人民出版社2006年版,第359页。

③ 祖嘉合:《试析"双主体说"的理论困境及化解途径》,《思想政治教育研究》2012年第1期。

二、对思想政治教育主客体关系的新思考:双重交互性

通过上述分析可以看出,以上三种代表性观点均有待进一步商榷。在此基础之上,笔者提出一种新的观点,即思想政治教育的教育者和教育对象之间是一种"双重交互性"的关系。这种"双重交互性"实际上涉及两个不同的层次:第一,思想政治教育过程可以从"施教"和"受教"两个视角来看,若分别从这两个视角看,教育者和教育对象之间的主客体关系是可以相互转化的。不过,笔者需要特别说明的是,这里所谓的"施教"和"受教"并非两个独立的过程,而是同一过程(即思想政治教育过程)的两个不同方面,正如硬币的两面一样。从"施教"的视角看,教育者是主体,教育对象是客体;而从"受教"的视角看,教育对象是主体,教育者则是客体。第二,即使是单从"施教"这一角度来说,教育者与教育对象之间的主客体关系也并不是"凝固"的,教育者与教育对象在一定程度上都具有主体性。下面我们对这两个层次来做具体分析。

在思想政治教育过程中,教育者(或曰"施教者")和教育对象(或曰"受教者")无疑是一对矛盾体。"施教"和"受教"是思想政治教育过程的两个不同方面(或者叫"两个不同视角")。若从不同视角看,思想政治教育过程则可以分别看成施教过程和受教过程,实际上,思想政治教育过程正是施教过程和受教过程的统一。然而,教育者(即施教者)和教育对象(即受教者)这对矛盾体在这两个方面中的地位是不一样的:从"施教"的视角看,教育者是这对矛盾体的"发动者",而教育对象则是"接受者",当然,此时的"发动者"在矛盾运动中起着主导作用,应该是这对矛盾体的主要方面。因此,就"施教"而言,教育者是主体,教育对象是客体;但如果从"受教"的视角看,教育对象是主体,教育者反而成了客体,因为教育对象在教育中处于中心地位。对此我们有必要先来看生活中的一个例子,在日常生活中我们也许不难发现这种现象,从小学(甚至幼儿园)一直到大学,每个学校有各自的办学方法和办学特色,但无一例外都在强调"一切为了学生",这几乎成了所有学校的共同理念,充分体现了教育对象的中心地位,而教育者说到底是为教育对象服务的,是为教育对象的成长成才"保驾护航"的。既然教育者为教育对象服务,这样看来,教育对象则成了矛盾的主要方面。这恰恰体现了思想政治教育过程的辩证法思想,体现了矛盾双方地位的相互转化。

即使单从施教过程而言,教育者和教育对象在一定程度上都具有主体性。因为施教过程对教育对象来说也并非完全被动的,这期间必然有一个内化和反馈的机制。因为教育对象毕竟是活生生的现实的"人","人"是有主见、有意识的个体存在,教育对象对教育信息并不是毫无选择地"全盘吞下","人"毕竟不同于"机器",有思想、有意识的"人"对信息的接受并不是完全被动的,而是有一个筛选、整合、内化、吸收乃至重构的过程。这其中,教育对象当然需要充分发挥能动性。不仅如此,教育对象还会对教育者进行信息的反馈,从而让教育者也在某种程度上"受到教育",正所谓"教学相长"。中国传统文化典籍《礼记·学记》有云:"虽有嘉肴,弗食,不知其旨也;虽有至道,弗学,不知其善也。故学然后知不足,教然后知困。知不足,然后能自反也;知困,然后能自强也。故曰:教学相长也。兑命曰'学学半',其此之谓乎!"①不难看出,早在两千多年前,我们睿智的先哲对"教学相长"的道理就已经有比较深刻的认识了。的确,"教"在一定意义上亦是"被教"(即"学"),因为施教过程既是一个教育者向教育对象输送、传递信息,从而让教育对象"受到教育"的信息传递过程,同时也是一个教育对象向教育者反馈信息,从而让教育者"亦受到教育"的信息反馈过程。恰恰是在信息反馈的过程中,教育对象的一些思想、观点,也会直接影响到教育者,这种影响有时候是巨大的。例如,由于受到来自教育对象的思想观点的影响,教育者甚至可能改变自己原来的某些看法,甚至也有可能改变自己原来一贯坚持的主张,而这些都可以说是教育对象的信息反馈对教育者产生"反作用"的结果。在此情形之下,教育对象在一定程度上也就成了主体了。可见,教育者的信息传输和教育对象的信息反馈本质上是一种双向机制。既然如此,不正说明教育者和教育对象在一定程度上都具有主体性吗?

从上述分析可以看出,施教者和受教者之间表现为一种"双重交互性"。从"施教"和"受教"的不同视角看,教育者和教育对象呈现出一种互主体性,这是交互性的第一层。即便单就"施教"而言,教育者和教育对象亦呈现出互主体性,这是交互性的第二层。笔者认为,用"双重交互性"来概括教育者(即施教者)和教育对象(即受教者)之间的关系比用"主体际说"(或者叫"主体间性说")更为完

---

① 孟子等:《四书五经》,中华书局 2009 年版,第 379 页。

整,也更为准确。

三、结论及余论

通过以上论述我们不难得出这样的结论:"单主体说"、"双主体说"和"主体际说"(或者叫"主体间性说")这几种代表性观点尽管在一定程度上能够反映思想政治教育者和思想政治教育对象之间的主客体关系,但都不同程度地存在"欠精准"的问题。而要比较全面地概括教育者和教育对象之间的主客体关系,有必要引入"双重交互性"这一概念,从两个不同的层次来分别考察二者的关系。若分别从"施教"和"受教"两个视角来考察思想政治教育过程,教育者和教育对象之间的主客体关系是可以相互转化的。即便是单从"施教"这一角度来说,教育者与教育对象之间的主客体关系也并不是"凝固"的,教育者与教育对象在一定程度上也都具有主体性。这样,思想政治教育过程的教育者与教育对象之间呈现出复杂的"双重交互"关系。

当然,笔者同时也意识到,思想政治教育者与教育对象之间的主客体关系问题作为学界争论的焦点问题之一,有相当的复杂性和艰巨性。本文只是在学界原有研究成果的基础上提供了又一种思路,以期把对这一"难题"的研究向前推进一步。当然,欲识庐山之真面目,尚有待思想政治理论界的学者们继续做更深入的探讨。

原载《思想教育研究》2013年第9期

"乡贤"的伦理精神及其向当代"新乡贤"的转变轨迹*

赵 浩

摘 要:"乡贤"已经成为当下的学术热点,然而现有研究缺乏对"乡贤"本身的道德哲学辨析,从伦理精神的视域来看,"乡贤"体现了三个层面的道德哲学品性:个体生命与其公共本质的合一;道德价值的特殊性与普遍性的辩证综合;道德主体与伦理实体之间的良性互动。随着"乡"的社会变迁及"贤"标准的时代变化,当代"新乡贤"应向乡贤类型的多样化与乡贤德性的多元化发展。

关键词:乡贤 伦理精神 新乡贤

乡贤已经成为当下的热门话题[①],体现了学术研究与社会实践向中国传统回归的倾向,然而美中不足的是,当前的乡贤研究主要集中在历史领域[②],缺少从哲学形而上学层面对乡贤的深入辨析。"乡贤"无论从其语义内涵还是从其历史与现实存在本身来看,都具有典型的伦理性质,值得并需要对它进行道德哲学的研究。对中国的道德哲学研究来说,它的问题意识与理论构建只有植根于中国社会实践的富饶土壤,方能具有自身的鲜明标识,创造原生性的理论形态。对"乡贤"的道德哲学分析是一次很好的理论实验。

---

* 本文是江苏省普通高校研究生科研创新计划资助项目 KYZZ_0050 的阶段研究成果。
① 参看何雪峰、李陈续:《让乡贤文化发挥更强道德张力》,《光明日报》,2016 年 4 月 11 日第 4 版;黄海:《用新乡贤文化推动乡村治理现代化》,《人民日报》,2015 年 9 月 30 日第 7 版;赵法生:《再造乡贤群体 重建乡土文明》,《光明日报》,2014 年 8 月 11 日第 2 版;苏雁:《乡贤的道德精神是可以"看见"的》,《光明日报》,2014 年 8 月 13 日第 2 版等。
② 历史领域的研究主要讨论乡贤祠从祀人物、由先贤祠到乡贤祠的过程、乡贤评选标准的历史变化、乡贤在文学作品中的历史叙事等问题,相关论文参看张会会:《明代的乡贤祭祀与乡贤书写——以江浙地区为中心》,东北师范大学博士论文;魏峰:《从先贤祠到乡贤祠——从先贤祭祀看宋明地方认同》,《浙江社会科学》2008 年第 9 期;李静:《当代乡村叙事中乡贤形象的变迁》,《江苏社会科学》2016 年第 2 期等。

本文将分两个部分展开这一理论实验。第一部分重点分析"乡贤"所具有的伦理精神,具体表现为三个维度:个体生命与其公共本质的合一,道德价值的特殊性与普遍性的辩证综合,道德主体与伦理实体之间的良性互动。第二部分从伦理精神的现实变迁规律出发,分析从历史的"乡贤"向当代"新乡贤"转变的轨迹:"乡"的范围扩大,乡贤类型的多样化与乡贤之德性的多元化。

一、"乡贤"的伦理精神

从字面意思来看,乡贤是"在地的贤达"或"与乡邑具有地缘关系的贤达","乡"即"在地","贤"即"贤达"。从定义来看,乡贤是"生于其地而德业、学行著于世者"①,地域性、知名度与道德价值呈现是乡贤三个不可或缺的基本要素。从历史客观存在的乡贤群体来看,被称为乡贤的人主要是通过"公议"祭祀于"乡贤祠"中的人物,并不是所有在地的贤达都能被称之为严格意义上的乡贤,只能说乡贤来自乡绅群体,是他们中的佼佼者或特别优秀的代表。这是狭义上的"乡贤"定义,广义上的"乡贤"则超出了乡贤祠的祭祀范围,为了分析的明确性,我们对传统社会的乡贤主要取其狭义的规定。

乡贤植根于传统中国社会特殊的乡土结构,历史学家秦晖总结为"国权不下县,县下惟宗族,宗族皆自治,自治靠伦理,伦理造乡绅"②,乡土社会是乡绅产生的土壤,反过来乡绅对乡土社会的维系起着举足轻重的作用。社会学家费孝通认为"绅"是从皇权系统中回归乡土的官员,他们也是"士",即"绅士",构成了乡土社会的知识阶层,并从礼治上维持着乡土的社会秩序与社会稳定。③"乡"与"贤"的结合本质上是"绅士"与"乡土中国"合一之结构形态中的特殊存在,他们"生于斯,长于斯",又将自己的学识与德行贡献于斯,并且得到了所在地大众的认可。从伦理人类学的视域来看,这正是中国社会之中个体道德实践与伦理共体之中道德事实的生动事例,"乡"与"贤"及其结合所代表的不同层面需要道德形而上学的细致辨析,以进一步明晰"乡贤"的道德哲学价值。

---

① 张会会:《明代乡贤祭祀与儒学正统》,《学习与探索》2015年第4期。
② 秦晖:《传统中华帝国的乡村基层控制:汉唐间的乡村组织》,载黄宗智主编《中国乡村研究》(第一辑),商务印书馆2003年版,第3页。
③ 参看吴晗、费孝通等:《皇权与绅权》(观察丛书),观察社出版1948年版,第1—9页。

伦理与精神的结合之"伦理精神"能更好地指明伦理与道德的本质,因为"主观的善和客观的、自在自为地存在着善的统一就是伦理"①,道德"毋宁应该说是一种伦理上的造诣"②,而伦理是"真实的精神",是"本性上普遍的东西"。正如樊浩所说,"'伦理精神'是个体与共体相统一的'道德精神',既融摄了个体的道德精神,又消解了个体道德精神的主观性与抽象性"③,伦理精神是个体与共体相统一的客观精神,它包含了知、情、意,既扬弃了抽象的整体性,也要扬弃抽象的个体性,是真正意义上的共体的"精神"。从对伦理精神的概述中已经可以看出它对解释"乡贤"具有天然的合法性与合理性,"乡贤"的伦理精神是"贤"—"乡"、"乡"—"贤"这一正反运动过程及"乡—贤"合一的精神存在的"三位一体",具体地展开为以下三个彼此关联的方面。

其一,乡贤是个体生命与其公共本质的合一,表现为"贤"—"乡"的精神路径,是伦理精神中作为单一物的个体道德与作为普遍物的伦理实体的合一。乡贤之"贤"在传统中国社会主要有两个评判的标准:学行与德业。学而优只是个体的某种素质或能力,只有学而优且同时将个人的"学"发扬传播于斯,泽被乡里,作为道德素质的"学"才真正成为"贤",成为具有"伦理造诣"的"学行"。同样,德业而不是个人德性可以作为"贤"的标准,因为个人德性仅仅是个体的道德可能性,一个人可能为善,却不一定能做利乡利民的善事,德性往往表现为道德价值的潜在,只有将个人的德性切实表现为对斯地斯人的道德行为,有益于乡里或当地百姓才可称之为"贤"。以宋代金华府庙学崇祀乡贤情况为例,获得崇祀的乡贤共有39人,其中细目为理学17人、宦业3人、忠节10人、孝义7人、文苑2人。④ 明代万历以前属宋代最多,作为理学乡贤的17人无不曾将自身的学识发扬于金华及其周边地区,为宋代该地的理学繁荣做出了重大的贡献,且他们开学授徒、讲学乡里,培养了众多的知识人,其中最著名的有浙东事功学派的代表吕祖谦,他虽常年在外为官,但是他生于婺州(今天的浙江金华),且在为父母守

---

① [德]黑格尔:《法哲学原理》,范扬、张企泰译,商务印书馆2009年版,第162页。
② [德]黑格尔:《法哲学原理》,范扬、张企泰译,商务印书馆2009年版,第170页。
③ 樊浩:《道德形而上学体系的精神哲学基础》,中国社会科学出版社2006年版,第14页。
④ 参见张会会:《明代乡贤祭祀中的"公论"——以陈亮的"罢而复祀"为中心》,《东北师大学报(哲学社会科学版)》2015年第2期,文中表1"金华府所祀乡贤分类表"。

丧期间于金华教授学子、著书立说,对当地的儒学繁荣与后学培养居功至伟。其余宦业、忠节、孝义、文苑诸乡贤无不在为官上造福一方、德行上行为乡范。学行与德业作为"贤"的内容来说具有普遍性,即不因时间地点的不同而产生变化,它往往取决于当时社会的道德风尚与公认的伦理道德标准,尽管"学"的中心有所变化,从明朝开始儒学正宗逐渐由程朱理学向陆王心学转移,但对"乡贤"本身的评价并不具有重要影响,只波及其中个别之"学"不同于主流儒学观念的乡贤。

可见作为个体道德的"贤"只有寄居于作为伦理实体的"乡"之中,并对"乡"做出切实的贡献才能成为"乡贤","贤"的标准虽有普遍性,但表现只能是"伦理行为",即"它的内容必须是实体性的,换句话说必须是整个的和普遍的"①,而不能是单个的和特殊的道德行为,个体的公共本质正是将"贤"附着扩散于"乡"的精神过程,如果个体之德只是一种潜在的存在或自在存在,它仅仅是被黑格尔称之为的"优美的灵魂"而停留个体自身,无论一个人修行成多么伟大的圣人,没有对"乡"这一伦理实体有所作为,他仍然不具有公共性质,只是一个"非现实的阴影"而已。"贤"是成为现实的公共本质或自在自为存在的"德",它不能脱离具体的对象而存在,这一对象就是"乡",是"在地",这也是为何欧阳修认为"乡贤"是"孝慈友悌,达于一乡,古所谓乡先生者,一乡之望也"(《章望之字序》)。"贤"—"乡"的伦理精神是将"贤"的普遍性与公共性落实于"乡"之伦理实体的客观后果,其中公共性或公共本质才是核心所在,体现了伦理精神作为"共体的精神"的特质。需要提醒的是,"乡"的范围在古代主要取决于行政范围的划分,不同的划分标准或历史遗留可能造成某一乡贤在不同的"乡"被重祀的情况出现,但并不影响我们对其伦理精神的把握。

其二,乡贤是道德价值特殊性与普遍性的辩证综合,表现为"乡"—"贤"的精神路径,它是伦理精神中有关道德自身的逻辑过程,"乡"的差异性决定了道德表现的多样性即特殊性存在形态,"贤"对道德价值普遍性的诉求又体现了道德价值的一致性,从"有用"与"利他"的角度表现为对于"乡"的价值客观性。简而言之,"乡"会随着时间和空间的不同而发生变化,作为地域性存在的"乡"随着朝代

---

① [德]黑格尔:《精神现象学》(下卷),贺麟、王玖兴译,商务印书馆1981年版,第9页。

的不同而具有不同的范围,也随着东西南北地点的不同而具有不同的乡土特色,相应的"乡贤"也会随之发生变化或产生时间与空间之内的差异。

首先需要回顾中国历史中由先贤祠到乡贤祠的变化,乡贤祠的诞生是乡贤最终形成的标志,在乡贤祠出现以前,先贤祠作为祭祀贤人的地方是不严格限制所祀之人"在地"与否的,它不仅祭祀与当地毫无直接关系的理学大家或名宦,同时也祭祀流寓当地的贤人以及当地在外的贤人,造成了严重的重复与一定程度上的混乱。例如南宋扬州州学所祭祀的名贤没有一人籍贯在扬州,或迁居扬州,整个先贤祠所列诸贤没有扬州土著,而以为官于此的官僚为主,金坛县学先贤祠中除了两位兴学的县令外,祭祀的是周敦颐、二程、朱熹等理学大家。[1] 乡贤祠完成了将"乡"与"贤"结合的过程,相比于"先贤祠"的不同就在于将"贤"与其里籍联系起来,严格地规定了乡贤必须"生于斯"并且要贡献于斯。从历史角度来看,它反映了由宋至明民间社会空间的逐渐发展,地方的重要性凸显,"从宋代的先贤祠到明代的乡贤祠的变化,反映的是宋明两代地方社会势力的强弱差异"[2],它的意义在于为地方贤人成为乡贤祠中的一员提供了更大的可能性,促进他们生前竭尽其力为地方做贡献,以赢得地方的社会认同。"贤"身上所具有的道德价值普遍性在"乡"的道德需求具体性与特殊性中得以表达与实际作为,这是"乡贤"概念的伦理精神本质。

其次,"乡"本身的发展变化与地域特色也对"乡贤"之"贤"的内容产生直接的影响。宋明时期民间社会的发展使得"乡"的政治文化地位提升,儒学重心的转移及其向心学的发展与"乡"结合,余英时将其概括为"儒学的日常人生化"[3],这让一些原先不处于理学中心的儒家学者在当地能够进入"乡贤祠",陈亮的罢而复祀就是典型事例。"乡"的行政区划随着朝代的更替而有所变化,原先祭祀于某处的乡贤可能在"乡"的范围发生变化后祭祀于其他地方,但这只是祠堂具体的地理位置不同,对乡贤本身的祭祀原因与其道德贡献没有影响。"乡"的特殊性对"贤"的最大影响还在于不同地域之"乡"的社会环境、文化氛围以及面对

---

[1] 参见魏峰:《从先贤祠到乡贤祠——从先贤祭祀看宋明地方认同》,《浙江社会科学》2008年第9期。
[2] 魏峰:《从先贤祠到乡贤祠——从先贤祭祀看宋明地方认同》,《浙江社会科学》2008年第9期。
[3] 参见余英时:《现代儒学的回顾与展望》,生活·读书·新知三联书店2004年版,第253—261页。

的具体问题不同,进而需要相应的"贤"所具有的特殊道德价值,除了以"学"从祀的乡贤主要受到时代儒学观念的评判而与"乡"无关外,"德业"即具体的道德行为则与差异性的"乡"有着很大的关系,如从宋明开始江南成了科考功名获取最多的地方,显示了地方文教的发达,相应的,江南的乡贤大部分都与在地方兴学授徒、传播知识相关;祭祀于乡贤祠中的地方官员的政绩作为主要与不同"乡"面临的具体社会问题有关,有的地方常年干旱或洪涝,官员的道德作为主要是治理灾害、赈济百姓、兴修水利等;有些"乡"自古重视孝道,则其乡贤中以"孝义"入祀的就会占有更大的比重。任何的"贤"本身都具有道德价值的普遍性,它不会因为地域的不同而减损自身的道德意义,但是它只有与特殊性存在的"乡"结合,并成为多样性之"乡"中的道德价值,即对当地有实际效用,做出了有利于当地黎民百姓的贡献,道德价值普遍性才具有了真正意义上的现实性。这是"乡"—"贤"伦理精神中有关道德价值普遍性与特殊性的辩证逻辑,它体现了"乡贤"这一概念中道德普遍物与表现于单一物之上的价值实存之间的综合。

其三,乡贤是道德主体与伦理实体之间的良性互动,构成了"乡贤"的道德哲学本质,它的伦理精神是伦—理—道—德的价值生态链条。"伦"是伦理实体,在乡贤中即为"乡"这一共体,具体表现为特殊的社会环境与生活环境,它既不同于家庭—宗族,又不同于国家,它比家庭—宗族的范围广泛,而又不是国家这样涵盖伦理实体的整体,处于中间状态,它的性质正如费孝通所概括的"乡土性"、"极少流动"、"熟人社会"、"差序格局的社会"等。"乡"这一伦理实体之"理"则是从具体性出发对处于"乡"中之"贤"的客观伦理要求,它作为人们内在的道德认同与一个时代相对固定的道德风尚而深入人心,习焉而不察,个体唯有克己复礼、修身养心、有所作为去达到这一伦理要求,以身后能进入"乡贤祠"为最大的个人荣耀,它是乡绅群体的终极幸福所在,做得好并获得了"公议"的一致认可。这也是"道"之所在,它呼唤在伦理上有所"造诣",对乡的贡献即是对国家的贡献与对民族的贡献。

从乡贤体现的道德主体与伦理实体之间的互动可以看出,伦理实体的变迁是乡贤伦理精神变化的根本原因,当下进行"新乡贤"研究时,首先需要反思伦理实体的社会变化,其次才是"贤"的标准的时代更新。

二、从"乡贤"到"新乡贤"的转变轨迹

当前社会开始热议"新乡贤",目的在于发挥乡贤对于基层社会的积极作用,"希望于此发现一条能够粘合传统与现实的乡村建设新路"①,以救当下中国农村的时弊。从学术旨趣来看,体现了回归传统、建构中国学术话语的合理倾向,然而对"新乡贤"究竟"新"在何处语焉不详。从历史唯物主义的视角来看,作为社会意识形态之一的伦理道德将随着社会存在的改变而发生变化,相应的"乡"与"贤"本身的传统所指在当代社会有了非常具体的转变,我们需要找到这一转变的轨迹,才能讨论"新乡贤"究竟是什么。无论是"旧乡贤"还是"新乡贤",道德哲学的抽象把握同样适用,它的伦理精神内涵并不发生变化,即"乡"与"贤"关系的精神哲学本质仍然保持着它的原初意义。

讨论"新乡贤"的起点首先要面对中国社会乡贤群体的消失以及乡贤祠传统的毁坏,受到历次底层社会运动的改造与破坏,中国基层乡村的社会结构发生了天翻地覆的变化,费孝通所描述的乡土社会治理方式与礼治秩序也发生了巨大改变,士绅群体已经销声匿迹,代之而起的是乡土社会的新权威,传统社会基本的宗族结构被新的行政划分替代。分而视之,"新乡贤"之"新"在"乡"与"贤"的层面都有所体现,由于这一问题非常复杂,只能进行初步的讨论并列举相应的事例加以说明。

"乡"所指代的范围扩大和"乡"的类型发生变化。传统社会的"乡"保持着基本的相似性,即中国社会基层普遍"县下惟宗族,宗族皆自治",当代社会的"乡"指代的是城乡二元结构之下与城市相对的"乡村",如果这样理解当代"新乡贤"之"乡",则"乡贤"只能指代乡村的贤人,不但没有发展传统乡贤的定义,反而对其加以限制,否定了城镇中乡贤群体生成的可能性。从"乡"的基层结构意义来看,当代社会的"乡"应该包含更广阔的范围和类型,在城乡二元结构依然固化的今天,基层的乡村是"乡"的类型之一,同样应该包括基层的城镇与城市之内的社区,以行政划分或历史文化共同体为基本的区分标准。例如中西部大部分地区的农村虽然在改革开放三十多年来发生了巨大的变化,但是它维持了原有的区

---

① 季中扬、胡燕:《当代乡村建设中乡贤文化自觉与践行路径》,《江苏社会科学》2016年第2期。

域划分和结构形态,与传统社会差别不大;东部如苏南地区的乡村与城镇之间的差距缩小,甚至乡村城镇化,原有的自然村已经逐渐融合或消失了,对它来说"乡"可以指代新的范围更大的"乡村"或城镇,典型的如江阴的"华西村";对城市来说,它体量宏大、内部千差万别,但是可以将其划分为具体的社区或具有历史文化同一性的区域,依然具有"乡"的意义,如上海的浦东新区作为新兴的城市区域代表了城市的某种历史文化类型,它也可以发展树立自己的"乡贤"。"乡"的精神本质是伦理实体,只要能在实体的意义上识别"乡"的范围,它所代表的共体性质就能在"新乡贤"之中找寻自身的坐标。传统社会"乡贤"之"乡"限定了"贤"的"里籍",在社会流动剧烈、人们户籍变化频繁的当代中国,"新乡贤"的限定相应地应较传统社会松动,即不必再强调一定要出生于当地,而更应该强调对当地所做的实质贡献,从其道德行为的后果加以评判,因为对一些新兴的社区来说,它几乎所有的人口都是外来流动定居于此的,出生地域观念的淡化适应了现代社会的流动特质,也为乡贤的评定开辟了更大的选择空间,至于因之而出现的重复现象也不再那么重要,乡贤本是为了与先贤相区分而彰显伦理道德的具体性,在当代中国"乡贤"的具体性与特殊性应该从"贤"的标准更新上加以运思。

"贤"所具有的道德本质不会因为社会环境的不同而不同,它所指代的道德内容却可以因具体的社会情境有所调整。从传统乡贤标准的学行与德业来看,朱熹门人黄灏认为"立祠于学者,不以功德名位,诸不在六艺之科者不在列、不知君臣父子夫妇朋友之义不在列、不知正心诚意修身谨独之学者不在列"[1],这是一条"理学"的标准,即便明代王阳明之后,理学的中心地位动摇而心学的地位提升,因为"学"而祭祀的乡贤也限定在了儒家知识人群体,这在"新乡贤"中显得不切实际,知识人群体的分化与多样化是当代社会的特征,就"学行"来看,应该放宽限制,各种观念的人文知识人以及科学家都可以包含在内,也就是说可以是儒家学者,也可以是道家学者、佛学家、历史学家等,同时也可以是科学家、医学家等,只要他们以自己的学识泽被所在的"乡",为其文教发展、社会繁荣做出了贡献,他本身所持有的知识立场与所分属的学科并不重要。

其次,从"德业"来看,传统乡贤的"德业"标准主要还是儒家伦理的具体部

---

[1] 林希元:《同安林次崔先生文集》,齐鲁书社1997年版,第649页。

分,以孝廉仁义礼智信为主,这在当代社会值得继承与发扬,然而儒家伦理并不能涵盖现代社会日趋多元化的道德要求,儒家伦理与以家庭—宗族为主的传统社会结构关联,在家庭与国家之间规范了基本的道义内容,当代社会的社会分工越来越细,社会领域内个人所从属的社会角色多元复杂,同时市民社会的发达与国家含义的现代转型也需要不同的道德素质与之相适应,正如涂尔干对现代性的诊断"转眼之间,我们的社会结构竟然发生了如此深刻的变化。……其速度之快、比例之大在历史上也是绝无仅有的。与这种社会类型相适应的道德逐渐丧失了自己的影响力,而新的道德还没有迅速成长起来"①,涂尔干给出的答案是更应该重视"公民道德"与"职业伦理"。现代社会不同职业所对应的职业伦理也能造就"德业",例如一名医生具有众人敬仰的医德,一名中学教师具有令人敬重的师德,一名企业员工具有完美的职业技能,在工作岗位上兢兢业业等,他们的德行也可作为"新乡贤"的选评标准。在社会公德领域,舍己为人,无私奉献,不计回报帮助陌生人是公民道德的集中体现,普通公民如果能够表现出令人称赞的公民德行,也不失为当代社会的"新乡贤"。总而言之,随着社会构成的复杂化,社会分工的精细化,社会价值的多元化,乡贤评定的"德业"标准应该具有更广泛的内容,"贤"所体现的伦理精神的普遍性、公共性并不会因此发生变动,相反,它寄居于当代社会多元的特殊性中,在多样的具体性之中展现道德价值的普遍性。人们也许会忧虑这样的乡贤标准是否会带来评判的泛化或要求的降低,其实各行各业、各个领域之内能够真正被树立为道德榜样的人物总是稀缺的,中国每年评选的感动中国人物、道德楷模等数量都非常有限,与乡贤不同之处在于他们是全国性的存在,而乡贤体现了伦理道德的地域性与特殊性,"乡"是不计其数的,需要不计其数的"新乡贤"涌现来促进"乡"的道德发展,从传统到现代,乡贤都具有非常积极的社会意义。

三、"新乡贤"对当代中国的意义

乡贤祠是传统乡贤论定与泽被世人的准绳和场域,关于它的作用,明人李东阳有很好的总结:"彼生于斯,学于斯,闻其姓名,睹其庙貌,知其非苟祀者,仰慕

---

① 转引自成伯清:《我们时代的道德焦虑》,《探索与争鸣》2008年第11期。

效法之心其能已于俎篡尸祝之间哉?"①《宋史·文天祥传》记载文天祥"自为童子时,见学宫所祠乡先生欧阳修、杨邦义、胡铨像,皆谥忠,即欣然慕之,曰:没不俎豆其间,非夫也",可见乡贤对于"乡"具有极其重要的道德影响力,可以敦风化俗,鼓励大众效仿,起到良好的道德示范效应。"新乡贤"在当代中国社会道德失范,道德价值多元化,道德虚无主义盛行,人们在面对跌倒老人还在犹豫"扶不扶"以及各种类型道德恶性事件频发的今天,能够发挥道德引导的作用,激励人们勇敢地做出道德行为。由于乡贤本身的地域性与具体性,这一示范效应将会更加深入人心,显得贴切而亲近,对中国广大的基层来说,"新乡贤"是新的道德权威与文化承载者,为乡村建设提供内生力量。

当然除了道德价值外,发展"新乡贤"文化也可以促进地方的经济社会发展,有学者总结了不同类型的乡贤文化发展模式②,繁荣了地方经济,围绕乡贤文化的建构形成了具有地域特色的文化模式,开发了当地的旅游资源等。对我们来说,"新乡贤"的道德意义才是核心,是发展"新乡贤"伦理精神的题中之义,而对如何制定"新乡贤"的标准,如何评选"新乡贤",以何种形式宣传与祠祀"新乡贤"等,还需要进一步的深入研究。

原载《云南社会科学》2016年第5期,有部分改动

---

① 转引自苏雁:《乡贤的道德精神是可以"看见"的》,《光明日报》,2014年8月13日第2版。
② 参见王泉根:《中国乡贤文化研究的当代形态与上虞经验》,《中国文化研究》2011年冬之卷,文中提出了"重量级乡贤模式"、"姓氏望族乡贤模式"、"群团性乡贤模式"三种当代乡贤文化的发展类型。

中国社会中的"幸"与"福"及其"德福一致"信念*

赵 浩

摘 要:"德福一致"的信念在不同的文化背景和伦理情境中有不同的表现形态。以一种新的伦理学方法——伦理人类学来看,幸福的中国化话语是以"幸"与"福"之意义合成,它分别从消极与积极的层面与道德关联,表现为伦理终极实体"天"、"命"等的必要、伦理共体中的道德生活以及以家庭为主的三大特色。随着伦理道德的"祛魅化"和家庭生活退居次要地位,中国式的"德福一致"信念逐渐瓦解,当下中国社会重塑"德福一致"信念的两大关键是:重新找到伦理终极实体与实现社会公义。

关键词:幸福 道德 伦理实体 社会公义

在今天,我们追问幸福,对自己的幸福感知犹疑,我不幸福,我不知道什么是幸福,成了大众的幸福"意识形态";在今天,我们质问道德,长期以来的道德爬坡与道德滑坡的争论使得道德继续成为社会问题的垃圾桶,成为被抱怨与被归因的幻象;在今天,"德福一致"的信念瓦解,无德有福,有德不幸成了社会的存在常态,人们再也不相信道德与幸福之间的必然关联,反倒自然接受了二者的冲突与不一致。现代社会的伦理学,面临的是道德的沉疴与幸福扭曲的现实,面临着"德福一致"在生活世界中的分崩离析,问题是,在理论上的长期争论至今未能建立一个道德与幸福关联的必然模式,而在现实中又看不到二者结合的当然前景,以至于有人说"伦理学逐渐沦为无关幸福之学"[①]。道德焦虑完全成了中国社会虚假的意识形态,成了社会怨恨的替罪羊。另一方面,社会科学的兴起,支离分解了对幸福的认知,在诸多谈及幸福测量的社会科学论文中,幸福被具体化为各项指标体系,收入、工作性质、社会地位等等,甚至幸福主要是一种主观的感受,

---

* 本文是国家社科重大项目"现代伦理学诸理论形态研究"10 & ZD072 阶段成果之一。
① 王强:《在幸福的途中:道德何为? 道德何以为?》,《道德与文明》2012 年第 2 期。

主观幸福感要还原为心理学的衡量才能切近幸福本义,道德不在可量化测量的范围之内,因而也就与幸福无关。伦理学要转换的不仅是现代社会"德福关系"的现状,而且要重新确立对道德与幸福的认知,以应对社会科学对幸福肢解的学科霸权。

本文要从一个新的伦理学角度来认识这一问题。这一视角可以称作伦理人类学或者伦理社会学,预设伦理学追求的不是一个普适的规范体系,而是一种对不同伦理情境的参与式理解,由不同的理解方式形成对话,再通过比较、辨析、相互借鉴形成伦理共识。本文首先用知识考古学的方法重新发掘本土意义上的"幸福"涵义,"幸"与"福"的指向分别与道德之间的中国式关联,再结合道德哲学史的诸种理论认识中国式的"德福一致"信念模式,在这一过程中,我们主要分析当下的"幸福—道德"之间的断裂"因"在何处,缘何而起,这样也就能从结构与行动上找到重新实现"德福一致"的途径。

一、中国社会中的"幸"与"福"

托尔斯泰说:幸福的人有相同的幸福,不幸的人各有各的不幸。不幸的原因不一致,幸福的感受却相同。然而带来幸福的原因也是存有差异的,因民族而异,因所处的伦理情境而异,当我们考虑当下社会的幸福时,有两个特别的限定:当代与中国社会。相应的对立面就是传统与西方社会。以社会伦理学或者伦理人类学的视角来看,幸福既是主观的又是客观的,主观在于它是人们的一种精神状态和意识体验,客观就在于它是特定人群对共同生活状态一致的主观承认。中国式的幸福自然有其独特的内涵,认识到当代与传统之间的幸福理解差别在哪里,也就能够进一步认识到中国人的幸福观念之变迁及其与西方社会的幸福观念的差别之处。幸福,无论翻译成 happiness,还是 well-being,还是诸如其他的 welfare、pleasure、hedonia、eudemonia,这些词汇要么与功利主义的"快乐"关联,要么涉及的是自身的"善"与"完满",翻译的不同分别指向了西方道德哲学历史中不同的幸福学说流派,功利主义的、亚里士多德的、义务论的,现在我们继续去追问的是中国社会的幸福是什么?究竟等同于"快乐"还是"善",还是一种区别于这些认识之外的社会关涉。这种方法也是福柯的知识考古学,然而这不是还原主义的,知识考古只是要去澄清我们意识之中的概念是如何在社会中和知识中型塑的,以"幸福"来说,就是幸福是如何成为我们的一种感受生活的方式,我们怎样将幸福与一系列的社会指称关联起来,给幸福附加上了各种涵义,知识考古就是要在离析这些涵义之后,看到幸福的真实面目,而不是像现在研究主观幸福感的方法那样,幸福成了纯粹主观、繁复多重而又难以定义的个体感受。对于"幸福"的知识考古,一切关于幸福的现代定义只是一种既成的知识后果,幸福在中国社会中的涵义并不对等于上述的那些英文词汇,而是有其自身的社会具体所指。幸福的中国式内涵以"幸"与"福"的意义合成,而其中的每个所指都与道德具有自然的关联。

1. "幸"

"幸"的意义是一种消极上的免灾,不受到不利事情的干扰,或者得到意想不到的成功与好运降临,《说文解字》本作"夭","吉而免凶也","幸而至于旦"(《礼记·檀弓》),对于个人的生活经历来说,这是一种包含运气成分的生活,"幸"与"不幸"是命运的平衡,但相对西方道德哲学中的 luck,它是不同的,道德的运气所指的是在决定论与一元论的伦理学之外的具体境遇,它代表了偶然性、不可控性与意外的发生。《论语》中孔子感慨颜回"不幸而短命死也"(《论语·雍也》),似乎"不幸"就是一种无法预期的意外,但是"幸"在文化演进的过程中自然做出改变,重新被塑造,因此这种运气在中国社会中并不是不可控的,而是有"命"、"天"作为积极的保证,也有"鬼"司职消极性的惩戒。在社会生活中,人们总是想尽办法避免不幸的降临,自觉约束自己的行为,祭祀祖先、神灵,开展各种神性节日中的活动,以及对鬼的惧怕。其中最为重要的是在现实中建立起了好的行为与"幸"之间的关联,这种关联经过不断地塑造与强化,以及文本性的言说与在社会生活中的反复演绎,形成了"幸"与"不幸"与为善与为恶之间的自然关联。比如,中国的传统小说和世俗生活中的人遭遇到意外的灾祸时,首先想到的是有没有得罪已逝的生灵,其次就是查看有没有作恶,以至于降灾祸于身,这种因果关联的思维方式直接反映了人们对"幸"与"不幸"的认知建立在对自己行为的自省上,反过来也就作用于人们确信自己应该如何行动。佛教进入中国,把这种已经建立起来的意识归结为"报",善报与恶报,联系着"幸"与"不幸",都与人们在生活实践中的行为相关联。因而,对中国社会来说,好生活首先意味着尽可能地避免意外之"不幸"的发生,避免的方式包含着两个维度:对神鬼的敬畏与对自身行为的自律。继之,"幸"关系的是个体的生活,关联着个体与自身生活的平衡与和谐的努力。"幸"的获得就会导致"福"的回报,这种"福"也可以归结为消极意义上的"福",通俗来说,一个人不会被意外降灾,生活在个人的行为与确定性的回报之中,何尝不是一种"福"的体现。

2."福"

接着我们谈到"福",这是中国式的幸福观最重要的方面,"在日常的和正式的谈话中,它传达的是幸福、快乐、美好、好命、好运的含义以及所有那些与坏生活、不快乐、坏运气相反的意义"[1]。"福"的观念直接而深刻地植入在中国社会的意识之中,并在社会实践中处处表征出来。从器物层面的每年过春节在门上贴倒"福",到北京奥运会的福娃系列等,"福"不仅是一个民俗的概念,也是一个民族对自己生活方式的习得,再到精神意识层面的对"福"的认同,还有很多中国人的名字中带有"福"字,"福"关联着生活的完满,精神的富足,以及对生活最美好的期望。相对于"幸",这是个主动而积极的层面。人们以自己在现实生活中的言行追寻"福",然而我们首先要明了的是这个"福"最终达到的是什么,什么是"福"的目标。相对于现代社会,我们迷失在"幸福"的途中,不知道何为幸福的现实来看,中国式的"福"观念的指向非常明确与具体,它本源上关乎的就是家庭生活,而且主要集中在家庭生活上,"没有任何文化像中国文化这样,把家庭生活当作思考的出发点","家庭生活决定了人的最基本的生存状态"[2]。一方面这是由于在历史时间维度上,家庭是中国社会的基本单位,人们的生活主要处在"个人—家庭—国家"的链接之中,家庭既是个人的安身处所,也是社会生活、政治生活的处所和出发地,有"福"的生活自然总是关乎最主要的家庭;另一方面从义理层面来看,"福"的获得与享有带来的不仅是个人生活的安顿,更重要的是与个人息息相关的社会处在一种令人满意的状态中,家庭就是一个主要的"社会",几乎

---

[1] 王铭铭:《幸福、自我权力和社会本体论:一个中国村落中"福"的概念》,《社会学研究》1998年第1期。

[2] 吴飞:《论"过日子"》,《社会学研究》2007年第6期。

集中了个人的全部社会生活，家庭也是一个隐喻性的"国"，集中了个人的政治生活，家庭与个人的生命历时而同构。具化为在生活中的实践态度，"福"就是多子多孙、长寿、老有所养、家庭财产等，家庭的和睦是"福"的主要来源，家庭的再生产与运作是"福"的最主要目标，如果家庭达到这样的和谐状态，一个人很难不承认自己是"有福"的。现在人类学领域，有很多关于幸福人类学的民族志，在相对封闭原始的村落的人们观念中，"福"指代的就是上述意义。人们有了这样关于"福"的观念，进而就会在社会生活中不断演绎和重复对于"福"的意识，进而塑造成一种关于"福"的话语、知识。没有子嗣、儿女不孝顺、家庭破产、短命等，成了"无福"的表现，而为了避免这些，人们又会在生活中形成一系列与之相关的行为方式与思维方式。自然而然的，致使"有福"的行为会被建构成道德的知识与命令，与"幸"相似，"有福"也会形成一套可被期待的社会行为方式，以及建筑在家庭观念之上的绝对保证，强调对祖先的尊重，重视祭祖的仪式，有的地方甚至塑造出一些地方性的家庭守护神，中国人在一年中的七月半"鬼节"会给各路孤魂野鬼烧纸钱，既是寄予了对无家可归者的同情，同时也是在隐喻与强化家庭与"福"的本源联系。

中国社会中的"幸"与"福"归结起来就是以消极与积极的不同方式形成的生活状态，以及在此状态下个人的内在感知，宋明理学的"孔颜之乐"，孔子讲的"吾与点也"，是在知识的演进中与现代研究的比较上被等同于"幸福"，"乐"与幸福的关系，以及文本所言说的生活方式与社会意识之间的关系有待进一步澄清。而对"幸"与"福"的知识考古呈现了幸福的内容与幸福关联的个人表演方式，福柯称之为"自我的伦理技术"，明显地与西方的"幸福"意义不同，无论是经验性的"快乐"、"满足"，还是道德意义上的"善"，都只能说明中国式幸福的某个面向，其中存在"同"，更存在"异"。那么，中国社会中的"幸"与"福"与道德是如何关联的，在上面的分析中已经涉及，下面进一步总结。

二、"幸"、"福"与道德

幸福与道德的关联主要有两种模式。一种是道德与幸福相关，极端化则为道德就是幸福，幸福无不道德，幸福与善是同一的，以斯宾诺莎的观点为代表，一般情况下认为道德是幸福的原因,要么是充分原因,要么是必要原因,康德的"以德配福"可以看作道德是幸福的必要条件,而且康德以人的尊严之道德作为配享幸福的条件,义务论算是比较严苛的德福观,赵汀阳认为道德行为应该"自成目的性",其本身就是幸福的①,这种模式多涉及信念与道德生活理想,是人意图为自然立法的表现;另一种就是幸福与道德无关,这种判断多是从经验出发,看到了社会中有德不幸,无德获利的现实,并且将其理论化与合理化,这种模式多立足于对经验事实的承认与妥协。当然在这两种基本的模式之外可以衍生出诸多其他的模式,其中最重要的就是基督教的德福观,基督教深深根植于普通人的意识之中,成为世俗的一般意识形态,基督教首先承认善(道德)与幸福必然相关,也肯定行善者必得福,但是幸福并不在行为与获得幸福的后果之间由自身来保证,而是交给上帝,并且现实的得福不是最重要的,重要的是能在彼岸世界得福,或者来世得福。② 与基督教类似,但凡宗教的"德福观"都会预设一个最高的决定者来决定幸福与否,而一个人的道德是决定的依据,但不是最终原因。在西方的社会生活中,影响最大的不是康德哲学,而是基督教的思想。比照我们分析的中国社会中的"幸"与"福",我们能够发现中国式的幸福与道德的关系模式,这种关系也是就世俗意识形态而言的,不是在文本中体现的纯理论。归结之,中国社会中"幸"、"福"与道德的关系有这样几个关键点:

1. 在日常社会生活之上或之后的存在者

在中国社会就是"天"、"命"、"道",它们不是类似于上帝、佛陀的人格化的终极实在,而是在生活经验之内的向上提升,人文性与伦理性的至高存在,我们可以将之虚化为一种为了存在完满而必要的预设。这种预设在文本中体现为对"天命"的尊崇,在世俗生活中则是对神鬼的信念。对普通人来说,生活规范的意识是混杂的,由不同的文化元素合成,其中有儒、道、佛,还有地方性的风俗习惯,然而它们共同指向了神鬼的信仰现实,这分别从奖励与惩罚的两面保证"幸"与"福"的实现。"不幸"的规避在生活中需要各种对鬼神的"侍奉","福"的实现要

---

① 赵汀阳:《论可能生活》,生活·读书·新知三联书店1994年版,第119页。
② [波兰]瓦·塔塔尔克威茨:《道德与幸福关系理论的历史考察》,漆玲编译,《道德与文明》1991年第3期。

对神鬼祈求,这也是马克斯·韦伯说中国的信仰是"功能性信仰的大杂烩"的原因,信仰具有明显的功利性,人们带着获得"幸"与"福"的目的性,对神鬼的委身只是工具和手段。它与道德的关联就在于,这些超越性的实在都是伦理性的,它们所针对的对象也是道德的行为,在天、命与鬼神做出判断的对象域中,无不是人之大伦与人之德行,反过来,对中国社会的"德福一致"来说,承认并认同一个伦理性的至上者,这是个基本的信念。与基督教的"德福观"不同,人们能够决定并且预期自己的幸福,伦理性的至上者内在于人,这种"德福一致"是依靠人们的行为去切实实现的,与康德的"配享幸福"的区别在于有道德的行为不是对幸福的配享,而是实现的必要手段,如果不是如此,"天厌之"、"鬼惩之",在这一意义上我们可以说,道德的就是应该幸福的。这些我们都可以在中国社会的日常生活中得到证明,幸福的生活总是与一些灵性的信仰活动相联系。

2. 以道德为中心

幸福生活的题中之义是在伦理共体中过一种合德的生活,伦理共体是生存共在的场所,指代家庭、村庄以及国家,在伦理共体中是一个人生活的前提,"德毋宁应该说是一种伦理上的造诣"①,也就是按照伦理共体中的行为规范去行动。"幸"所指代的道德运气,在一个伦理共体中不是偶然性的,出乎意外的,而是形成一种稳定的日常互动模式。中国社会中流行的道德说教故事都是以有德者好报为结局,中国的古神话也是有德者得天下成大业,"崇德不崇力"②,"仁者无敌"。在伦理共体中,依礼而行,在个人世俗生活中,就是在共同体中依照约定俗成的社会伦理道德观念而行,"幸"是自然后果,不然以"不幸"以惩之,自天子以至于庶民皆如此。"福"所指代的生活同样相似,在伦理共体中,有福的生活并不是我们现在意义上的超越普通、极尽稀有,而是正常的大众生活,有福是多数人的生活状态,因为人们总是按照既定的伦理道德行动,违背的人只是少数。以此看来,"幸福"其实很简单,在合理的范围内做合理的事情,就能够获得幸福。而幸福感,并不是因人而异的,在社会的强化之下,人们会自觉塑造成一种相近

---

① [德]黑格尔:《法哲学原理》,范扬、张企泰译,商务印书馆2009年版,第170页。
② 樊和平教授多次在课堂上讲到中国古神话与希腊神话的差别,他认为中国古神话"崇德不崇力",希腊神话以"崇力"为主。

的内在体验。这种幸福感,在中国社会就是对德性生活的期待以及对自身行为的道德自律,由此形成了中国社会稳定的层级结构,也在人们的观念中形成了以道德为中心的思维方式。道德与幸福自然在生活世界中相关、结合,甚至交融。

3. 家庭,"德福一致"的基地

人们过一种有德的生活,期待幸福,然而德福分离形成于一个分化了的社会,在本来意义上,"德福一致"并不是基于整个社会生活而言的,而是基于家庭生活。在中国社会的"幸"与"福"中,主要关涉的都是家庭。一个人遭遇"不幸",主要的表现是缺少子嗣,老无所依,妻离子散等等,总之会表现为家庭的分裂与瓦解。高中科举,官场得意往往也联系着对家庭的福泽,"一人得道,鸡犬升天"。而"福"我们前面已经提到,"福"的内容都与家庭相关,"福寿高照"的老人,以儿孙绕膝、四世同堂为标识,福与禄,福与和,福与顺等的关系都体现在具体的家庭关系序列之中,这与基督教的"德福一致"不同,基督教首先教导人们走出家庭,成为相互平等的"兄弟姐妹",而德行主要处理的是走出家庭之后的人与人之间的关系,而不是家庭成员之间的关系。基督教的"德福一致"立足的是一个离开家庭的信徒社会,个人的道德不仅是对家庭的,更是对社会成员的。中国社会这样基于家庭的"幸福观"使得幸福与家庭伦理关联,人们以家庭成员的身份意识规范自己的道德行为,修正自己的道德行为。因此,作为一个家庭成员的道德与作为一个家庭成员体验到的幸福在家庭这一伦理体中达到和谐一致,形成最具中国特色的"德福一致"信念,这同样也是中国式的"德福一致"观念在现代社会沉沦的重要原因之一。

本文认为,上述的三个关键点是中国式"德福一致"信念的原色。我们能从中比较出,与康德的"灵魂不死"、"上帝存在"预设不同,"天命"、"神鬼"等不是理论的预设,而是中国社会伦理性的必要存在,中国式的"幸福"与功利主义的"快乐"也有共性,幸福具体为家庭生活中的方方面面,而道德又与至善主义的"善"相关。于是,我们发现,以西方任何单一的道德哲学的"德福"观念指称中国式的"德福一致"都是部分的事实。然而,存在的事实不一定是合理的事实,也未必在现代社会中仍然发生作用,继续成为人们体验"德福一致"的深层意识,这就关涉到了中国式的"德福一致"观念在现代社会的遭遇以及当下"德福"不一致的原因。

三、当下中国"德福分离"的社会症结与"德福一致"的重建

本文的开头提到道德与幸福的必然关联已经断裂,这是中西方面临的共同理论困境,在现实中我们又看不到道德与幸福结合的当然前景,这在当下中国社会体现得尤其显明,社会的经验事实往往会作用人们的思想观念,人们的实践行为与行为后果会自觉建立起关联,以至于人们开始相信只有不德才能找到幸福的资源,有德反而阻碍获得幸福的条件。本文所理解的中国式的"德福一致"观念基于这样的现实应该回应的是,此种社会意识的症结在何处,以及如何在当代中国社会重建"德福一致"的信念。

基于历史唯物主义的假设,社会的变迁是导致思想意识变迁的原因。中国式的"德福观"改变的主要原因有两个:伦理道德的"祛魅"化与家庭为主的社会生活的变化。前者直接使得道德与幸福的必然关联无法保证,头顶无神,心中无鬼,无法无天的生活世界必然淡化人们对于道德与幸福一致的信念,后者瓦解了人们体验幸福的基地,幸福的感受不再是与家庭生活的直接关联,而更多地成为在社会生活中的境遇。中国近现代史在中国人的精神生活领域里带来最大的变革是什么?莫过于解构了传统社会的信仰,由"相信"到"怀疑",由"确定不移的生活"到"在试探中的生活",精神世界百废待兴,而新的信仰模式百味杂陈,没有主导且未能统一人们的意识。终极性实体是世界各个民族的共通性的体现,失却了这一实体的民族,在现实生活中必然困难重重。前面已经说过,这一实体在中国社会就是伦理道德向上提升的"天"、"命"、"道",在人们的经验世界就是神鬼与各式各样的民间信仰。如今"天"、"命"、"道"仅仅停留在学问的话语体系中,不再是日常的生活实践经验,世俗化的鬼神被渐渐消灭,等同于迷信、落后,人们开始怀疑起神鬼存在的真实性,在中国社会的世俗生活之上失去了神圣性超越性的规范者,人们的行为也就没有最终的制约因素,道德状况令人担忧,幸福的失落,"德福一致"没有超验性的实在予以保证,人们对善恶因果律的现世实现失去信心,对佛教的善恶报应观念的来世持怀疑态度,总之"德福一致"不能得到确证,也就是我们总结的中国社会"德福一致"的第一个特点不存在了,韦伯所

称世界的"祛魅化"同样经典地表述了中国社会的遭遇,"伦"的传统终结,伦理道德的神圣性解体了。其次,"德福一致"的信念奠基处在家庭,以及以家庭为基本单位的村落体,进而是类家庭化的国家,但是现代社会家庭生活退居人们生活世界的次要地位,社会成为生活的第一场所,中国社会中的"幸"与"福"主要关联的都是家庭,一旦离开家庭,人们对"幸"与"福"之文化生命找不到皈依感与新的回归方式。与以家庭为核心的伦理共体不同,社会并不是一个具有同一性的伦理实体,而是一个社会分工之后机械联合的产物,在社会中的伦理道德原则与家庭极其不同,以家庭的伦理道德来规范社会势必水土不服,黑格尔在《法哲学原理》中就认为市民社会是"作为特殊性的领域","伦理性的规定也就被扬弃了","每个人都以自身为目的"①。现代社会人们体验的幸福,更多的是社会幸福,是在社会的"场域"与他人相比较而形成的幸福感知,没有标准,没有界限,有的只是物欲横流的竞争和永无止境的不满。如果社会正义不能得到实现,以社会幸福来衡量的个人幸福就不能得以确证,那么每个人就会处在对幸福感知的犹疑之中。因此,中国社会中的"幸"与"福"的指代已在现代社会发生变化,甚至在当下中国发生异化,幸福本是个人所体验到的"乐"、"和谐"等状态,但是人们反而为幸福所累,成为一种对当下社会感知与认同的累赘。"你幸福吗?""我姓曾。"虽然这是一个流行的玩笑,也一定程度上揭示了曾经的幸福是多么容易获得,而现在的幸福如此困难,并不在于满足幸福的要素有多大的改变,而在于我们确证幸福的情境的变迁,在这一变迁中恰恰伴随的是"伦理共体"的逐渐瓦解以及道德对行为引导力量的削弱,更有甚者,权力规划幸福,使得幸福成为被"规训"的话语手段之一,这就是我们所说的"被幸福",这是结构不道德的体现。

中国式"德福一致"的关联在当代中国社会的命运如此,一方面传统的"德福一致"观念使我们从根源上去认识"幸"与"福"及其与道德的关系,另一方面传统"德福一致"观念的特点正构成了它在现代社会中不能继续起作用的局限。面对社会变迁带来的改变,重塑"德福一致"的信念有两个必要的前提:传统的持守与对现代社会适应。因此,构建新的"德福一致"观念既要寻找到那个终极性的保

---

① [德]黑格尔:《法哲学原理》,范扬、张企泰译,商务印书馆2009年版,第196—197页。

证"德福一致"实现的实体,这个实体是新的伦理道德的向上提升,还是一个人格化的神,暂时不得而知,这也是现代社会伦理学的使命之一;又要在中国社会实现社会正义,这是我们当下社会问题的症结所在,解决了这一症结,现代社会的"德福一致"又将回复到传统的稳定状态,因为"德福一致"所立足的社会不再建筑在偶然性与不确定性的沙滩上,然而社会正义实在是个大问题,我们还将在"德福分离"的现实中长征。"德福一致"的信念只有在实践中有所保证,并且稳定地规划人们的世俗生活,才是一种真正被承认的信念。我们依然坚信"善恶因果、德福一致、德得相通是任何道德形而上学和伦理精神体系的'预定和谐'和终极理想"①。

原载《伦理学研究》2015年第3期,有部分改动

---

① 樊浩:《道德世界:"预定的和谐"——以黑格尔道德哲学为学术资源的研究》,《南京政治学院学报》2006年第1期。

西方德育思想研究

塑造公民政治文化认同的困境与出路
——以中美公民教育比较为考察视角

李喜英

摘　要：现代政治国家都非常重视公民对于本国政治文化的认同，美国通过学校正规的"社会科"教学和非政府组织的参与，采取关注学生主体需求的议题中心教学法和体验教育，较为成功地引领学生"自愿"认同与其社会政治、经济制度相吻合的主流政治文化。美国历史传统中普遍盛行的社团组织也帮助公民适时释放政治能量，践行公民职责，避免社会冲突，以达成政治文化共识。美国历史上关于社会科的争论与有关法案的实施，在一定程度上削弱了社会科的地位，弱化了其塑造公民政治文化认同的功能。美国经验对于转型期的中国具有借鉴意义，而存在的问题与危机亦值得关注。

关键词：公民　政治文化　认同　公民教育

任何一个国家若想和谐稳定发展都需要采取一定措施以实现国民对主流政治文化的认同，现代国家实行这一举措的重要途径就是公民教育。然而，任何国家的公民教育都不是一项可以轻松完成的任务，不同国家可能面临的困难不同，但所面对的共同困难是，受教者会抵触公民教育，认为与己无关且空洞无物、抽象、脱离现实，而公民教育所使用的教材和授课教师往往被看作充满了说教及伪善。美国是一个民族、种族、文化、宗教多样化的移民国家，政治文化的多性化与差异性极为明显，但其却较为成功地使国民对与社会政治、经济制度相吻合的主流政治文化产生认同，经验颇值得借鉴。

一、美国如何塑造公民的政治文化认同

在美国，许多机构通过公民教育的方式从事着塑造公民政治文化认同的工作，家庭、宗教机构、媒体和社区组织都在塑造公民政治文化认同方面发挥重要

影响力,而学校则一直肩负培育及发展公民素质和公民责任的重任,学校履行这种责任主要是通过正规和非正规整个教育过程来实现的。

美国公民政治文化认同的塑造主要从学校开始。美国人一致坚信,个人不会自动成为负责任的有积极参与性的公民,要成为公民必须接受教育,而培养关于公民权利和作为公民责任的决心就被称为学校的公民使命。一个与政体保持一致的教育体系是美国公民教育的基本平台,基于国家的教育目标,美国各州都制定有自己的课程标准。在美国学校,培育公民的政治文化认同,主要通过"社会科"的教学来完成。社会科代替"历史与联合学科"发生于二十世纪一二十年代,1916 年社会科正式成为一门教学科目,1921 年美国社会科协会成立,成为指导社会科学研究和教学的专门机构。1958 年,美国政府出台《国防教育法》,将社会科作为"国家防御"的一部分,加大了对社会科的研究和开发力度,力图夯实国民对于其政治文化的认同。到二十世纪六七十年代,美国社会出现了反对种族歧视、女权运动、对越战的反思运动等思潮,促使社会科更加关注现实问题,尝试解决日益突出的种族歧视、性别歧视、盲目的爱国主义等。1980 年代,伴随着世界各国教育回归保守主义的浪潮,美国教育界提倡回归品格教育运动,重视历史的教学,非常关注传递美国历史所蕴含的价值,强调掌握事实知识和基本核心价值的重要性。进入 21 世纪,为适应社会变化,社会科标准不断修订、不断完善,引导学生领会并认同美国的价值观和政治制度。

除了学校通过正规课程进行公民教育外,美国的一些专业协会、非政府机构和大学以及志愿者组织在从事公民教育、培育公民政治文化认同方面同样起着非常重要的作用。美国社会科课程和公民教育的标准就是由非政府组织制定的。非政府机构还开展公民教育项目、提供相关师资培训、参与学校公民教育过程。现今美国实施公民教育的组织与机构,主要包括美国律师协会、加利福尼亚州律师协会的公民教育中心、位于洛杉矶和芝加哥的宪法权利基金会、成立于 1971 年的精密观察基金会、街道法律项目等等。这些机构开展的活动已经成为区域性或全国性活动,在培育公民政治文化认同的公民教育方面发挥着重要作用。

社区服务是介于正规课程和非正规课程之间的另一个领域的课程,已经有越来越多学生参与。美国公民教育的主旨不是提倡在学校内的课堂中完成教学任务,而是鼓励学生在实践中积极参与,通过体验教育、服务学习塑造公民品性,提升公民能力,进而达到认同政治文化的目的。所以,美国中小学学生的公民教育指向实践,公民教育的主要形式是通过社区服务实现公民参与与服务学习的目的。无论是美国政府还是学校和公民教育的非政府组织,都非常鼓励学生积极参与学校和社区的管理和服务工作,有的州还将学生参与社区服务作为必修内容,纳入毕业考核的学分之列。托克维尔在考察美国后非常惊叹于他们的社区志愿服务,认为美国人对此情有独钟。

总之,美国主要是通过将课程学习与社区服务相结合,培养学生的公民意识、社会责任感和合作精神。通过鼓励学生参与公共事务和对公共事务发表见解,增强学生的政治效能感,帮助学生掌握成为积极公民必备的技能,促进学生对美国政体及其所依托的价值观和基本原则的理解,塑造公民的政治文化认同,强化公民对于制度的认可,以及遵守规则和运用规则的能力,使学生能够应用合法程序管理冲突,进而维护社会稳定。

二、美国塑造公民政治文化认同的公民教育经验及对中国的启示

中国至今没有体制内的公民教育课程,贯彻公民教育的学校教育多是在思想政治教育中实现的。① 对于塑造政治文化认同来说,思想政治教育较之美国那种隐蔽的非官方教育更为强势和直接。但是,思想政治教育与公民教育毕竟有所不同。由目前来看,欲提升公民参与社会生活和公共政治生活的技能,借鉴美国塑造公民政治文化认同中的得与失,不失为一种方法。

首先,美国塑造公民政治文化认同的核心理念并非放任异质价值,而是坚持核心价值体系,尊重多元价值文化的生存空间,从而使少数族裔感受到尊重,自愿认同主流政治文化。奥巴马在 2008 年就职演说中说道:"我们面临的挑战也许是新的,我们应对挑战的措施也许是新的,但那些长期以来指导我们成功的价

---

① 这里是就新中国成立后而言的,其实早在二十世纪初以孙中山为代表的革命党人也曾就塑造公民政治文化认同做过一系列努力,比如为了使国人认同民主共和理念,切实推翻清朝的封建君主专制统治,孙中山以再造国人的决心详细阐发了以民主共和取代君主专制的思想内蕴,并为之奔走呼号,做出不懈努力。详见孙占元《辛亥革命时期孙中山以民主共和取代君主专制的主张和实践》(《山东社会科学》2011 年第 10 期)。

值观却是古老的——勤劳、诚实、勇敢、公平竞争、宽容以及对世界保持好奇心,还有对国家的忠诚和爱国主义——却是历久弥新,这些价值观是可靠的,它们是创造美国历史的无声力量。我们现在需要的就是回归这些古老的价值观。"①也正如斯勒辛格所指出的:"在美国这样的异质国家,共同的语言是凝聚国家的必要纽带……制度化的双语仍然是美国碎片化的另一个来源,是'一种人民'的另一个威胁。"②"这些孩子不仅仅属于他们的父母,可以这样说,他们也是共和国的孩子。因而,我们会坚持要求他们学习一些有关这个共和国的历史和共同价值观。"③事实上,每个国家的宪法或公共教育机构的章程和规范都承认学校的公民使命,力图塑造公民对其政治文化的认同,美国也不例外。

美国是一个多民族、多种族、多宗教、多文化的移民国家,异质的多元文化与同质的追寻就成为美国公民教育一直以来的难点和重点。对于一个移民国家来说,美国针对英语非母语学生特别注重了社会科课堂在教育学生对政治文化认同方面的作用。但社会科教师也充分认识到面临的挑战:"非母语学生在主要社会科课堂遭遇大量关键性的障碍,有可能阻碍他们的公民身份教育。具体而言,这些障碍中一些是非母语学生缺乏小学社会科课程的学习,缺乏对社会科知识的文化背景基本理解的建构,更重要的是,他们缺乏英语技能,这不仅对理解社会科阅读材料至关重要,而且对主导文化的同化过程和社会化过程非常重要。"在社会科的学习中,抽象概念是对非母语学生的另一个挑战,在美国社会中成长的孩子,无论其是否对有关政府问题感兴趣,"其美国社会公民生活的早期社会化都赋予他们比非母语学生更多优势"。而对于移民来说,"不仅意味着学习一种新的语言和文化,而且意味着他们必须学习一种对于历史事件的不同的解释,

---

① 奥巴马就职演说,2009 年 1 月 21 日,见 http://news.sina.com.cn/w/2009-01-21/042417085569.shtml。

② Stephen May, *Critical Multiculturalism: Rethinking Multicultural and Antiracist Education*, London: Falmer Press 1999, p.17.

③ Mitja Sardoc, *Citizenship, Indusion and Democracy: A Symposium on Iris Marion Young*, New York Blackwell Publisher, 2006, p.32.

发展出一种不同的对于政治的观念,以及学习一种截然不同的公民哲学。"①

面对这些挑战,美国在塑造国民政治文化共识时,一方面坚持相对一致的核心价值要求,另一方面并不强行要求少数族裔放弃他们自己的文化与信仰。这样,美国在多元文化基础上就达成了核心价值体系的相对一元化,在尊重公民选择权的基础上塑造了公民对其政治文化的自觉认同。

在中国这样一个民族、种族、文化、风俗多元化的社会里,一直以来,更注重核心价值一元化的塑造,但在全球化、信息化时代,如何帮助公民树立尊重多元化观念,是现代公民教育的义务与责任。公民正是通过对社会中多元化的了解和认识,才能够与异质文化交流,对与自己不同的他者抱有宽容、尊重和体认,学会倾听他人的价值观,也才有机会比较全面、客观地从不同的角度来观察、分析社会现象,找到能被大多数人接受的解决方法。在社会冲突日益强烈的转型期,要使公民认识到:多元化不是麻烦而是力量,和谐是多样化的统一,不是简单的意见附和。对多元化的承认和尊重应是现代公民应有的价值观念,也是塑造公民政治文化认同的必然要求。

其次,美国学校的社会科课程将培育公民政治文化认同贯穿于所有的课程设置之中,并融入校内外一切活动安排之中,在教育中通过议题中心的教学方式和体验教育,发挥学生的主体性,以看似无意实则间接地,潜移默化地影响学生的方式,隐蔽性地使学生"自动"完成政治文化认同的塑造过程。

美国公民教育深受杜威"学校即社会"、"教育即生活"理论,拉西斯道德价值澄清学说所强调的"关注生活、接受生活、激发个人对生活的思考、提高个人的生活潜能"学说以及巴西教育家保罗·弗雷罗"被压迫者教育学"所批判的"以教师为中心的'教育的银行'概念"的影响,强调公民教育的自主选择的理性精神和自我教育的自律方式。这些教育理论运用于实践中,即体现为"议题中心教学法"和体验教育在美国社会科教学中的盛行。在这种教学模式中,老师在课程标准的每一个主题之下皆列举数个相关的重要议题,如种族对立、环境利用与保护、

---

① Szpara, M. Y. Ahmad I, *Making Social Studies Meaningful for ELL Students: Content and Pedagogy in Mainstream Secondary School Classroom*, Essays in Education, 2006, 16 Retrieved from http://www.usca.edu/essays/Vol162006/ahmad.pdf.

科技与价值信念的冲突等,每一个案例,教师最先厘清案件的事实与语义,进而引导学生分析各方的观点、理由与推论,并就观点做出自我评价。研究表明,"参加以问题为中心教学的学生很有可能对政治舞台越来越有兴趣,具有更大的政治效能感和信心,越来越有兴趣了解他们研究的问题。学生在报告中认为,他们觉得自己的直接经验,帮助他们建立了与非神秘化的和人性化的政治及政治家之间更多的'连接'。学生报告说,他们现在知道'影响法律和政治要采取的步骤'"①。

除课堂教学外,更多的公民教育是在体验教育中完成的。体验教育是人们学习最自然、最有效的方式,学生可以通过接触现实世界的问题,以第一手的方式回应那些触动他们感情和自我感觉的经验,在实践中身体力行得来的道德判断与价值观念,更像是自由选择而不是被动社会化的结果。上述几个非政府机构的组织活动均属于体验教育的范畴。

相对于中国而言,通过议题中心教学方式以及体验教育,培育公民独立思考和批判性思维,绝非仅靠学校和教师之力即可实现,很大程度上还受到外部因素的影响,如文化的、体制的、意识形态的,以及高考考核制度等等。但有理由相信,在教学方式的不断改革和社会各界的大力参与下,通过强化公民教育,塑造公民政治文化认同的努力还有很大的空间和潜力,各界的共同努力一定会有所收获。

再者,美国的公民教育非常注重法律教育,而且法律人士的参与和发挥的作用非常巨大。"一些组织,包括美国律师协会,马歇尔·布伦南宪法扫盲项目,无论在教室和社区都正在强化公民学习。在美国律师协会主席斯蒂芬·扎克的领导下,正在组织一个'公民与法律学院',让年轻人积极参与并使他们热衷于公民活动。马歇尔·布伦南宪法扫盲项目招收法律专业的学生到高中去讲授整个一

---

① Charles N. Quigley, *Civic Education Recent History, Current Status, and the Future, American Bar Association Symposium*, " Public Perception and Understanding of the Justice System"Washington, D.C.Febrary25-26,1999.http://www.civiced.org/papers/papers_quigley99.html.

学期的关于宪法的课程。"①当年,托克维尔考察美国后认为,美国普通人对自己国家的政治文化非常了解,"他们将立即告诉你,他们的权利都有什么,他们应当怎样去行使这些权利。他们也知道按照哪些惯例在政界活动。……他们对行政之地十分熟悉,而且很懂得法律的机制"②。相比之下,中国的法律教育非常薄弱。这与中国传统文化中缺乏法治理念有关,也与现实教学设计中缺乏公民教育内容相关。在当代中国社会,民众的独立意识、权利意识、平等意识、尊严意识、公共意识、参与意识不断提升,这是中国社会发展的必然趋势,也是人类文明进步的表现,更是一个契机,即利用公民参与愿望的增强,通过公民教育来训练公民有序、理性和有效地参与,使得公民教育与政治文化认同的塑造有机地结合。这就要求重新审视现有强化政治认同的校内政治课、历史课、思想品德课以及大量的校外活动,是否真的适应当前及未来塑造政治文化认同的需求,从而对其教学内容和方法进行深度改革。

当然,塑造公民政治文化认同的公民教育不只是在学校内完成的,教育对象也不只包括学生,公民教育不能只寄希望于中小学教育,而应该是终身性的社会教育。实践证明,在实践中学会如何做公民,是公民教育最直接的路径,也是塑造公民政治文化认同的绝佳舞台。所以,这种公民教育,在学校教育外,政治参与的实践、媒体的政治传播、公民社团中自由的交流讨论等,都将是塑造公民政治文化认同的途径,值得大力培育和推广。

三、美国塑造公民政治文化认同的公民教育所存在的问题与危机

美国公民教育与政治文化的塑造并非都是值得借鉴的经验,也有需要吸取的教训。一直以来,美国一些人士不断发出美国公民教育存在危机的警告。这些问题同样值得关注。

首先,最明显的问题在于关于社会科教学持续不断的争论削弱了社会科的地位与效果。2002 年,《不让一个孩子掉队法案》虽然加强了对学生学业成就的

---

① Arne Duncan, *The Next Generation of Civics Education*, Remark at the Civics "Education for Democracy in a Digital Age" conference, MARCH 29 2011, http://www.ed.gov/news/speeches/next.generation-civics-education.

② 托克维尔:《论美国的民主》,商务印书馆 1988 年版,第 353 页。

关注,有效地提高了中小学教育的整体质量,但因社会科没有被列入新法规要求测试的学科之列,致使一些教师和学区严重忽视了社会科的教学,给社会科教育带来巨大冲击,甚至有"社会科正在从现行课程中消失"的危险,因为"如果不被测试,则不被教"。根据宾夕法尼亚大学安嫩伯格公共政策研究中心调查,"超过45%人说,他们高中的社会科课程由于 NCLB 法案的结果已经不再受重视,虽然 39%的人说'保持其自身原有的地位'"。由于忽视社会科的教学,其结果就是"在最近的 2010 年国家公民评估管理中,2/3 的学生得分低于'精通',只有不到一半的 8 个年级的学生了解人权法案的目的,只有 1/10 学生具备与他们年龄相应的关于政府部门之间的检查与制衡制度的知识"。考核方式也存在诸多问题,"评估测试集中在事实性的知识,只是用真/假的测试格式来衡量,而不是确定学生是否知道为什么公民应该参与"。虽然倡导以学生为主体的教育理念,但还是有"太多学校的公民课程,通过一个老师讲课为主的方式,而不是一个以学生为中心的研究和调查的方法,使主题更加有趣"。其次,社会科教师缺乏系统培训亦很明显。2005 年新泽西学区的政策和实践研究发现,"只有 39%的学区有公民教育的必修课。只有 35%的学区为公民学习的教师提供在职培训机会"。再者,社会科学的削弱还体现在财政支持的减少,虽然大多数教育经费由州和地方学区提供,联邦政府在创新和研究资金提供方面同样发挥着重要作用。然而,"现行联邦政府对公民教育的支持远远低于其他学科:联邦政府为每名中小学的学生阅读投入经费是 25.63 美元,为科学、技术和数学投入 19.45 美元,为历史学习投入是 2.44 美元,而为公民教育仅仅是 0.50 美元(美国教育部数据)"①。

  关于培育公民政治文化认同的教育在各国不同程度地成为学校公民教育的使命,我们看到,在美国不同历史时期,对于社会科的重视程度不同,对于如何教授以及教授何种内容也有诸多争论,历史上和现实中确有忽视社会科从而导致削弱其地位的教训。新中国成立以来,各级教育部门都非常重视通过各种教育方式培育公民政治文化认同的教育,但不可否认的是,也有忽视甚或轻视的现象

---

① *America' Civic Learning Crisis Preparation for informed and engaged citizenship is theco-equal goal of educating*, A Fact Sheet, http://www.civic mission of schools.org/the campaign/civic-learning-fact sheet.

存在。尤其是在中国社会转型之际,各类群体成员都不同程度地存在价值观念混乱的状况,因此,大力强化核心价值体系的塑造至关重要。而具体到操作层面,美国所存在的问题非常值得关注,有关课程的重视程度、师资培训以及财政支持等方面都应引以为戒。

原载《河北学刊》2015年3月刊

制度祛魅与德性复兴
——关于公民培育理论的一个反思

李喜英

摘　要：以20世纪90年代以来的"公民回归"运动为契机,通过对自由主义关于制度的理论构想的反思,深入探讨了当代政治哲学关于制度和德性之间的互动这一重要课题,认为自由主义视角下的制度既具有独特价值,同时又有局限性；而共和主义关于德性复兴的设想,则是对制度正义理论的必要补充和尝试。由此可见,无论自由主义,还是共和主义,它们关于制度正义和公民德性的理论设计,对于我们当下正在进行的公民培育具有重要的启示意义与借鉴价值。

关键词：自由主义　制度祛魅　共和主义　德性复兴　公民培育

马克思·韦伯将近代以降的那种以"理性化"来消除"神话"、回归"世俗化"的努力称作"祛魅"。本文借用这一术语,来探讨自由主义政治哲学中长期附着于"制度"之上的"神话",意在说明现代社会良好秩序的运行,不仅依赖制度的强制性、稳定性、规范性和公共性,更为重要的是塑造公民德性,这一看法已经为20世纪90年代以来的"公民回归"运动所证实。本文的论题首先受公民培育的绩效这一当下话题激发。

一、公民的培育与"制度"绩效

公民的生成是一个历久弥新的问题,在不同时期的政治生活中,对何谓公民,如何培育公民有迥然不同的思考。在古希腊,城邦共同体担负造就公民的任务,成为好公民必须具备热衷公共领域和公共事务的公民德性。在近代,政治学家在考察人之为人的条件时,首先肯定了人追求过一种舒适、富裕生活的权利。为保障这一权利,近代政治哲学最关注的问题是,如何建立一个国家制度的框架,以制度、法制秩序为保障,维持个体作为人的条件。我们不难发现,近代社会政治哲学所倡导的这种制度诉求与传统的那种追求美好生活的政治德性相比,发生了根本性的嬗变。自此,政治哲学不再试图通过政治参与扩展人的潜能,也不再注重通过公民教育塑造公共美德,相反,它着重的是如何通过制度设计抑制公民德性的败坏,尤其是防止共同体的毁灭。

制度历经了人类文明漫长的洗礼,其功能发挥的确有神奇魅力。在康芒斯看来,制度是"集体行动控制个体行动"[①]。制度作为一种普遍的"行为规则",对所有人的行为进行规范。如果说康芒斯着重界定的是制度对人的社会行为的规范性,那么,柯武刚、史漫飞对制度的定义更强调制度的强制性和惩罚作用。"制度在这里被定义为由人制定的规则,它们抑制着人际交往中可能出现的任意行为和机会主义行为。制度为一个共同体所共有,并总是依靠某种惩罚而得以贯彻。没有惩罚的制度是无用的。只有运用惩罚,才能使个人的行为变得较可预见。带有惩罚的规则创立一定程度的秩序,将人类的行为导入可合理预期的轨道。"[②]由此可见,制度主要是一种定型化了的规则体系和运行机制,其特征是强制性、稳定性、规范性和公共性。大量事实证明,具有这种特点的制度在培育公民,尤其是规约公民德性方面有着不可低估的绩效。

首先,制度具有预期性,它可以提供一个可预测的结构,使行为者自身和他人行为及结果具有可预测性,这使行为者可以预知自己行为的后果,并对与其有关联的其他主体的未来行动也产生一种预期。因而,制度作为有效的社会规则体系,其功能通过形成合理的预期来对公民的自身行为及人际关系进行协调,促使公民形成良好的德性。

同时制度还具有有序性的特点。"秩序在人类生活中也起着极为重要的作用。大多数人在安排他们各自的生活时都遵循某些习惯,并按一定的方式组织他们的活动和空闲时间。"[③]制度通过有序地规范人们的行为,使人类的行为变

---

① [美]康芒斯:《制度经济学》(上册),于树生译,商务印书馆1962年版,第86页。
② [德]柯武刚、史漫飞:《制度经济学——社会秩序和公共政策》,韩朝华译,商务印书馆2004年版,第32页。
③ [美]博登海默:《法理学:法律哲学与法律方法》,邓正来译,中国政法大学出版社1999年版,第223页。

得理性、稳定，从而降低人际交往和整个社会运行的成本，为人的公共交往塑造比较稳定的制度空间，从而激励人们之间相互信任、积极展开合作，形成良好的社会氛围。

制度还具有激励性。制度"是非常稳定地结合在一起的一套规范、价值标准、地位和角色"①，制度对人们的地位、角色和利益关系有明确的界定，规定着人们行为的选择空间。如果社会结构与规则有严重缺陷，激励机制扭曲，就会频发"有道德的人常常遭受不幸，而不道德的人往往是幸福的"②的现象，甚至"劣币驱逐良币"的倒错。因此，制度激励可以规定人们行为的方向，改变人们的偏好，影响人们的选择。制度安排对培育公民的德性具有重要的范导功能。

制度作为一种培育公民的载体资源，是人类文明发展的必然结果，已经成为人类社会常态运行的不可或缺的基本的结构性支撑。在经济学上，斯密相信"看不见的手"及市场机制的引导能够自发促进公共利益，那么在政治生活和公共生活中，自由主义者也坚信，如果每个人都在既定的制度保护中追求自己的自由与权利，公众的权利和自由也能得到保障，整个共同体也会趋于善。

然而，一个不容忽视的事实是：虽然在斯密那里，由于受那只"看不见的手"引导，人们的行为在某种程度的确达到了有益的结果，从而导致整个社会福利在数量上的增加，但人本身是没有改变的。欲望得到了满足，但人并未被超越。也就是说，外在利益的驱动或许能够改变人的德性，然而，正如康德所言：人类朝着改善前进，"所带来的并不是道德数量在心灵中的不断增长，而是它那合法性的产品在合义务的行为中的增多，无论它可能是由什么动机促成的"③。在康德那里，合义务的行为并不一定是道德行为，只有出于义务的行为才是道德行为。虽然自启蒙时代以来，人们信奉良好制度的建立，有助于人们以合法的行为达到自己的目的，有助于形成尊重他人权利的思维和行为方式，德性更容易在人内心发展起来，所以，康德进一步指出，"这就不仅赋给全体以一种道德的形象，而且还由于对违反法律的倾向的发作加上了一道横闩，而确实促使道德禀赋格外轻而

---

① [美]伊恩·罗伯逊：《社会学》(下)，黄育馥译，商务印书馆1991年版，第453页。
② [德]黑格尔：《精神现象学》(下)，贺麟、王玖兴译，商务印书馆1987年版，第141页。
③ [德]康德：《重提这个问题：人类是在不断朝着改善前进吗？》，《历史批判文集》，何兆武译，商务印书馆1996年版，第159页。

易举地发展成为对于权利的直接尊重。——由此便朝着道德迈出了一大步(尽管还不是道德的步骤)"①。合法性行为的增多,并不一定意味着道德的进步。因为德性的改善不仅涉及外在的合法则的行为,而且更涉及人的内在动机。

然而,自由主义对制度的青睐并不能从根本上改变公民的德性。虽然个体追逐自我的权利,促使国家不敢轻视公民的权利,从而制定越来越完备的制度体系来维系社会的运作,间接促使公民德性的成长。但是,后者不是他们的目的,而只是附带结果。所以很多学者不约而同思考的问题是:仅靠一种纯粹程序和公共制度的设计是否能够自发地形成具有正义品质的公民,是否能够自发培养一种公共精神。因此,我们也要对制度的限度进行深入反思。

二、制度的二重性

关于制度效能的限度,我们的反思主要围绕公民教育,特别是培育合格的现代公民展开。

首先,必须注意到,一个严格、有序、奖惩分明的制度有助于公共规范的遵守,但同时无形中忽视了私人美德(私德)的培育。自马基雅维利以后,一个"好公民"的标准俨然高于"好基督徒"和"好人"的标准。之后,自由主义者循着马基雅维利的路线,把后者局限于私人领域。道德意义上的"好坏"标准仅具有私人的效力和意义,这种"好"实际上没有一个普适性标准,相反,好坏是相对的、多元的,是见仁见智的,各人有自己的标准。所谓权利有限,正义第一,都是在寻求规定好公民的公共标准。只要不违反正义原则,任何人都可以在私人领域自由追求独特的善,可以拥有自己独特的生活方式。只要个体行为不违反公共规范,他就能成为一个自由主义社会的合格公民。而在私人领域,自由主义者虽然声称能公平对待所有的善,摆脱一切道德纷争,持中立立场,但实际上,一切道德的善都是可有可无的,因为这些只具有私人意义,并不具有公共意义。

在公共领域,自由主义强调在制度设计上关心所有社会成员的福祉,"它赋予几乎所有人某些基本的人类利益(安全、富足与自由),这对人类来说无异于一

---

① [德]康德:《永久和平论》,《历史批判文集》,何兆武译,商务印书馆1996年版,第134—135页。

种巨大的收获"①。但是,这并不代表社会生活中的成员之间就具备某种相互关怀的情感。我们看到的恰恰是,一个使社会成员互利的制度设计,最多只是通过外在限制和有效制裁,造就了一种正义社会的可能性,并不必然保证正义公民的产生。反之,公民美德和良好的公民品质对维持正义的公共制度是至关重要的。

制度的另一个二重性表现为:它使人们注重修炼社会品德,而忽视了政治美德。众所周知,热衷于为制度辩护的自由主义一贯倾向于宣扬"消极的公民资格",即参与或不参与政治是公民个人的自由,无须从主导价值观上给予强化和引导。即便是谈论公民德性的培育,也认为不能以强制的方式灌输某种特定的价值观,它所关注的只是培育公民的素质和能力,不会给出具体意见,公民培育着重的只是相关的逻辑思考、批判反省、公平论证等能力,以便使受教育者在未来有能力参与社会政治和公共生活。自由主义力图将公民从各种古典美德的束缚下解放出来。

在古典的政治美德诉求中,公民必须不遗余力地献身于国家,战时献出鲜血,平时献出年华;公民没有抛弃公务照顾私务的自由,相反,他必须奋不顾身地为城邦的福祉而努力,在奉献中成就卓越的政治美德。而在近现代社会,注重制度正义的自由主义则呼吁公民追逐个人权利,强调人应该顺应自己的自然欲求,实现个人的自我保存、自我利益和富足的舒适生活。这和强调政治参与、鼓励献身政治生活的"政治美德"相比,无疑是一种仅限于旨在维持公民社会正常运转的"底线意义"上的"社会品德"。对于民主社会的正常运转来说,社会品德无疑也是同样重要的公民德性,这是近代政治的巨大贡献,也是制度所能给予公民的最好礼物。但是,"人是政治的动物",而政治实质上并不是个体直接以私人身份从事的活动,相反它是一种公民活动。在共和主义看来,公民承载着个体的公共性,真正的政治生活是"公民进入公共空间的对话、行动的生活"②,因此是积极的"行动",这为人的卓越留下充足的空间。而在自由主义倡导的"消极自由"引导下,公民追逐个人利益,这使一切人具有降落到庸常水平的可怕倾向。"因为

---

① 威尔·吉姆利卡、威尼·诺曼:《公民的回归》,许纪霖主编《共和、社群与公民》,毛兴贵译,江苏人民出版社2004年版,第239页。
② 陈伟:《阿伦特与政治的复归》,法律出版社2008年版,第84页。

当一个社会的公共规范趋近于正义,公民所应该合理享有的权利都明定在法律之中,而且人们不投入政治活动或参与政策决定,也不会影响社会的基本结构时,公民使用其积极自由的动力自然会减少,因为他们认为,他们的投入与否通常不会造成太大的差别。"①所以,许多人把参与选举等关注社会和政治生活的活动视为一个不太重要的责任,私人领域才是公民生活的中心。人的本质不再被视为政治动物。亚里士多德所倡导的那种将公共利益置于私利之上的理想公民气质的倾向不复存在,公民是一种法律身份而不再是政治身份。

正因为如此,阿伦特严格区分了政治与经济、社会、道德、哲学等领域和活动,极力澄清政治之本真面目。她认为,社会是满足人们需求和欲望的体系,而政治则没有这种功能,政治给人以自由,赋予人生以意义,只有"政治"才是公共生活的真谛,"人若受制于必然性的束缚,沦为劳动的动物,便自动放弃享受政治自由的机会"②。可见,阿伦特对公民之积极行动的政治生活给予高度赞扬。当然,在现代社会,个体公民无法摆脱基本的物质需要,展现出一种对政治行动与公共生活的强烈渴求。但我们不得不看到,自由主义重视个人权利而忽视责任的结果,使社会在实践层面出现了许多弊端,像公民责任感的下降、公共精神的缺失、政治参与的冷漠,等等。以往自由主义者相信,即使缺乏有政治品德的公民,只要制度设计完善,个人只顾私利、不顾公益也不会影响社会的正常发展,因为私利之间会互相制衡。但现实表明,即便正义制度设计得再好,如果没有品质优良的公民来履行,也必然落空,这正是制度效能的另一个限度,也是制度二重性的一个表现。

最后,制度还有一个二重性表现是:繁杂的制度和庞大的政治权力限制了公民参与公共活动的热情和机会。相对于古希腊小规模的城邦、面对面的政治,现代社会中的公民根本无法享受政治参与的乐趣。其原因在于制度设计的繁杂和庞大政治权力的限制。在古希腊城邦,人口规模、财产与公民身份存在密切关系,城邦小而紧密,公民彼此认识,相互熟悉各人的品性,轮流统治,反对任何固定形式的管理阶层,反对独立、专业化的官僚体制。公民资格是小规模的,道德

---

① 林火旺:《正义与公民》,吉林出版集团有限责任公司2008年版,第150页。
② 陈伟:《阿伦特与政治的复归》,法律出版社2008年版,第87页。

的、理想的、非物质的,同时还是积极的、参与的和共同体取向的。而现代国家制度繁杂得足以令公民无法了解其运转,这必然导致公民的政治冷漠与疏离。而且,在日益全球化的时代,国际政治与国内政治紧密交织,现代政治已然超出普通公民唾手可得的范围,必然造成对政治的无助。

同时,消费时代的利益取向和搭便车心理降低了公民个体参与政治的热情,使他们满足于自己的兴趣和消费欲望,人们无暇关注自己与政治之间的必然联系,这就把政治推向精英之手,"那些有着良好教育和经济状况的精英,在普通公民对政治的冷淡这种反向作用下,对政治的影响和操纵变得更加容易"①。庞大的政治权力机构掌握在少数精英手中,这种反差令人感到无奈:"启蒙本来要将人提高到神的地位,结果却把人降低到了动物的地位。"②公民放弃追求参与公共事务和为共同体奉献的信念,在法律许可范围内坦然地享受温暖舒适的个人生活。

公民热衷私人生活,疏离公共领域生活是现代社会的痼疾。这与自由主义倡导的消极自由观、重视权利漠视责任不无关系,但我们同时不能不看到,现代国家庞大繁复的制度设计也是一个不容忽视的因素。韦伯早有预言,繁杂官僚制的建立,将成为囚禁所有个体的"铁笼",必然把公民抛离于政治领域。虽然20世纪晚期以来,无数思想家们反复论证合理的制度设计,试图通过公民自治、第三部门发育、谈判共识等善治形式,把公民拉向关注公共领域和政治生活的舞台,但实际成效还有待验证,无论是西方发育完善的民主制度下的公民,还是正迈向民主政治和法治国家的中国公民,在当下日益庞杂繁复的制度设计中,难免会有对政治的无力感和疏离感,从而失去参与政治生活的热情和机会。

三、制度的祛魅与公民的回归

由此可见,制度尽管在公民培育中有不可低估的绩效,但也制约了其功能的发挥,在长期占主导地位的制度正义理论的支配下,民主政治所必需的公民德性并未完全自发地在制度的机制中生成。因此,20世纪90年代以来公民德性的

---

① [美]迈克尔·罗斯金:《政治科学》,林震等译,华夏出版社2001年版,第138页。
② [美]列奥·施特劳斯:《自然权利与历史》,生活·读书·新知三联书店2006年版,第33页。

必要性日益受到重视。旨在复兴的公民资格理论呼唤"公民的回归"。这一理论认为,民主政治除了稳定的制度设计外,更应该关注由怎样的公民德性支持民主制度。因为,"如果公民在个人健康方面(如饮食、锻炼、抽烟、酗酒等问题)不对自己负责,国家就不能提供适当的健康服务;如果公民不愿意通过给予其亲属一定的照顾来分担他们对儿童、老人和残疾人的责任,那么国家就不能满足这些人的需要;如果公民不愿在自己家里节约,再利用并回收资源,国家就不能保护环境;如果公民无节制地借贷或要求工资过多的增加,政府调控经济的能力就会受到削弱;如果公民习惯性地不能宽容差异、并且普遍缺乏罗尔斯所说的正义感,要创造一个较为公平的社会就举步维艰"。在这些领域中,如果没有合作与自制,"自由社会成功运转的能力将持续减弱"①。

因此,新自由主义者不约而同地强调,自由主义社会必须拥有一些重要的基本德性。威廉·盖尔斯敦将公民德性分为两类,一类是支撑任何政治社群都需要的一般德性,另一类是自由主义之社会、经济、政治三大领域所必要的德性。"① 一般德性:勇气,遵纪守法,忠诚;② 社会德性:独立性,开放精神;③ 经济德性:职业伦理,暂缓自我满足的能力,对经济与技术变革的适应性;④ 政治德性:辨明并尊重他人权利的能力,愿意只满足于支付得起的东西,评价公职人员表现的能力,从事公共讨论的意愿。"②当代新自由主义思想家不得不承认公民必须具备最起码的基本德性:容忍、公开讨论和理性对话、不同价值主张者之间的相互尊敬,以维护民主机制的运作。罗尔斯作为新自由主义的大师,提出两个正义原则——平等原则和差异原则,弥补了早期自由主义忽视公民道德、公民参与的局限。当然他对公民道德的关注并不意味着自由社会要求每一位公民都成为一个德性完备的人,而只是想通过道德来强化权力制衡这一制度。

相对于自由主义而言,当代共和主义在谈论公民德性时,则赋予公民参与政治以及参与政治所必需的公民德性以更重要的地位。共和主义力图塑造一个"积极公民"的形象。当然,共和主义并不把公民德性视为目的,而是视为手段,

---

① 威尔·吉姆利卡、威尼·诺曼:《公民的回归》,许纪霖主编《共和、社群与公民》,毛兴贵译,江苏人民出版社2004年版,第247—248页。
② 威尔·吉姆利卡、威尼·诺曼:《公民的回归》,许纪霖主编《共和、社群与公民》,毛兴贵译,江苏人民出版社2004年版,第256页。

这与古典共和主义有所不同。在共和主义看来，人不仅是积极参与政治生活的公民，而且也是有权利追求私人领域自由的个人。所以，共和主义的公民观不仅承袭了古典的公民理想，要让人们成为具备良好德性的公民，而且也承认了个人的身份，认为政治社会还应该保障个人的生命、自由、财产和安全。所以，在一定意义上讲，自由主义和共和主义是相互补益，殊途同归的。

这样看来，热衷公民回归的公民资格理论，无论是新自由主义还是当代共和主义，都对制度正义理论进行了必要的补充。"现代民主制的健康和稳定不仅依赖于基本制度的正义，而且依赖于民主制下公民的素质和态度——譬如：他们的身份感以及他们如何看待潜在竞争的其他民族、地区、种族或宗教的身份；他们对不同于他们自己的他人予以宽容和共事的能力；他们为了促进公共利益以及为了使政治权威承担责任而参与政治活动的愿望；他们在自己的经济需求上以及影响他们健康和环境的其他人选择上表现自我约束和实施个人责任的愿望。如果没有这些素质的公民的支撑，民主制将步履维艰甚至遭到动摇。"①这样，他们对公民德性的强调，消除了或至少降低了对制度正义理论的需要。"正义理论的不断精致并不能带出更多的共识。这样，我们就不应该执着于正义理论，而应该发展出更好的关于民主制下的公民资格理论。"②

的确，制度正义理论与公民资格理论并不是水火不容的，相反，他们在发展中有着割舍不去的密切联系。自由主义正是在克服古典共和主义局限中发展而来，而当下之所以称之为"公民的回归"，也因"公民共和主义"旨在利用古典共和主义资源克服自由主义的局限。在古典公民理想中，参与公共生活本身就是一种善，积极的、行动的、政治的生活比"闲暇"的生活更为高尚；而当代共和主义认为公民参与政治、培养美德、为共同利益效劳，绝不是因为他们负有这种不可推卸的义务，而是因为这些是确保个人自由的唯一手段。

因此，古典共和主义公民观和当代共和主义公民观的根本区别在于：前者认为积极公民身份本身就是一种善，只有成为城邦公民，人才能实现真正的自由；后者则认为积极公民身份只不过是实现个人自由的工具，与公民身份、公民美德

---

① [加]威尔·金里卡：《当代政治哲学》(下)，刘莘译，上海三联书店2004年版，第512页。
② [加]威尔·金里卡：《当代政治哲学》(下)，刘莘译，上海三联书店2004年版，第515页。

和公民参与相比,作为个体的人的消极自由才是最根本的。这也就说明了公民共和主义倡导"公民回归"的真正意义。可见,自由主义与共和主义在不断指责和吸取中达成了一些基本的共识。

四、制度与德性的合奏:反思与启示

在分析了古典的政治美德、近现代自由主义制度正义和当代共和主义的公民理论之后,我们将结合阿伦特等人的观点,围绕我国当下正在开展的公民培育问题做出一些反思与展望。

阿伦特在总结自由主义和共和主义之争后认为,对于一个现代社会的治理而言,公民德性与社会制度二者相辅相成、不可偏废。阿伦特认为公民德性的维系需要一定的制度为依托。对于西方民主政治发展而言,由注重制度正义到意识到制度的限度,从而呼唤公民德性的复兴,这既是一个自然的历史过程,也是一个思想发展的逻辑脉络。

然而,对于中国现代社会而言,由于众所周知的原因,反思制度的限度似乎有些为时尚早,制度建设对于转型期的中国至关重要。阿伦特认为宪政这一创制是人类创造公共世界、实现美好政治生活的开端,宪政中的法律应该"被设计用来为人们之间的交流设置界限并建立渠道……法律为每一个新的开端设立限制,同时也保证了它的运动自由以及某种全新的、不可预期的事务的潜力……它们保证了一个共同世界的预先存在,一种超越每代人的个体生命局限的延续性的实现,容纳着所有新的生命"①。亚里士多德曾做过一个精辟的论断,他说:"公民们都应遵守一邦所定的生活规则,让各人的行为有所约束,法律不应该被看作和自由相对的奴役,法律毋宁是拯救。"②他们对制度作用的辩证描述说明,法律制度的作用在于它能为公民的交流和参与铺设平台、设置规则与提供保障,从而使公民权利得到充分的保护,公民德性得到最大限度的提升。因此,我们反思西方民主政治发展中制度的限度,并不意味着我们就可以跨越制度的发展可能带来的弊端,相反,我们还需不断完善制度,最大程度发挥制度在培育公民德

---

① H. Arendt, *The Origins of Totalitarianism*, London: Harcourt Brace Jovanovich Publishers, 1975, p.465.

② [古希腊] 亚里士多德:《政治学》,吴寿彭译,商务印书馆 1965 年版,第 276 页。

性方面的绩效。也就是说,公民德性的培养不能仅靠单一维度的制度的努力,这也是西方民主政治发展给我们提供的重要启示。事实上,制度与德性二者本质上相互联系,内容上相互渗透,功能上相互补充。我们应致力于制度正义与公民德性的双重诉求。

同样,在注重公民德性方面,关注权利的自由主义公民德性和热衷责任的共和主义公民德性缺一不可。自由主义虽然极为重视制度的功用,但并未完全摈弃公民德性,在面对公民共和主义质疑声中,自由主义关于公民德性的记忆也被不时地唤起。我们从威廉·盖尔斯敦关于公民德性的解释中可以看出,自由主义把公民德性主要归结为勇气、守法、诚信;独立和宽容;工作伦理、节制和适应性;参与、商讨、容忍差别等。这些自由主义的德性主要体现的是个人对于作为社会共同体的道德优先性,这是自由主义不同于公民共和主义的重要特点,后者所强调的公民德性更多是爱国、奉献、责任和参与等,这些公民德性更注重社会共同体之于公民个体的道德优先性。

对于处于转型期的中国社会而言,迫切需要公民们践行诸种德性,不仅需要捍卫公民共和主义者所提倡的以责任为主导的公民德性,而且也需要发育出自由主义在长期实践中孕育的以权利为核心的公民德性,即个体对于社会共同体的道德优先性。

一方面,自由主义的公民德性尤其是对于权利的重视在中国日益突出。在传统社会中,公民注重义务轻视权利,而随着现代市场经济社会到来,从传统义务的束缚中解放出来的人,逐渐意识到还存在一个属于个人的私人领域,国家不但不能对此进行干预,而且还要予以承认和尊重。这样,权利至上的自由主义公民观就有了极大的生存空间。自由主义强调个人权利本身的不可侵犯性,个人只要在不伤害他人的前提下,可以根据个人自己的偏好来选择其行为举止或价值取向,政府必须保障个人的自由和安全免受外在的威胁和阻碍。自由主义的个体权利优先在某种程度上有助于中国现代公民德性的形成。

另一方面,中国已经进入消费时代,政治从人们生活中逐渐隐退,公民的消费者化日益严重,公民的存在形态日益剥离了公民的道德性和政治性。饱食终日、贪图安逸,屈从于最低下的欲望成为众多"公民"的存在样态。这也是西方社会在现代化进程中受自由主义影响所经历过的。在中国,追求自然权利的个体业已成为现代社会的主角,公民个体越来越淡漠于公民的责任意识。因此,培育公民共和主义所宣扬的公民德性同样至关重要。事实上,每一个公民都不能回避政治,不管过去、现在还是未来,政治都是人的命运,是人存在的境况。我们应该也能够接受政治为我们带来的荣耀,在积极参与的政治生活中成为卓越的公民。

我们看到,中国社会既要完成对制度正义的诉求和对公民德性的渴望的双重任务,也要更进一步培育公民对权利与责任的平衡诉求。制度的建设非一日之功,公民德性的形成也非一蹴而就。纵观各国公民德性的培育,无外乎两种主要举措。一是在教育中生成,二是在公民社会中习得。亚里士多德认为,一个城邦应当常常教导公民,使之能适应本邦的政治体制,教育应是培养公民德性最重要的手段。阿尔蒙德在调查了五国公民后也认为,"教育产生了一种主要的公民倾向",认为"教育能在相对较短的时间内增进公民的政治认知、情感能力、参与技能和责任感"[1]。

教育的这一功能我们或许早已了然于心,但如何进行教育则是大有问题的。传统教育往往满足于直接告知青少年业已形成的共同价值观,而忽视培养学生独立的鉴别与判断能力。因此应吸取自由主义德性论的主张,即学校教育应致力于培养学生的批判性思考能力,使学生敢于挑战传统和权威。古特曼指出:"如果要儿童在成为公民后能实现分享政治主权这一民主理想",那么在学校时他们就"不仅必须学会依照权威而行为,而且要学会对权威做批判性思考"。"仅仅受习惯与权威支配的人不能组成一个由主权公民所构成的社会。"[2]更为重要的是,学校教育更应在训练和培养学生民主生活的习惯和能力上有所作为。

当然,学校教育不能完全替代公民意识和公民能力其他成分的创造。威尔·金里卡认为,在现代民主社会,与其要求国家强力去确定政治参与的义务或表现公民品德的义务,不如弄清与加强"公民品德的苗床",即以公民社团为主体的公民社会。"公民回归"运动也揭示出一个事实,即在公民团体中,公民通过积极参与到公民关心的社会事务中去,对于提高公民的自治和政治参与能力,以及

---

[1] [美]阿尔蒙德、维伯:《公民文化》,徐湘林等译,华夏出版社1989年版,第418、550页。
[2] 威尔·吉姆利卡、威尔·诺曼:《公民的回归》,许纪霖主编《共和、社群与公民》,毛兴贵译,江苏人民出版社2004年版,第258页。

共同义务感具有重要意义。中国公民社会,在推动政府和公民合作,促进民主公民德性方面起着不可低估的作用,正如有学者指出的那样:"许多民间组织不仅要求和鼓励其成员积极参与组织内部的事务,也鼓励他们积极参与国家的政治生活。"① 当然,对于公民社会欠发达的中国社会来说,公民社团究竟在促进公民德性中能起到多大作用,还需要实践给予一个长期的证明。

公民德性的培育是一个复杂而艰巨的社会任务,西方的经验与教训或许能给我们带来诸多补益,但中国国情是最终需要考量的关键因素。我们考察西方自由主义关于制度正义以及公民共和主义关于公民德性的思想,无非是试图打开一个窗口,警醒我们在培育公民德性的理论与实践中尽量免入歧途。

原载《南京师大学报(社会科学版)》2012年7月第4期

---

① 俞可平:《中国公民社会的兴起与治理的变迁》,社会科学文献出版社2002年版,第211页。

自我与他者的永恒辩证
——当代西方女性主义伦理论争探究

戴雪红

摘　要：20世纪80年代以来，女性主义伦理学家围绕着"正义伦理与关怀伦理"和"自我与他者"等主题展开了短暂论辩。通过梳理这些论争的背景、缘起、焦点与发展脉络，本文探讨了三个问题：如何重新定位伦理、定位自我和定位他者？女性主义伦理论争的共同目的在于对现代主义的核心观点提出了根本挑战，重新形塑了其分析范畴，转变了当代思想话语中的传统范式，造成以哈贝马斯为代表的普遍主义学说的困境。

关键词：关怀伦理　自我　他者

一、论争的理论背景与焦点

　　当代许多道德理论的论争都是围绕着康德的自主性（autonomy）概念展开的。在康德看来，自主性在道德上等价于启蒙运动的座右铭——"要有勇气运用你自己的理智！"①女性主义伦理学家指出，康德的道德自主性理论一直倾向于忽视关怀和私人亲密关系问题，这使得西方传统中理性和情感的固定等级区分永存下来，即理性与男性相关联，而情感与女性相关联。西方启蒙运动以来以康德和哈贝马斯的伦理学为代表的主流道德传统是普适性的和合乎理性的，倾向于把道德观点看成是公平（impartiality）的和普遍的。这些观点充满了男性的以自我（self）/他者（other）二元论为特征的认识论和本体论，其他的二元论诸如主体/客体、公共/私人、普遍/特殊、理性/情感等都是这一主题的变奏。在女性主义看来，道德主体是"理性的"或"自主的"观念是一种虚幻，应超越西方思想主体

---

①　［德］康德：《历史理性批判文集》，何兆武译，商务印书馆1990年版，第22页。

的实质性一致,以"自我的关系理论"作为起点。自我通过与他者的关系认识自身,它包含联系与分离,并保存对自我及周围世界持有一种反省和批判态度的力量。

20世纪80年代,"吉利根与科尔伯格之争"是女性主义伦理论争的起点;"本哈比与弗雷泽之争"则是论争的进一步发展;20世纪90年代的"女性主义与哈贝马斯之争"是论争的深化。在以上三个论争中,女性主义伦理学家们都把焦点围绕着"如何定位伦理"、"如何定位他者"以及"如何定位自我"等问题展开,从而发展出"关怀伦理学"这样一个女性主义伦理学的分支,并通过重新思考自我和他者之间的紧张关系,继续对女性主义伦理学的发展做出重要贡献。

二、吉利根与科尔伯格之争:如何定位伦理?

(一)论争的缘起

事实上,早在20世纪70年代,一些女性主义理论家已经开始进行理论建构,把关怀关系有意识地引入女性的自我概念和个体身份概念中。在《母职的再生产:心理分析与性别社会学》(1978年)一书中,批判性的心理分析女性主义理论家南茜·乔德罗(Nancy Chodorow)遵循并发展了弗洛伊德的理论,提出了两个对女性主义分析十分重要的观点,对女性主义产生了重要的影响,使之走向独立的女性主义视角。首先,男人和女人根本上是不同的;其次,自然本性和后天培养都不能解释这种差异性。这种研究方法被称为"客体关系理论"(object relations theory)。乔德罗认为,女性寻求的是与他者相"关联的生活",而男性更重视"独处的生活",往往很难与他者甚至自己的家庭成员形成牢固的私人关系。乔德罗指出:"女孩们会把她们视为与他者联系在一起,她们对自我的经验包含着更灵活或更易渗透的自我界线,男孩则以较分离且明确的方式界定自我,其自我界线较严格与分化。女性的自我意识与世界紧密相连,男性的自我意识则与世界分离。"[①]乔德罗认为,母亲在对小孩的养育中会促成性别的分化,男孩更容易被塑造成独立的个体,女孩子则被视为母亲的延伸,强化了女孩对外在世界的

---

① Nancy Chodorow, *The Reproduction of Mothering: Pschoanalysis and the Sociology of Gender*. Berkeley, CA: The University of California Press, 1978, p.169.

依存关系。男权自我是通过区别于母亲以及女性特质而形成的。这样一种自我强调严格界定的边界,并突出其分离于他者的独特性与自主性。乔德罗是站在心理分析的立场来解释两性对自我的认定,为正义是一种抽象和自立的伦理观提供了理论支持。

关怀伦理学的许多工作是在卡罗尔·吉利根(Carol Gilligan)对道德发展的研究基础上展开的。美国道德发展心理学者劳伦斯·科尔伯格(Lawrence Kohlberg)的早期研究表明,女性在道德推理技巧方面不如男性发展成熟。但是吉利根认为女性有一套与男性完全不同的道德推理风格。为了回应科尔伯格的研究,1982年,吉利根出版了题为《不同的声音:心理学理论与女性发展》(以下简称《不同的声音》)的著作,开始了所谓的"吉利根与科尔伯格之争"。这场理论交锋已经在哲学与心理学文献中得到了广泛的讨论,其中最重要的是它引起了一个女性主义伦理学的新走向:关怀伦理学的兴起。

(二) 吉利根与科尔伯格对女性道德之不同看法

正如《不同的声音》书名的副标题"心理学理论与女性发展"所示,吉利根撰写的这部书并非道德哲学而是社会心理学著述。在这部书中,受到乔德罗的解释框架的启发,吉利根以女性关心的堕胎问题作为道德两难问题,来访谈有此经验的女性,最后吉利根归纳出:"自我与他人是相互依赖的,不论生活本身的价值如何,它都只能通过关系中的关怀来维系。"①吉利根的经验研究证实了乔德罗的结论,对康德以来占据统治地位的自主性范畴的优先性提出了挑战。

科尔伯格早期的著作以新康德的、道义论的道德概念为前提,方法论上受到皮亚杰(J. Piaget)的"公正推理"假设的影响,并赞同罗尔斯(John Rawls)的《正义论》中的道德理论。科尔伯格在与其同事所开展的道德推理研究(1971年)中,从一些以男性为主题的实例中概括出了人类道德发展的标准,认为道德发展是一个分为六个阶段的循序渐进的过程;按照他的级别划分,女性一般只能达到第三阶段,而男性通常能达到第五阶段,即一个更加发达的阶段。因而,女性也被视为在道德上和精神上没有得到充分的发展。科尔伯格的正义模式是西方文

---

① [美]卡罗尔·吉利根:《不同的声音:心理学理论与妇女发展》,肖巍译,中央编译出版社1999年版,第136页。

化中"自由主义的个人主义"的核心内容。

吉利根认为科尔伯格以正义作为人类道德发展的标准，贬低了关怀的道德意识，是一种男性的偏见。吉利根将科尔伯格的道德反省方式称为"正义伦理"（ethic of justice）模式，其强调的是普遍原则、正义、公平、权利和理性。女性特有的道德反省方式为"关怀伦理"（ethic of care）模式，其强调的是个别处境的特殊性、背景性、责任、关怀和感性。吉利根认为正义和关怀最大的差异在于不同的自我观念。正义伦理将自我视为独立与自主的个别存在，而"关怀伦理"则强调自我在人际情境中和他者不可分割的关联性与相互依存性。个体如何将某个问题看成道德问题，乃取决于其如何理解自我、他者以及其间的关系。科尔伯格贬抑对特定他者的关怀与关注，认为她们在道德上不成熟；相反，对特定他者的关怀和关注正是女性道德生活和道德思想的核心。

（三）对论争的反思

尽管吉利根在其后续的研究中指出她并不排斥正义的需要，"正义的声音"与"关怀的声音"是相互补充而非相互替代的，应把"关怀伦理"与"正义伦理"这两种道德方式整合起来。但吉利根的观点仍引发了对关怀伦理学之局限性的众多批评性探讨。

后现代主义批评家指出关怀伦理有把现代西方社会持有的、事实上极为特殊的家庭关系的社会—历史模式普遍化的危险。女性主义批评家指出，关怀伦理加大了区分公共领域与私人领域的危险，这一区分维持了性别权力关系。塞拉·本哈比（Seyla Benhabib）认为这种"不同的声音"提出了本质主义理论的可能性。苏珊·奥金（Susan M. Okin）批评了罗尔斯的无视性别的《正义论》，但反对因女性生育孩子而赋予她们某种道德特权的观点。玛莎·努斯鲍姆（Martha Nussbaum）指出，关怀伦理对女性工作的评价存在着把传统的不平等男女劳动分工合理化的危险。如果人们采纳的正义概念是建立在亚里士多德哲学的公平观念及对特殊性的了解上，而非在康德哲学框架内普遍性的普适原则上，则正义与关怀就会真正地相互支撑与相互延续。有色人种和非西方女性主义者指出，在假设性别是最重要的变量时，吉利根并没有涉及各种不同主体之间的种族和阶级差异。帕特里夏·H.柯林斯（Patricia Hill Collins）的观点已经为重构自我概念做出了重要贡献。她把自己描述为一个女性黑人学者，这一社会地位使她成为一个横跨阶级和种族界限的"既局内又局外"的人,具有一种异常清晰的视觉体验。柯林斯一方面对吉利根的白人中产阶级女性的建构持批判态度,另一方面在建构一种非洲中心的女性主义认识论过程中,却吸收了关怀伦理的思想,重视个人的情感。在柯林斯的理解中,关怀伦理代表了一种黑人共同享有的非洲—美洲文化的基本因素。柯林斯强调没必要把我们自己期望的声音和观点放在中心而充满敌意地把他者的声音和观点放在一边。①

总之,"吉利根关怀/公正的两分法有助于已在伦理学领域普遍开展的一场运动——寻求另一种道德方向替代从20世纪70年代以来一直主宰,而且至今在很大程度上还笼罩在这一领域的功利论和康德主义模式"②。这些替代的策略包括:私人观点的合法化、为情感在道德判断中的角色作辩护等。随着女性主义的发展,吉利根对科尔伯格的批判所引发的有关性别差异的持续讨论,成为道德哲学的一个新的起点,推动了道德发展方面的许多重要研究。

三、本哈比与弗雷泽之争:如何定位他者?

(一)论争的缘起

如同前述,西方主流道德理论把自我建构为一种排他的、理性的存在,对自我/他者关系进行抽象的和工具化的解读,这已经遭到了来自多个领域的理论的强烈批判。"吉利根与科尔伯格之争"极大地促进了对女性主义关怀伦理学的讨论。重视"不同的声音"将思考引向新的方向——成为一个自我是什么?关怀所应对的是唯一的、不可取代的个人之"具体他者"(the concrete other)?还是那种作为一种共同人性代表的"一般他者"(the generalized other)?由此产生了第二个论争——"如何定位他者"?这场论争在道德哲学界中引起了很大的回响,而其论争根源主要来自"吉利根与科尔伯格之争"。

(二)本哈比的"具体他者"观

本哈比试图把康德的道德自主性与关怀整合起来,探索一条基于关怀伦理

---

① Patricia Hill Collins, "Learning from the Outsider Within: The Sociological Significance of Black Feminist Thought", *Social Problems*, Vol. 33, No. 6, Special Theory Issue (Oct.-Dec., 1986), pp.S14-S32.

② [英]米兰达·弗里克、詹妮弗·霍恩斯比:《女性主义哲学指南》,肖巍等译,北京大学出版社2010年版,第231页。

之上的女性主义路径。她在一篇著名的论文《一般与具体的他者：科尔伯格与吉利根的争论和道德理论》中指出，科尔伯格的思想承继的是自霍布斯、洛克、康德乃至罗尔斯以来的近代哲学，开启了论证"正义"抽象原则的探讨。他们的目的是希望能够建立客观的社会制度，以契约与义务为主导的社会规范是正义伦理的核心。本哈比的文章首先批评了罗尔斯的正义伦理学。罗尔斯认为在"原初立场"中，每个人可再被设定在"无知之幕"之后，他没有种族、阶级、性别、喜好的特定考虑。"道德上的公平意味着认定他者与我自己一模一样"[①]，道德互惠性产生的条件是互相之间的一块"无知之幕"，事实上是使选择者看不到与自我不同的他者。"罗尔斯用一个康德式的自我概念来概括一个基本的问题，那就是，本体的自我不可能被**个体化**。如果一切属于本体的自我的东西都是具有身体和情感、具有他们自己的记忆和历史的产物，因此应该被归结在现象的王国下，那么留给我们的就只是一个空洞的面具：每个人都存在，但是又没有任何人存在。"[②]

本哈比指出，正义只关注"一般他者"："一般他者立场要求我们把每个人当作这样的理性存在者——他们有资格拥有与我们自己想要拥有的同样的权利和义务。一旦假设了这个立场，我们就从他人的个性和具体身份中抽离出来。我们假设他人与我们一样，是拥有具体需求、愿望和情感的存在者；但是，构成他或她的道德尊严的却不是我们彼此的差异性，而是我们作为言行者的理性主体的共同性。"作为对比，本哈比建议从"具体他者"立场出发："具体他者立场则要求我们把每个理性存在者当作拥有具体主体生命历程、身份和情感的个人。一旦假设了这个立场，我们就从人的共性抽离出来。……按照友谊、爱和关怀的要求去对待你，我所要确证的就不仅是你的**一般人性**，而是你作为人的**个性**。"[③]

本哈比引用了黑格尔的分析指出，个人的自我意识必须在与他者相遇之中

---

① Seyla Benhabib, *Situating the Self: Gender, Community and Postmodernism in Contemporary Ethics*, Oxford: Blackwell, 1992, p.157.
② Seyla Benhabib, *Situating the Self: Gender, Community and Postmodernism in Contemporary Ethics*, Oxford: Blackwell, 1992, p.161.
③ Seyla Benhabib, *Situating the Self: Gender, Community and Postmodernism in Contemporary Ethics*, Oxford: Blackwell, 1992, pp.158-159.

形成,个人的认同并非来自个人独自进行选择的潜力,而是来自个人如何将自己的周遭环境,包括个人诞生、家庭、语言、文化与性别认同等形塑为统一的叙述。只有这样,自我才得以形成。但罗尔斯却忽略了自我认同总是在与他者关联之下才得以形成的。由于缺乏自我认同,所以也就无法实现"无知之幕"中所要求的个人去理解别人的立场与角色的工作。用本哈比的话来说:"认同并不是指自我独自进行选择的潜能,而是指选择的现实,就是说,我作为一个有限的、具体的、有此肉身的个体,怎样把我的出身与家庭,把我的语言上、文化上及性别上的认同等这些情况,塑造成一个连贯的叙事,把它作为我的生活故事……问题正在于:这个有限的、具体的生命,怎么样把选择与限制、行动与磨难、主动与依赖等事件构成一个连贯的叙事?"①本哈比指出,在社会契约的观点中,道德自我被无根化(disembedded)和无实体化(disembodied),使得道德决定着眼于人类而非个体,由这种"一般他者"的观点出发,则其社会历史(以及性别化)的特殊性便被隐藏于"无知之幕"背后。在保留普遍主义基本框架的基础上,本哈比在道德理论中重新纳入女性的日常、互动性道德,指出"在缺乏他者的**声音**时,'具体他者'的异己性都无法被认识"②。

(三)弗雷泽的"集体性的具体他者"观

女性主义哲学家南希·弗雷泽(Nancy Fraser)在一篇针对本哈比的评论——《走向一个团结的话语伦理》中指出,我们固然要关切具体的他者向度,但所关切者应是"集体性的具体他者"。这个观点有助于我们联结于某个具有特定文化、历史、社会践习等的社会群体,因而发展出一种"团结的伦理"。弗雷泽认为,那种暗含于具体他者立场中的互惠性需要会部分地缓解集体斗争的纯粹激情:"我们相互之间都欠着对方一种承认:承认对方是具有特定的集体身份和团体的人。"③对"团结"这种共同体联系的性质,弗雷泽的解释是:团结的要旨既不

---

① Seyla Benhabib, *Situating the Self: Gender, Community and Postmodernism in Contemporary Ethics*, Oxford: Blackwell, 1992, pp.161-162.
② Seyla Benhabib, *Situating the Self: Gender, Community and Postmodernism in Contemporary Ethics*, Oxford: Blackwell, 1992, p.168.
③ Nancy Fraser, "Toward a Discourse Ethic of Solidarity", *Praxis International*, 1986, 5(4), p.428.

是诸如"爱和关怀"的"亲密",也不是"权利",而是表现为共同奉行的规范和从事的实践。"这种集体性的具体他者的立场使得群体身份的强度得以增强,并且加强了这个群体内部对团结规范的投入。进一步说,与团结结合最紧密的那种道德情操将会变成最'有特权的道德情操'。"①在这种情况下,个体的独立性、自足性不应理解为对群体团结性的背叛,而应当理解为"群体的一员"在群体内所起的构建作用。弗雷泽指出,作为"政治伦理","团结伦理"优于"关怀伦理","只有'团结的伦理'才能充分地与社会运动中各种相互竞争的行动相调和"②。在这些行动中,人们"为了满足由自己决定的需求而努力锻造叙述资源和词汇资源"③,同时努力"解构统治群体和集体的叙事形式和词汇"。④ 团结伦理不承认任何群体成员的特权,它允许没有发言权的边缘群体与其他群体一起参与集体斗争。

由此看来,弗雷泽似乎找到了一个走出"一般他者与具体他者"二元对立困境的中间出路。她认为本哈比倾向于过度关注个性,或"独一无二的个体的特殊性",它有着"独一无二的、富于感情的个性和生活历史"⑤,而不是关注"身份的理想概念中集体性的一面"⑥。弗雷泽敦促人们把特殊主义与普遍主义整合进一个"团结伦理"中,因为"来自集体的具体他者的团结伦理比关怀伦理更适于成为女性主义伦理"⑦。这一整合避免了过于注重"独一无二的个体"或"普遍的人

---

① [美]斯蒂芬·K. 怀特:《政治理论与后现代主义》,孙曙光译,辽宁教育出版社2004年版,第126页。

② [美]斯蒂芬·K. 怀特:《政治理论与后现代主义》,孙曙光译,辽宁教育出版社2004年版,第125页。

③ Nancy Fraser, "Toward a Discourse Ethic of Solidarity", *Praxis International*, 1986, 5(4), p.428.

④ Nancy Fraser, "Toward a Discourse Ethic of Solidarity", *Praxis International*, 1986, 5(4), pp.428–429.

⑤ Nancy Fraser, "Toward a Discourse Ethic of Solidarity", *Praxis International*, 1986, 5(4), p.427.

⑥ Nancy Fraser, "Toward a Discourse Ethic of Solidarity", *Praxis International*, 1986, 5(4), pp.427–428.

⑦ Nancy Fraser, "Toward a Discourse Ethic of Solidarity", *Praxis International*, 1986, 5(4), p.429.

性"的极端,而把批判集中在"群体身份的中间地带",在政治上是务实的。①

(四)对论争的批判

批评家斯蒂芬·K.怀特指出,尽管本哈比与弗雷泽都发现了重视关怀这一情感对于确认具体的他者来说是至关重要的,但是二者都未能成功地平衡"一般他者/具体他者"之间的张力。本哈比认为普遍主义与关怀伦理是可以调和的,她"把具体的他者的立场设想成会为道德话语注入一种'期待—乌托邦式的'维度。这样就拓宽了原有的对正义之规范的狭隘关注,……在把关怀的态度带入之后,正义话语就不断地触及'与他者的亲密关系',而且先前那些被看成属于'私人'领域的需求、动机和欲望等等也就可以进入道德沟通之中了"②。但本哈比的缺陷是"把确认具体的他者这一任务太过紧密地与亲密关系中的那种关怀捆绑在一起,导致整个任务受到了一种向心感情的强烈感染,以致有可能会窒息共同体生活,从而危及公共交互行为"。弗雷泽的缺陷则是"通过完全扔下关怀代之以集体内的团结之价值避开了这种感情的引力"③。

四、女性主义与哈贝马斯之争:如何定位自我?

(一)论争的缘起

至 20 世纪 90 年代,本哈比、弗雷泽与艾瑞斯·杨(Iris Marion Young)等女性主义哲学家在研究如何重新看待"自我与他者之间的关系"问题时,不自觉地运用了哈贝马斯的话语伦理学理论,并由此产生了很大争论。她们一方面在某种程度上赞同哈贝马斯的一些观点,另一方面又把批判矛头对准了哈贝马斯的话语伦理学,进一步升华了吉利根的关怀伦理观。她们认为,哈贝马斯承继了康德的传统,也因此深受皮亚杰、科尔伯格发展心理学的影响。对于哈贝马斯来说,唯有透过理性对话所建立的广泛共识,才能够建立一种普遍被认知和广泛应

---

① Nancy Fraser, "Toward a Discourse Ethic of Solidarity", *Praxis International*, 1986, 5(4), p.428.

② [美]斯蒂芬·K. 怀特:《政治理论与后现代主义》,孙曙光译,辽宁教育出版社 2004 年版,第 124 页。

③ [美]斯蒂芬·K. 怀特:《政治理论与后现代主义》,孙曙光译,辽宁教育出版社 2004 年版,第 129 页。

用的权利。其过程必定是理性的,因为这个广泛共识必须排除地方的常规和狭隘的偏好。同时哈贝马斯追随 G.H.米德(G.H.Mead)的"社会性自我",并引用了米德所说的"一般化他者"。米德认为,通过接纳一般化他者的角色,亦即接纳整个共同体的看法,我们完成了社会化。

通过对哈贝马斯的一系列批判性解读,女性主义批评家指出,哈贝马斯认为人类的核心特征具有趋向理性的潜力,其话语伦理学强调了自由、公开的公共交往与对话的重要地位,"理想言说情境"理论以纯粹主体间性和排除交往的一切障碍为特征,忽视了阶级、种族和性别所造成的差别,忽视了协议和知识有可能是以同情和团结为基础的。由于哈贝马斯不可能去研究诸如家庭领域中的关怀、感情和团结等问题,所以在他那儿,所有受影响者在公平条件下进行讨论,不可能产生完全一致的同意,因而哈贝马斯的话语伦理框架需要重新构建。

(二) 本哈比、杨和弗雷泽对哈贝马斯相关观点的论辩

首先,本哈比区分了两种普遍主义:"互动式的普遍主义"与"替代式的普遍主义"。本哈比对哈贝马斯的"普遍主义进行了后启蒙式的捍卫"[①],这是一种潜在认可性别和背景特殊性的女性主义的普遍主义。她把这种普遍主义理解为一种"互动式的普遍主义",后者明显具有哈贝马斯的交往行动理论之意涵,但二者的一个主要不同之处在于,本哈比并不认可透过"理性言说情境"达成共识的主张,而是强调达成协调。其次,本哈比有限度地赞同哈贝马斯话语伦理,强调相互尊重与平等互惠的对话才是公平的,强调普遍性是可以追求的目标,但此普遍性的建立不应在共识上,而应该是交往者在交往中"扩大的思考"(enlarged thinking),因此达成相互同意。第三,本哈比提出一种"广泛的道德对话"[②],通过在任何时候都运用一个规范化的程序,就可以解决情景化的以及变化情境中的那些伦理关怀的相对性。本哈比拒绝把传统自由的、抽象的、自主的立足于公正的正义推理作为道德思考的基础。她认为,伦理学是关于具体而不是一般化的情况的,在具体的情况中,关怀的关系处在中心位置,而不是边缘。最后,本哈

---

① Seyla Benhabib, *Situating the Self: Gender, Community and Postmodernism in Contemporary Ethics*, Oxford: Blackwell, 1992, p.3.

② Seyla Benhabib, *Situating the Self: Gender, Community and Postmodernism in Contemporary Ethics*, Oxford: Blackwell, 1992, p.9.

比提出,道德尊重是"对称的相互性",它包含了自我和他者之间的一个对等关系,包含了从他者的观点看问题,或是换位思考。因而,本哈比"对源自哈贝马斯的交往行动概念与对话自我概念做了调整,这种调整使启蒙批判与解放思考的发展进入了一个更深的阶段。她承认性别批判已经使伦理思考的普遍主义传统变得成问题,这种普遍主义的中心是无实体的和无时间的推理自身。在这类伦理学中,女性变成了他者,表现着身体、关系与历史处境"[①]。

杨赞赏哈贝马斯对对话的强调,但反对他的理性普遍主义,反对他对理性的一致同意的关注以及对理智和情感的分离。杨也同意本哈比对哈贝马斯的批判,但杨认为本哈比将相互尊重与互惠等同于观点的对称性与可反转性,反而关闭而不是开启了差异的区别。通过质疑本哈比"对称的相互性"这个概念,杨提出另一种更能产生"扩大的思考"的理论模式,称为"不对称的相互性"。杨指出,设想另一个人的观点,或是从别人的立场看待世界是很困难的,因为我们缺乏他们的个人和群体经历。杨赞成"不对称的相互性",它意味着接受以下的东西,在他者的立场中存在着我们并不理解的一些方面,这些方面还有待询问、有待倾听。"不对称的相互性"所包含的对话,使每个主体都能够超越差异而做到相互理解,而且不必颠倒各自的视角或身份。杨争论说,本哈比的"扩大的思考"概念最终是不能自圆其说的,因为与他者进行观点对调的看法是不明智的:"我知道的那种双向的认可,即我为了你成为他者或者你为了我成为他者同样无法确保一种视角上的可逆性,准确地说因为我们的立场部分上是由我们中的每个人都采取了他者的观点来构成的。"[②]

弗雷泽指出,本哈比对话语伦理学的修正是不充分的,语言不是一个中立的交流手段,而是"解释和交往的社会文化方式"[③]。她发现,本哈比认为"主流的道德、政治词汇"把人"当作相互关联的、自私的个体,他们相互的交往是短暂的,出自最大的功利目的",因此反映出交换观,这是一种资本主义的话语伦理。"她

---

① [英]苏珊·弗兰克·帕森斯:《性别伦理学》,史军译,北京大学出版社2009年版,第55页。
② Iris Marion Young, *Intersecting Voices: Dilemmas of Gender, Political Philosophy, and Policy*, New Jersey: Princeton University Press, 1997, p.48.
③ Nancy Fraser, "Toward a Discourse Ethic of Solidarity", *Praxis International*, 1986, 5(4), p.425.

批评本哈比没有强调这一问题——主宰话语不可能表达被压迫群体的利益和关切。"①

总的来看,女性主义者汲取了关怀伦理与话语伦理的洞见,力图对当代的道德哲学有所贡献。

(三)本哈比:自我与他者的永恒辩证

本哈比指出,若要了解和抵制对女性的压迫,仅要求女性政治和经济上的解放已经不够了,还有必要追问女性所处家庭和私人领域的性心理关系,她们的生命将在那样的环境中展开,其性别特征也是在那种环境中复制的。如何重新定位自我?引用本哈比的话:"一种连贯的自我感是在与自主性和团结的成功整合中获得的,或者说是在正义与关怀的权利混合中获得的。正义与自主性不能单独支持或滋养着自我身份展开的叙事之网;但团结和关怀也不能单独把自我提升到成为主体的层面,也不能提升到一种连贯的生活历史的作者的层面。"②只有在具体的情境中去正视他者,才能真正在乎别人的权益。本哈比的结论是"若把自我定位在普遍他者的标准下,将是不完整的,且无法在相互的自我之间正视个体。若是没有定位具体他者的立基点,各种普遍性的主张都无法实现,因为我们将缺乏必要的知识以判断我的道德情境与你'相似'还是'不同'"③。重新思考道德自我的身份,重新定位关系性的自我与对话共同体以尊重他者,已经成为本哈比协调女性主义与哈贝马斯之争的关键所在。

五、简单的评价

综上所述,我们可以在女性主义理论家的不同声音中追踪到当代西方女性主义伦理论争的发展线索。乔德罗与吉利根挑战有关正义、权利和原则的、普遍的道德心理,把这些男性式的叙述与建立在情感性、相似性和相关性之上的女性

---

① [英]米兰达·弗里克、詹妮弗·霍恩斯比:《女性主义哲学指南》,肖巍等译,北京大学出版社2010年版,第258页。
② Seyla Benhabib, *Situating the Self: Gender, Community and Postmodernism in Contemporary Ethics*, Oxford: Blackwell, 1992, p.198.
③ Seyla Benhabib, *Situating the Self: Gender, Community and Postmodernism in Contemporary Ethics*, Oxford: Blackwell, 1992, pp.163–164.

的"关怀伦理"相比较,因而引发了本哈比与弗雷泽之间、本哈比与杨之间有关自我和他者、公平和正义等更为激烈的争论。与第一次论争有所不同的是,后两次论争是一种内在的批判,但是这三次论争殊途同归:其共同目的在于对现代主义的核心观点提出根本挑战,重新形塑分析范畴,转变当代思想话语中的传统范式,造成以哈贝马斯为代表的所谓普遍主义学说的困境,并描绘出女性主义理论家研究民主领域的新图景:协助女性去厘清自我所在位置的处境,培养她们的批判意识与自省能力,并且尝试改变不公平的待遇,共同创造一个更为公平的世界。

原载《妇女研究论丛》2013年第6期

当代中国社会转型背景下女性气质、身体和情感的逻辑变迁与重塑

戴雪红

摘　要：女性气质的产生并不是人与生俱来的，而是社会意识形态建构的结果。本文以阿尔都塞的意识形态国家机器观念为切入点，探讨了话语和形象的生产引导女性经过不断接触理想化的女性形式，成为"话语的身体"、"被解构的身体"和"性别化的身体"等，以接受国家意识形态关于女性气质的思维方式。在当代中国社会转型时期，我们需要重新梳理女性气质、身体、情感与性别意识形态之间的逻辑关联，对当代中国主流性别意识形态的典范——"四自"精神进行反思，重新发掘其核心价值。当前尤为迫切和关键的是要对"自尊"的内涵加以延伸并强化其情感价值，以期为当代中国女性提供一种全新的情感文化资源，建构具有中国特色的性别意识和性别文化。

关键词：性别意识形态　女性气质　身体　情感　自尊

在中国，不同时期有不同的"性别意识形态"（Gender Ideology）——意识形态化的女性解放话语，这些话语塑造了不同的符合国家需要的女性气质、身体形态和情感。改革开放以来，中国进入了由计划经济向市场经济过渡的所谓转型时期，性别意识形态也随之不断变迁。从某种程度上讲，中国正处在一个性别意识形态和性别话语的转型时期，女性气质、身体和情感将继续按照性别意识形态对权力和控制的想象而被定位。

一、新中国成立以来中国女性气质、身体和情感的逻辑变迁

建国初期的性别意识形态是"妇女翻身"、"当家做主人"。1965年毛泽东曾指出："时代不同了，男女都一样。男同志能办到的事情，女同志也能办得到。"1968年毛泽东替中国妇女发出了"妇女能顶半边天"的豪言壮语，那时的女性形象代表是"三八红旗手"、"铁姑娘"、"纺织姐妹"等，女性的身体是"生产的身体"

和"政治的身体"。

国家建构的这些新中国女性的性别角色规范,对中国女性的个性和气质的塑造产生了极大的影响。从性别的视角来看,这些"铁姑娘"、"三八红旗手"等角色,最大的特征是以男人为标准的"去性别化"特征。在她们身上,女性特征几乎彻底消除,她们从生活形态到身体形态、精神气质和情感模式都完全男性化了。女性的情感模式也是传统的"平等模式",以男性为标准。

20世纪80年代开始,中国进入了改革开放年代。国家在性别平等问题上的基本态度没有发生根本改变,但是对性别平等的话语叙述呈现出新的内容和形式。由于市场因素的加入,国家一方面迎合了市场对性别观念的改造,另一方面又提出维护妇女权益的新提法,逐渐树立起一种真正体现男女平等的性别观念。1988年中国妇女第六次全国代表大会把"自尊、自信、自立、自强"(简称"四自")作为新时期塑造妇女的基本要求,女性代表形象是"女强人"。而1991年在城镇妇女中开展的"巾帼建功"活动,女性代表形象代表是"巾帼英雄"。闵冬潮指出,"'四自'的提出标志着妇联妇女理论的转变,它一改过去国家女性主义的保护姿态,并告诫妇女们,在市场经济的大潮中,与其依赖社会和政府的保护,不如变得更加独立和依靠自己"①。吴小英则指出,"改革后的性别话语带有很强的'去政治化'特点"②。女性身体是"消费身体",女性的情感模式由"平等模式"向"差异模式"转型。例如,"2005年由湖南卫视举办的'超级女声'以7亿观众的收视率和其民主的投票方式再加上冠军的中性化形象吸引了全球的关注。'超女'冠军李宇春作为了《时代周刊》(亚洲版)的封面,并被该周刊评选为2005年25位年度亚洲英雄人物之一"③。"超女"的"中性化"并没有使女性走向真正的解放,实际上,"超女"等并不能代表转型期中国社会的女性形象,新型的具有代表性的女性形象和女性身体仍然处于缺失状态。

总之,在当代社会转型时期,即从"革命的中国"向"市场的中国"社会转型的

---

① 闵冬潮、刘薇薇:《质疑·挑战·反思——从男女平等到性别公正》,《妇女研究论丛》2009年第5期。
② 吴小英:《市场化背景下性别话语的转型》,《中国社会科学》2009年第2期。
③ 余庆辉:《艺术形象中的女性"身体"隐喻——以"铁姑娘"与"超女"为例》,《怀化学院学报》2008年第5期。

过程中,中国进入了一个新的意识形态建构的时代,这也是一个性别意识形态的转型时期。性别气质如二分的"男性气质"(Masculinity)和"女性气质"(Femininity)——在不同时段都被赋予了特定的内涵。国家性别意识形态和性别话语始终是影响性别气质和性别形象塑造的关键因素。换句话说,性别意识形态再现了性别气质,而对身体的社会建构则是通过对性别气质的规定所发生的。总之,性别气质构成了一个抵抗、颠覆性别意识形态或者性别认同的立足点。

二、性别气质是性别意识形态再现的逻辑结果

(一)问题的提出

现代社会的理论与实践中存在着一种二元固定的暴力性划分:男性气质/女性气质、异性恋/同性恋、心灵/身体、理性/情感等。其中,男性气质"意指与成为一个男人有关的文化特征。……此概念描述与规训着何谓男人的文化意义"[①]。比如,男性更理性和勇敢等。女性气质"属于认同的范畴,它与身为女性的社会文化特征相关。……它描述、规训着身为一位女性的文化意义"[②]。比如,女性更感性和温柔等。通过对男性气质/女性气质的明确规定而固化了性别特征,作为规范的异性恋的男性气质对主体性进行编码,对作为性别气质上的他者的同性恋等进行排斥。同样的,作为理性的对立面,身体与情感的价值遭到贬低和排斥。男性的身体被视为规范/标准/正常,女性身体则被界定为不正常的和低劣的。

实际上,性别气质的正常化/规范化或性别刻板印象自古至今在世界各国都普遍存在,性别气质普遍被认为是人与生俱来的生理性别上的差异决定的,当个体性别气质表现出与其生理性别不相对称时,"伪娘"和"女汉子"等新型的、歧视性词汇应运而生。同时,由性别气质决定的性别角色和性别分工也成为普遍共识,影响两性对职业生涯的规划,尤其是社会职业中性别歧视现象仍然存在。

20世纪80年代以来,性别气质具有多样性与可塑性的理论及其实践,挑战

---

① [澳]Chris Barker:《文化研究智典》,许梦芸译,韦伯文化国际出版有限公司2007年版,第145页。

② [澳]Chris Barker:《文化研究智典》,许梦芸译,韦伯文化国际出版有限公司2007年版,第89页。

了传统的性别规范,打破了性别二元分类体系。这一方面需要我们挖掘"女性气质"和"男性气质"的深层内涵,去展示这些意义在过去时代的变化;另一方面引发我们去思考:性别气质是如何产生的？如何确立真实的和健康的性别气质？

(二)阿尔都塞意识形态理论视域下的性别意识形态和性别气质

法国哲学家路易·阿尔都塞(Louis Althusser)在发表于1970年的《意识形态与意识形态国家机器》一文中创造性地提出"意识形态"和"意识形态国家机器"的概念,为性别气质的研究提供了最重要的分析工具。

阿尔都塞认为,意识形态会通过"召唤主体"的方式,让具体的个人成为具体的主体,让主体误将其处境和身份想象成一种真实的存在。由此,女性主义者认为,意识形态把人"召唤"为"男人"与"女人"。"从我们第一次"在申请表上"把对号放入表格上F旁边的小方格里那个时候起,我们已经正式进入性别/社会性别体系,进入社会性别的社会关系,有了社会性别,成为女人。"①即接受了性别意识形态提供给女性的选择,进入了定义性别的意识形态。

女性主义评论家特丽莎·德·劳里提斯(Teresa de Lauretis)运用阿尔都塞意识形态的观点,强调意识形态如何不仅在经济层面起作用,而且也对个人的主体性产生影响。她指出:"阅读阿尔都塞会发现这样强调性的句子:**所有意识形态都有将具体的个人'建构成'主体的功用**(意识形态的功用界定意识形态)。如果我用**社会性别**替换**意识形态**,这个句子仍然成立,只是用词方面稍有改变:社会性别具有将具体的个人建构成男人与女人的功用(社会性别的功用界定社会性别)。用词改变之处恰恰是社会性别与意识形态的关系显现之处,表露出社会性别之意识形态的效应。"而"阿尔都塞的意识形态理论本身卷入到社会性别的意识形态之中却不自知。……阿尔都塞的理论本身就能起到一种社会性别机制的功用。"②不过,劳里提斯认为女性主义的主体与阿尔都塞式的主体不同,前者"同时处于社会性别意识形态的内和外,……同时处于再现之内和再现之外",后者"完全落入意识形态之中却认为自己身在其外,不受其控制"。换句话说,女性

---

① [美]特丽莎·德·劳里提斯:《社会性别机制》,载[美]佩吉·麦克拉肯主编《女权主义理论读本》,艾晓明等译,广西师范大学出版社2007年版,第215页。
② [美]特丽莎·德·劳里提斯:《社会性别机制》,载[美]佩吉·麦克拉肯主编《女权主义理论读本》,艾晓明等译,广西师范大学出版社2007年版,第207页。

主义者既不能逃出被界定为"女人"这一普遍范畴的性别意识形态,也是历史的主体,可以走出性别意识形态。这即是女性主义者的双重立场。另外,劳里提斯指出,阿尔都塞对于意识形态的主观作用的论述表明"性别是一种重要的意识形态",他的论述对于女性主义者建立性别是一种个人—政治力量的理论体系显得更为关键。①

由此看来,阿尔都塞虽然并不是女性主义者,但是女性主义者借用了他的意识形态理论以批判性别气质的二元对立。在当代中国社会转型时期,市场话语决定的性别意识形态过分夸大了性别气质的差异,并不断地宣传和强化性别气质的二元对立。因此,应深入探究性别意识形态建构性别气质的具体过程,以实现性别气质的健康发展。

总之,被视为意识形态结构的"男性气质"和"女性气质",都是社会形态和性别意识形态作用下的产物,并不可避免地具有历史性和文化特殊性,始终处于变化之中。同样地,作为性别气质再造的结果——"身体"也从未终结、从未完成,总是处于流动状态之中。

三、身体是性别气质的逻辑再造

(一)问题的提出

在当代女性气质的建构中,女性的身体被置于非常重要的地位,对身体的表现已经成为对女性气质表现的重要内容。

改革开放以前的中国存在着相对的性别漠视和身体漠视,而在当代中国社会转型时期,身体在消费文化中越来越居于核心地位,但消费文化的兴起使得何为身体的确定性出现了危机。"改革开放后的中国女性在自由支配和享受自己的身体、成为现代消费主体的同时,也意味着女性身体的受制。这是女性消费身体的现代性悖论——既自由又受制。自由意味着女性身体从国家政治意识形态和计划经济体制的话语规训下解放出来,受制则意味着现代商业文化和消费主

---

① [美]特丽莎·德·劳里提斯:《社会性别机制》,载[美]佩吉·麦克拉肯主编《女权主义理论读本》,艾晓明等译,广西师范大学出版社 2007 年版,第 211 页。

义对女性身体的宰制和利用。"①不过,女性们相信在社会变迁的过程中,可以通过理论和实践打破女性身体的社会建构,从而提升女性的身体形象和自我意识。

20世纪后半期,在西方学界,女性主义关于"性别的身体"的讨论一直主导着身体研究的方向。同时,"对女性气质和女性身体的理想主义建构,长久以来便是批评话语分析、精神分析、文化研究和批判理论等诸多学科的理论家所关注的焦点"②。身体被想象为建构的和充满意义的再现和文化,挑战了认为它附属于心灵/精神的想法。那么,"何谓性别的身体?'性别'之为性别,有着固定身份的性别是一个自然的事实还是一个文化历史的建构?为什么女性就是柔弱与软弱而且被动的,男性是刚强、英勇、主动的?"③身体成为文本和话语究竟是一种新形式的解放?还是一种变相的支配?

(二)西方学者有关性别气质和身体关系的逻辑分析

1. 性别气质的话语性塑造了"话语的身体"

与阿尔都塞的宏大理论方案不同,法国后结构主义者米歇尔·福柯(Michel Foucault)从微观政治入手,认为男性气质和女性气质等都"不是通过意识形态,而是通过我们日常生活中时间、空间与运动的组织和调节来实现的"④。无论是男性气质还是女性气质,都是话语的产物,是社会历史的产物。

福柯在《规训与惩罚》一书中,探讨了"身体"与公民、医学、监狱和"驯服的身体"之间的关系;在《性史》中,又将"身体"与性别、权力话语交织在一起。所谓"驯服的身体"即"一种有意识形态作用和经济效率的机制"⑤。这些身体是可以被支配、被使用、被转化以及被改造的,并受控于文化生活的规范。"对福柯而言,'驯服的身体'出现在始于监狱但扩展至医院和学校之类社会机构的惩戒系统之下。当身体被'提交、使用、转化和改善'时,便被驯服。通过规训的力量,身

---

① 白蔚:《改革开放以来中国女性消费身体的现代性悖论》,《中州学刊》2010年第5期。
② [美]萨拉·罗德里格斯:《褪去同质化的外衣:〈如何秀出完美裸身〉中对女性气质的规定与自尊的转化》,潘源译,《世界电影》2013年第6期。
③ 夏可君:《身体:从感发性、生命技术到元素性》,北京大学出版社2013年版,第206页。
④ [美]苏珊·鲍尔多:《不能承受之重:女性主义、西方文化与身体》,綦亮等译,江苏人民出版社2009年版,第191页。
⑤ [英]丹尼·卡瓦拉罗:《文化理论关键词》,张卫东等译,江苏人民出版社2006年版,第101页。

体得到优化,且当其驯服到开始自我规训的地步时,便更加有用。"①福柯指出,如何看待我们的身体、如何经验我们的身体完全是一种社会建构。身体只存在于话语之中。在参与话语规范化的过程中,人们变成了他们的身体。福柯否定了身体感觉上的物质性,"身体"通过"话语"被产生、分类、标准化和规范约束。"通过权力/知识体系中的这一结构,身体变成了一种气质,……身体变成了一种存在方式,在其社会的政治经济中所形成,并被其社会准则塑造。一个社会的道德准则表达着其投入与期望、对身体的解释,并且这些进入到其成员的心里,殖民着其驯服的身体。"②

福柯思考身体的方式引出了新的性别认同问题,性别不再被理解为一种非此即彼的性别化的身体,而是一种新的可能性——话语的身体。福柯出于对认同/身份政治的兴趣和对意识形态的批判而解构了身体,这种认识使得人们可以从认同/身份中逃离,重新获得解放的可能性。

2. 性别气质的操演性塑造了"被解构的身体"

受福柯的影响,美国后现代女性主义哲学家朱迪斯·巴特勒(Judith Butler)关注异性恋矩阵,认为身体成了性别化权力关系的对象和目标,也借鉴了阿尔都塞的说法,主张个体被"召唤"去履行特定主体的地位。

巴特勒通过"操演"这一概念来理解"性"与"性别"的议题,推进其对身体的研究,但得出的结论却是:"性别的身体""是操演性的,这表示除了构成它的真实的那些各种不同的行动以外,它没有什么本体论的身份"③。"扮装透过性别理想的再表意,可以去除性别规范的稳定性并且重构性别规范。透过性别规范的模仿,扮装可以颠覆它所反映的性别操演特质。扮装假定:所有的性别都是操演的,因此扮装可以去除霸权宣称异性恋之阳刚特质作为起源的稳定性。也就是说,霸权的异性恋本身就是一种模仿的操演,此种操演被强迫不断地重复它自身

---

① [美]萨拉·罗德里格斯:《褪去同质化的外衣:〈如何秀出完美裸身〉中对女性气质的规定与自尊的转化》,潘源译,《世界电影》2013年第6期。
② [英]苏珊·弗兰克·帕森斯:《性别伦理学》,史军译,北京大学出版社2009年版,第73页。
③ [美]朱迪斯·巴特勒:《性别麻烦:女性主义与身份的颠覆》,宋素凤译,上海三联书店2009年版,第178页。

的理想化形象。"①巴特勒将扮装视为可以建立起性别规范的嘲讽形式,例如,扮装男性开启了这样的一个思考可能性:所有的女性气质都是一种假扮与模拟。因此,巴特勒解构了规范性的、性别化的身体与性的、生理的身体之间的对立。

3. 性别气质的多元性塑造了"性别化的身体"

美国性别研究学者 R.W.康奈尔(Bob R. W. Connell)反对福柯和巴特勒将有关身体的讨论限制在对话语的分析上。康奈尔开创了新的唯物主义的方法论思路,认为性别是一种关系,身体兼具生物性和社会性。身体性别化的过程是:首先,社会实践与范畴赋予身体一个新的意义;然后,概念化将人们的身体界定为不同的类别,进而改变身体;最后,性别化的实践以物质力量的方式促进女性与男性身体的形成,并且强化了男性阳刚、女性阴柔等性别气质的特定形象。这种具体化的身体形象将对人们产生终身的影响。②

康奈尔认为:性别意识形态尽管是强制的,并不能完全排斥人的能动性。"男人和女人能够影响社会性别的意识形态过程——虽然他们不可能避开。男人和女人不能创造全新的社会性别形式,但是他们可以改造旧有的。他们可以不断组合旧有的性别形构,利用它们之间的矛盾,并努力改变它们。……人如何成为历史变化的创造者?"③

综上所述,无论是福柯、巴特勒还是康奈尔对身体的重构,都已经超越男性气质/女性气质的二元框架。他们都认为,性别气质的产生并不是人与生俱来的,而是性别意识形态建构的结果。性别气质和形象的生产又引导女性经过不断接触理想化的女性形式,成为"话语的身体"、"被解构的身体"和"性别化的身体"等,以接受国家意识形态关于女性气质的思维方式。

---

① [澳] Chris Barker:《文化研究智典》,许梦芸译,韦伯文化国际出版有限公司 2007 年版,第 177 页。
② 参见[美] R.W.Connell:《霸权男性特质:针对此概念的再思考》,王政、张颖主编《男性研究》,上海三联书店 2012 年版,第 35—71 页。
③ [美] 盖儿·比德曼:《用种族和"文明"重塑男人身份》,王政、张颖主编《男性研究》,上海三联书店 2012 年版,第 324—325 页。

四、当代中国性别意识形态的逻辑必然:情感文化的重塑

改革开放以来,中国妇女以"四自"精神面对市场经济的挑战,构建了男女平等的性别文化。在当代中国社会转型时期,我们需把性别意识形态的建构与女性气质和身体联系起来,对"四自"的精神内核加以延伸,重构并强化其情感价值,以期为女性提供一种全新的情感文化资源,实现性别意识形态和性别话语的转型。简言之,在社会转型的新时期,当代中国必须构建新型性别意识形态以挑战传统意识形态和规范施加于文化表达的潜在限制。

(一)情感文化对于情感身体建构的重要意义

一百多年前,西格蒙德·弗洛伊德(Sigmund Freud)就已经明白指出情感依附在人类生活中的重要性。"情感"(如尊重、认同、爱、关怀和团结等)作为一种重要的非理性因素,是社会生活的基本要素之一。它不仅指内在的心理状态,身体的感觉,更是文化和社会意义的表达。每一种情感都是由某种社会关系和文化观念与我们的身体感觉和姿势的不同结合构成的。"情感的身体"有助于克服身/心之分和自然/文化之分。

最近几十年,历史学家、哲学家、科学家都确认了情感在社会中的重要性。美国女性主义哲学家塞拉·本哈比(Seyla Benhabib)指出:道德自我是一个完全个别的独特的个体,它"拥有具体的历史、身份与情感—情绪构造"①。情感正在重新回归到社会学、政治学和经济学的分析当中。如何塑造积极健康的情感,是当代中国社会转型期的政治和伦理的核心问题。

首先,从社会学的视角看。著名社会学家费孝通在其《乡土中国》一书中提出了"感情定向"这一概念:"我用感情定向一词来指一个人发展他感情的方向,而这方向却受着文化的规定,所以在分析一个文化形式时,我们应当注意这个文化所规定个人情感可以发展的方向,简称做感情定向。"费孝通指出:"我们对中国人的感情生活太少分析。"②"从'情感'角度理解中国妇女的历史,既是基于中国本土语境提出的要求,是与女性主体经验更为接近的途径,也是超越理性至上

---

① [英]苏珊·弗兰克·帕森斯:《性别伦理学》,史军译,北京大学出版社 2009 年版,第 56 页。
② 费孝通:《乡土中国》,北京出版社 2005 年版,第 66 页。

论,与人类基本需求更为贴近的途径。"①现代中国女性应更加深刻地体会情感解放的重要性,以呼唤女性情感的自主性。

其次,从女性主义的视角看。女性主义理论家强调了情感向度对于当代男女平等的重要性。女性主义认为情感具有性别色彩,受到父权制思想和力量的深刻影响。美国女性主义社会学家阿里·霍克希尔德(Arlie Hochschild)于1979年提出"情感劳动"的概念,即为控制感觉、表达情感而付出的劳动,从劳动角度重新解释性别不平等和女性情感角色之间的关系。"在霍赫希尔德看来,'性别意识形态'是'一套行动计划,主体凭借它,尝试着解决手边的问题,这套行动计划体现了行动主体置身其中的文化对于男女两性所持有的观念。为了追求一种性别策略,男人从童年开始便形成何为男人、何为女人的信念,这些信念与他深层的情感锚定在一起,使他在如何对于自身男性气质的思考、体验与行动选择之间建立联系。对于女性而言,情况也是一样'。"②在《受控的心灵:人类情感的商业化》一书中,霍克希尔德指出,人们可以控制自己的情感,这种情感控制,或者说对具体感情表达的管理,通常被认为是合格的成年人的重要组成部分。

第三,从性别的视角看。性别研究者指出,在后现代社会,情感关系也出现重大的变革,应该承认男性气质与女性气质的存在多元性。憎恶同性恋和厌女症都是一种情感关系的体现。"情感理论中的符号互动论强调'自我'与'身份认同'是情感体验的关键驱动力,如果个体在互动情境中从他人那里确认了'自我'的概念,并得到了身份认同,个体便会体验到正面的情感,如自尊和满足,反之便容易体验到负面的情感,如焦虑、困窘和羞愧。"③

最后,从哲学的视角看。当代美国政治哲学家玛莎·努斯鲍姆(Martha Nussbaum)在其著作《性与社会正义》以及《女性与人类发展》中站在人道主义的立场上,指出,"能力"是人性的核心。努斯鲍姆列出了人类的十种核心能力和十种基本的必要条件,其中"情感"处于中心位置:生命,身体健康,身体完整性,感觉、想象和思想,情感,实用理性,联系,其他物种,娱乐,对环境的控制。努斯鲍

---

① 刘秀丽:《从"情感"角度重观中国妇女史》,《中华女子学院学报》2011年第2期。
② 淡卫军:《社会转型时期的情感经营》,《社会》2008年第3期。
③ 盛思鑫:《组织、工作与情感异化》,《社会》2010年第2期。

姆的人类能力模式的研究力图把女性发展情感的能力与人类的自主、尊严和健康的情感紧密联系起来。在她看来,能力是获取平等和美好生活的基石,女性的情感能力问题实际上是一个实现性别正义和提高生活质量的问题。努斯鲍姆的情感能力理论带给我们一个十分有价值的启发。

(二)重塑以"自尊"为核心价值的情感的身体和情感文化

那么,如何塑造当代中国女性气质、情感的身体和情感文化呢?

众所周知,西方自启蒙运动以来,个性、权利、自由和尊严等一直是深受关注的重要概念。西方女性主义理论中的自我概念则经历了自立、自信与自决等三个阶段,中国女性解放理论的主流性别意识形态——"四自"——也进入了寻求新的解释的关键时刻。

如前所述,"四自"精神是当代中国女性应该具有的精神面貌,也是社会主义核心价值观的具体体现。笔者认为,在情感文化的重塑中,尤为重要的是"自尊"精神的弘扬。所谓自尊,就是尊重自己的人格,维护自己的尊严,反对自轻自贱。自尊是建立在对自身能力和价值的认识之上的,它包括:自我尊重、自我接受和自我认同。随着时代的变迁,我们应对"自尊"范畴的传统内涵进行实质性的重构,以产生一种新的分析模式。其中,自我认同是一种文化的偶然产物,也是一种情感的认同,是指情感与作为主体的自我位置的暂时缝合(suture)。

改革开放以来,许多中国女性在对确立"四自"的认识依然存在许多误区:包括女性主体意识出现退化,自愿回归男性世界的附庸地位,自身素质也没有得到相应提高等方面。尤其是进入21世纪,受市场经济的影响,女性政治的身体转化为消费的身体,情感也出现商品化的现象。市场在个体主义、消费主义和享乐主义等思潮影响下,假借传统性别文化的名义将女性身体商品化,不仅贬低了女性的人格价值,也打击了男女平等的意识形态,女性身体被建构为"消费的身体"。"改革开放以后,中国女性的身体被国家意识形态与现代商业资本、消费文化共同建构为消费身体。……引发了社会自我认同的危机,使得消费文化乘虚而入,女性身体首当其冲地成为消费文化的奴仆。"①然而,女性消费身体的出现,一方面表现出身体的解放,体现了身体的自主性;另一方面,也意味着商业资

---

① 白蔚:《改革开放以来中国女性消费身体的现代性悖论》,《中州学刊》2010年第5期。

本对女性身体的异化。

现代社会中的女性为了达到一定的美丽理想,面临着各种各样特殊而巨大的压力。"我们所生活其中的,是关于'女性特质'和女性美的均质化和标准化的形象和意识形态。这些形象和意识形态催促我们遵从主导的文化标准。"①美丽意识形态充当着标准,女性必须对照这些标准来塑造自己的身体。"那些倔强地抗拒主流文化规范的身体们,那些既不能予人以视觉美感,又无法进行生产劳动的身体们,就更有理由遭到排斥。"②

内奥米·沃尔夫(Naomi Wolf)在《美丽神话》中批判了所谓的"美女经济",指出其对女性的身体、心理和尊严造成了严重的伤害。因为,现实生活中的女性身体根本达不到时尚业和消费主义建构的理想身体标准。这种外表的视觉规范化的过程对女性的自我认同产生了重大的不良影响。"肥胖显示失去了自尊和自控。自我认同是和身体形象紧密相连的,并且因此和生活方式、生命活动和消费主义联系在一起。"③自我认同越来越和自我如何展现和发展自己的身体联系在一起。

因而,身体不仅是性别气质和权力关系的产物,也是一种自我情感认知——自尊能力提高的产物。对"情感的身体"进行研究,这将为男性气质和女性气质观念的再设计提供一种新的途径,而不仅仅是对男/女二元结构的简单逆转。女性应抗拒围绕在身体周围的性别气质与文化规范之间的共谋关系,透过自尊——自我尊重、自我接受和自我认同,从"消费的身体"走向"情感的身体",形塑出新的主体。首先,要挑战性别规范,颠覆性别气质/性别认同;其次,要挖掘和批判那些具有美丽意识形态的性别话语,这种话语使得女性身体与社会相分离。女性必须拒绝性别意识形态的当代标准,建立身体自尊和自信,接纳自己的身体。

总之,在当代中国社会转型时期,我们需要梳理女性气质、身体和情感的逻

---

① [美]苏珊·鲍尔多:《不能承受之重:女性主义、西方文化与身体》,綦亮等译,江苏人民出版社2009年版,第71—72页。
② 汪民安等:《后身体:文化、权力与生命政治学》,吉林人民出版社2003年版,第445页。
③ [英]布莱恩·特纳等:《社会与文化:稀缺和团结的原则》,吴凯译,北京大学出版社2009年版,第181页。

辑变迁,以及它们与性别意识形态之间的逻辑关联,对当代中国主流性别意识形态的典范——"四自"精神进行反思,重新发掘其核心价值。当前尤为迫切和关键的是对"自尊"的内涵加以延伸并强化其情感价值,以期为当代中国女性提供一种全新的情感文化资源,建构具有中国特色的性别意识和性别文化。

原载《兰州学刊》2015年第10期

性别正义与家庭正义的建构
——女性主义的政治学与伦理学视野

戴雪红

摘　要：对性别正义的强调是当代西方自由主义的女性主义所关注的中心议题。本文力图探索自由主义的正义原则对现在中国的妇女权利和利益不受侵犯，以及和谐家庭、家庭正义的建构所具有的积极意义。当今中国迫切需要重视和解决的问题是，一方面，如何将性别正义的概念整合进女性主义的政治学或女性主义的伦理学的框架内；另一方面，深入分析家庭不和谐的原因和性别正义缺失的根源，以便为建构和谐家庭和家庭正义提供社会对策。

关键词：性别　正义　家庭　女性主义　公共领域与私人领域

党的十六届四中全会提出了构建社会主义和谐社会的重大战略决策，和谐社会的基础是社会正义（justice）[①]，而性别正义是社会正义的根本象征和重要体现，毕竟社会是由男性和女性共同构成的。只有实现性别正义，才能最终实现和谐社会。性别正义表现在家庭关系上就是家庭正义，家庭是社会结构最基本的细胞，家庭正义是建构和谐社会的重要保障。

目前的中国社会，在性别正义问题上面临着很多问题：贫穷女性化、职业性别化、劳动分工（和分配）性别化、招聘中公开的性别歧视等；可以说，性别歧视变得更公开、更普遍，也更"正常化"。表现在婚姻家庭领域，一些问题很突出，比如婚姻关系的不稳定、离婚率上升，家庭暴力呈增长之势，妇女承担工作与家务的"双重负担"等。从某种意义上讲，家庭内部出现的这些不和谐根源在于性别正义的缺失，而家庭的不和谐、非正义现象将进一步加剧社会中性别正义的缺失。

对性别正义的强调是当代西方自由主义的女性主义所关注的中心议题。我

---

① justice，又译公正，在英文中，公正与正义均可以用同一个词表达。

们要认真思考的是,西方自由主义的正义原则对现今中国的妇女权利和利益不受侵犯,以及和谐家庭、家庭正义的建构所具有的积极意义。当今中国迫切需要重视和解决的问题是,一方面,如何将性别正义的概念整合进女性主义的政治学或伦理学的框架内;另一方面,深入分析家庭不和谐的原因和性别正义缺失的根源,以便为构筑和谐家庭和家庭正义提供社会对策。

一、性别正义缺失的根源——公共领域与私人领域二元对立

西方政治思想中存在着二元对立的现象,如公共领域(集会、城市广场和办公场所)与私人领域(个人的或家庭的生活场所)的对立、文化和自然的对立,以及男人世界与女人世界的对立等。这源于柏拉图和亚里士多德的"二元论"和"两分法"。两分中的两个项不是平等的,而是有等级的,其中一个项要比另一个优越,而优越的那个项总与男人相联系。

检验公共领域与私人领域二元对立,可以为我们提供一种有价值的分析工具,以揭示性别在政治学中的角色。马克思认为,最终必须废除私人领域,包括废除家庭和财产。恩格斯的结论是,家庭内的各种关系是经济领域的生产方式与生产关系直接导致的结果。于是,共产主义革命在废除私有财产和推翻资本主义生产方式的同时,必将废除核心家庭,这必然导致女性的解放。而女性主义者提出各式各样的看法:马克思主义女性主义者把公共的与私人的区分视为既定的区分,为了所有人的利益,后者必须被摧毁,将女人变成像男人一样的无产者,与之一起的是工人阶级的革命者。社会主义的女性主义者抨击女人、生育与家庭之间假设的生物联系,认为家庭的产生和女性在其中的角色有其意识形态的根源,而不是自然的原因。她们从根本上质疑是否需要一个私人领域。从长远来看,关键在于解散家庭,女性就会把个人和私人的事务融入公共的和政治的领域。心理分析的女性主义接受"私人"领域,把它作为我们理解生活的所有方面(包括政治)的中心内容。激进的女性主义挑战并解构私人领域与公共领域的区分,挑战公共与私人的划分中基本的异性恋设定。

在20世纪70—80年代之间,苏珊·莫勒·奥金、戴安娜·库勒、卡罗尔·帕特曼、J. B. 埃尔希坦以及齐拉·爱森斯坦等"第二代"自由主义的女性主义者都对自由主义思想里的公/私之分进行了特别有效的剖析。至20世纪80年代,

两个领域的区分成为自由主义政治理论研究的重要课题。为了消解公共领域与私人领域之间的对立,最早的批判性论著之一是奥金的《西方政治思想中的女性》(1978)一书。在这本书中,奥金揭示并确认了西方政治思想中公共领域与私人领域的划分,她深入分析了这种区分对性别与政治关系的意义。其首要的、最重要的结论是:私人领域或家庭对于理解妇女的角色至关重要。齐拉·爱森斯坦在《自由主义的女性主义的激进前景》(1981)一书中指出:"……女性是在两个层面上被排除出去的。首先在个人层面上,女性因其生理的特征而归属于抚养孩子的领域,然后在政治层面上,通过国家的形成和将这两个领域的区分制度化,重新规定女性的生存领域。"①在整个西方思想中,公/私的区分是一个不断发展的历史过程,资本主义的经济制度为自由主义政治哲学奠定了坚实的基础,这使公/私的区分拥有最高程度的发展,它既有助于强化、也有助于模糊自由民主国家中的父权制特征。在《女性主义对公共私人两分法的批评》一文和后来的《性契约》(1988)和《女性的错位》(1989)中,卡罗尔·帕特曼对家庭的作用提出了自己的看法,特别是发展了自由主义理论中的男人与女人的关系。她写道:"把女性和男性在私人领域和公共领域中区分出来,并把他们分别置于私人生活与公共世界中,这种分离的方式是……一个复杂的问题,但是,形成这一复杂现实的基础是人们相信女性的本质属性就是恰当地从属于男性,她们合适的位置是在私人的家庭领域。男人则适当地存在于两个领域中,并统治着两个领域。"②

在以往的政治思想史上,没有人怀疑过"公共领域"与"私人领域"的二分法,"男性"与"女性"、"统治"与"从属"、"公共"与"私人"的对立已成为无可怀疑的真理。而美国政治思想家J.罗尔斯的巨著《正义论》(1971)问世之后,在自由主义的女权主义内部引起了巨大反响,以奥金等理论家为代表的一批人指出,罗尔斯的正义论把女性的私人劳动置于"私人领域",正义原则不介入私人的家庭,从而忽视女性的生存价值。她们就如何理解正义原则问题发起了一场热烈的讨论,提出了一种自由主义的女性主义的正义观,推动了该学派的理论发展。

---

① [加]巴巴拉·阿内尔:《政治学与女性主义》,郭夏娟译,东方出版社2005年版,第70页。
② [加]巴巴拉·阿内尔:《政治学与女性主义》,郭夏娟译,东方出版社2005年版,第71—72页。

奥金指出,首先,罗尔斯的逻辑起点——"无知之幕"不符合资本主义社会的性别现实。《正义论》以契约论方法假设的社会基本单位——个人,都是男性家长,而西方的家庭结构没有体现正义原则,女性的利益遭到系统化的否定。其次,妇女、儿童等社会群体必须包括在罗尔斯"最少受惠者"的范畴之内,妇女的家务劳动迄今为止得不到任何报酬,完全应该根据作者的"差别原则"给予帮助。此外,奥金等自由主义的女性主义者还从政治文化的角度强调,性别正义和家庭正义与整个社会正义密不可分。家庭关系和性别关系的性质直接影响社会的性质,儿童在家里受到的熏陶更是先入为主,留下伴随终生的痕迹。当然,奥金等人并没有全盘否定罗尔斯的新自由主义哲学,而是批评《正义论》的理论缺陷,力图使之更加全面、完善。与此同时,她们重构家庭关系的主张也明显地超出了传统自由主义政治不干预私人领域的基本原则,既表现了现代自由女权运动的自我改革倾向,又反映出她们所面临的理论困境。①

二、性别正义的建构:一个激进的口号——"私人的就是政治的"

针对正义原则不涉及家庭的主张,20 世纪 60—70 年代女性主义者提出"私人的即政治的"口号,这一激进提法可以概括女性主义对公共领域排斥女性的回应,它意味着政治不仅仅包含在理性和语言的世界里和公共领域中,政治可以存在于任何对某人行使权力的地方。它可以被看作公共"权力"概念向私人领域的扩展。应该说,"没有比'私人的就是政治的'这一说法更好的词语来概括女性主义者把'政治'引入私人领域的新方法。……即在家庭和私人领域中,政治存在于丈夫和妻子的权力关系中;它还指权力或强制力是影响女性日常生活的某种东西:她们穿什么、吃什么、做什么,都与构建'女性特质'的方法有关。第三,它也是对西方国家立法者的一种提醒或警告,即需要把政治延伸到公共领域以外的领域,现在正是国家开始考虑妇女在迄今为止被定义为私人领域的角色的时候了,国家应该考虑家庭暴力、孩子的照看、老人的照顾、家庭津贴等"②。

女性主义者主要从两个方面对把公共领域和私人领域分为两半的趋势进行

---

① 徐大同主编《当代西方政治思潮》,天津人民出版社 2001 年版,第 274 页。
② [加]巴巴拉·阿内尔:《政治学与女性主义》,郭夏娟译,东方出版社 2005 年版,第 241—242 页。

了挑战:一方面,家庭不是非政治性领域。家庭内的权利常常不被认为属于政治权利,它被自由主义哲学看成是自然的。但是,主要由于女性主义者的努力,现在把家庭暴力、家庭中的性行为和家务劳动等当作私人事务而被认可或忽视的现象已比过去少多了,它们已被当作社会必须对之采取行动的严重问题。另一方面,公共领域如何干预私人领域。公共领域影响私人领域的途径是基于公私的两分的假定之上,并且旨在强化两性的两分作用:男人是挣钱的,妇女则是照料家庭和子女的。"私人的是政治的"这一激进口号"强调了个人或私人领域中的(家务或个人的劳动、育儿、情感支持)各种关系的政治和公共联系,因为它冲击了或产生于男人和女人对政治、就业、教育及其他家庭之外劳动分工的参与,以及对公民社会的广泛参与,如参与社区的公共社交活动或休闲娱乐的公共场合。""在这个意义上,这个口号突显了女人在公共领域中受到的相关排挤和在私人领域中源于父权制的从属,这些'私人困境'根植于父权制余孽的'公共问题'。……即父权制的核心包含了对女人平等的公共权力的否定,这种否定来自父权制时代的物质与意识形态遗产,逡巡不去的男性权利的封建残余。"①

当然,女性主义主张"私人的就是政治的"并不意味着个人的"私人领域"与公共的"政治领域"之间不存在任何区别。如果两者真的完全重合,也就不存在"两个领域"的问题了。"私人的就是政治的"仅仅是指个人的私生活与国家、政府的权力干预有着十分密切的关系,个人或家庭生活具有正义的性质,所以,只有确保家庭成员之间的平等,尤其是夫妻之间的平等能力,才能保证公共领域的正义特征。相反,只有社会的基本制度真正容纳家庭时,家庭的正义性才可能得到真实的保障。

那么,女性主义如何论证"私人的就是政治的"这一命题呢?第一,从家庭权力的特征出发,解释家庭与个人生活中发生的行为具有政治性。第二,从政治决策对家庭生活的干预出发,解释公共领域与私人领域的不可分割性。第三,从个人的社会化过程出发,解释家庭是政治活动的发源地。第四,从家庭劳动分工出发,解释女性无法发展公共领域的能力的原因。②

---

① [英]约翰·麦克因斯:《男性的终结》,黄菡、周丽华译,江苏人民出版社2002年版,第197—198页。
② 参见郭夏娟:《为正义而辩——女性主义与罗尔斯》,人民出版社2004年版,第168—172页。

三、家庭正义的理论依据——对罗尔斯正义论的批判

奥金在她的著名论著《正义、性别与家庭》(1987)中试图从内部向自由主义理论发起挑战。她强调:"性别歧视、性骚扰、堕胎、工作中怀孕、双亲遗弃、抚养孩子,以及代理母亲都已经成为重要的和众所周知的公共政策问题,把法庭和立法机构都牵连了进来。特别是家庭正义的问题——从孩子的监护和离异到对妻子和孩子身体、性的虐待——已经变得日益显著和迫切,并且在要求政策和法院系统的日益关注。这显然是当前社会中来自性别问题的一个主要'正义危机'。"①因此,家庭是道德发展的重要场所,是正义的第一课堂;如果我们追求一个正义的社会,家庭就必须被表明是正义的。

奥金希望罗尔斯式的自由主义及正义的理论能充分拓展至家庭和女性。在关于正义的任何讨论中都应包括抚养孩子、家务劳动等诸如此类的事情,这应是罗尔斯式的论点的逻辑延伸。同时,奥金还认为,罗尔斯的正义论包含着可供挖掘"女性主义"潜力。"当前主要的正义问题理论家中,仅有约翰·罗尔斯一人严肃地视家庭为道德形成的最早学校。"②

实际上,关于正义原则是否适用于家庭领域这一问题,罗尔斯在《正义论》一开始就把家庭作为正义的社会结构的一个"实例",承认家庭是培养正义感的重要场所,为了有效运用正义原则,家庭应该属于正义的领域。继《正义论》之后,他又在《作为公平的正义——正义新论》中补充了这一观点,再次承认家庭内部存在着分配的正义问题。然而,女性主义认为他只是在抽象的假设层面上承认家庭是一种基本结构,实际上忽视家庭正义问题。罗尔斯关于社会正义领域的界定虽然包含了家庭,但只意味着他暂时放弃了"公共领域"与"私人领域"的分割。然而,随着对正义制度的进一步深入论证,家庭逐渐离开他的视野,退出了正义原则运用的范围,消失在看不见的"私人领域"中。这使他的正义论出现明显的矛盾,也导致女性主义者的不满。罗尔斯的理论矛盾有两个原因。首先,

---

① [美]詹姆斯·P.斯特巴:《实践中的道德》,程炼等译,北京大学出版社2006年版,第218—219页。

② [美]詹姆斯·P.斯特巴:《实践中的道德》,程炼等译,北京大学出版社2006年版,第231—232页。

"二分法"的思维模式使他必须排除家庭。看得出,当奥金批评罗尔斯割裂"公共领域"与"私人领域"的关系时,罗尔斯不能接受这一批评。因为,从理论上说,他不认为两个领域是互不相关的,只是在实践中,适用于公共领域的原则不能适用于私人领域。女性主义者质疑的是,如果公共领域的原则不直接进入私人领域,两个领域的相关性如何真实地体现出来?其次,把家庭假设为典型的传统意义的家庭,即一夫一妻制的等级家庭制度,这是其理论矛盾的另一个原因。那么,家庭制度的正义性如何实现呢?夹杂着两种矛盾的立场,使得罗尔斯最终无法将正义原则贯彻到家庭,也就很难维护家庭制度的正义性。当然,罗尔斯对家庭正义问题的模糊立场并不只是他个人的问题。罗尔斯曾经对女性主义的批评做出回应,努力澄清他的家庭正义观,但始终无法破除自由主义传统的底线。①

为了实现性别平等,奥金提供了两种富于想象的行动计划。一、短期目标是"保护易受伤害者"。真正自由的正义性观点首先应该承认当代社会是性别歧视结构体制的社会,在这样的体制下,妇女、儿童是社会成员中最易受伤害的部分;二、长期目标是创造一个正义的未来:"正义的未来是免于性别干扰的未来。在这种正义的社会结构和常规中,性别特征对人的影响不会大于眼球色彩或脚趾长度对人的影响。再不事先假定有'男性'角色与'女性'角色之分;生育小孩与抚养小孩——以及其他家庭责任——分离得如此清楚,以至于如果一个男人和女人没有为家庭生活承担更多的责任,或者,如果小孩与一位家长玩耍的时间要超过与另一位家长玩耍的时间,这就将是令人吃惊的和令人关切的事情。"②

总之,家庭必须是正义,因为:第一,"在正义的社会中,家庭的结构和实践必须给予女性和男性一样的机会来发展她们的能力,加入政治权力之中并影响社会的选择,并且在经济上有保障"。第二,"家庭还必须是正义的是因为它们对孩子的道德形成具有巨大影响。家庭是成长期道德形成的首要组织。……那些将成长为具有强烈正义感并且承诺于正义制度的成人的孩子们,必须在这样的环境中度过他们最早期的和最影响成长的岁月,即:在这里,他们被爱、被抚育,并

---

① 参见郭夏娟:《为正义而辩——女性主义与罗尔斯》,人民出版社2004年版,第112—150页。
② [加]威尔·金里卡:《当代政治哲学》(下),刘莘译,上海三联书店2004年版,第685页注释①。

且正义的原则被遵守并尊重"[①]。

四、家庭正义的建构：一种不同的声音——"关怀伦理"

当代的许多理论家认为,正义公民的形成与家庭内是否正义无关,他们接受霍布斯的名言——"仿佛人是像蘑菇那样从土壤里突然生长出来",并对它做了修改——"正义的人像蘑菇一样从地里破土而出",从而没有看到家庭是社会正义的潜在学校,没有看到强调家庭对于公民道德形成的重要性。

美国和欧洲的女性主义者已经为家庭问题困扰了20年,提出过五花八门的方案。20世纪70年代初,激进女性主义者认为家庭是剥削妇女的主要根源,提出了废除婚姻的要求,寄希望于公社式的生活。社会主义的女性主义者认为出路在于根本摧毁父权制和资本主义制度。自由主义的女性主义者通过一些改革措施,比如吸引妇女参加职业劳动、参政,期望给她们以真正的平等机会等。所有这些方案在20—30年间或者"失败",或者收效甚微。实践证明,家庭是社会最宝贵的财富;以男性为主的父权制家庭应该让位于按正义模式建立的和谐家庭。

一些女性主义者认为,正义家庭、和谐家庭的建构需要这样的条件：男女生物和社会存在的互补,双方角色行为不矛盾,双亲、子女共同做出决定,进行合作,遵守"关怀伦理"与"正义伦理"准则。这一思想的代表为哈佛大学女性主义心理学家卡罗尔·吉利根。

吉利根在《不同的声音》(1980)一书中挑战劳伦斯·柯尔伯格关于道德发展的六个方面的标准,吉利根认为这样的标准反映了一般的男性伦理视角,而不是女性的视角。吉利根指出,实质上,因为妇女是在一个由性别构建的社会中成长起来的,她们对这个世界持有一种不同的道德观。一方面女性特点的推理倾向于把人际关系视为理解任何群体问题的关键;另一方面,女性的道德推理是具体的,而不是抽象的。所以,女性的发展模式是从自我导向的关怀,到利他主义或

[①] [美]詹姆斯·P.斯特巴:《实践中的道德》,程炼等译,北京大学出版社2006年版,第231—232页。

关怀别人,最后达到一种关怀的立场。因此,女性对伦理问题的理解与男性不同。吉利根明确地界定一种不同的道德,她称这种道德为"关怀伦理",用来对抗以男性为取向的"正义伦理"。按吉利根的说法,两者是"根本无法协调的"。"关怀伦理"的主要准则是,关心他人、帮助他人、对他人负责。妇女对这种关心最敏感,她们永远把关心家庭作为自己的主要任务,而对寻找正确的法则、遵循制度和关注权利和正义却不那么热心,而后者却是"正义伦理"所特有的。正义伦理在一些社会契约论者、康德哲学的主张者和哈贝马斯的著作中有所表达。

围绕吉利根的观点展开的争论表现出本质各不相同的立场。一些人认为,虽然"关怀伦理"是一种有效的道德,但却是某种不成熟的道德,只能适用于家庭这样的私人领域。另一些人却论证说,事实并非如此。虽然"关怀伦理"最初是在私人关系中发展起来的,但有其独立的含义,仍然具有公共意义,而且应该被扩展到公共领域。它将使"正义伦理"得以平衡,两种标准互为补充。"有一种批判性见解认为,吉利根用具体环境的、'补充'的关怀性伦理标准来限制公正性伦理标准的普遍性,使妇女变成女性化道德的囚徒,助长社会家庭两个范畴一分为二论点捍卫者的声势,把妇女排斥在国家和政治生活之外。"① 也有人认为"关怀伦理"是在主张一种植根于女性生理、强调生理与道德之间联系的另类道德。

吉利根在《不同的声音》一书的结尾处指出:"若想理解责任与权利之间的紧张关系如何保持了人类发展的辩证性,就要看到这两种最终联系起来的不同体验方式的完整性。当公正伦理依据平等——每个人都应该得到同样对待的前提发展时,关怀伦理也依据非暴力的前提——没有人应当被伤害来发展。"② 实际上,她提出的问题基本上就是本文所努力解决的问题之一:我们怎样才能将"正义伦理"和"关怀伦理"置于一种创造性的张力之中,以便我们能为妇女、家庭寻

---

① [俄]尤利娜:《妇女、家庭和社会(续)——女权主义思想在美国的争论》,《现代外国哲学社会科学文摘》1995年第11期。

② [美]卡罗尔·吉利根:《不同的声音——心理学理论与妇女发展》,肖巍译,中央编译出版社1999年版,第187页。

找出路,以摆脱现代文明危险的两难境地,从而在性别正义、家庭正义以及和谐家庭的建构方面制定合理的切实可行的政策。总之,在当代中国,考察一下女性主义是如何努力在"正义伦理"和"关怀伦理"之间获得一种更富成果的关系,应具有一定的现实意义。

原载《浙江学刊》2007年第6期

基于批判的超越:马克思社会正义思想的理论逻辑

吴翠丽　李　佳

摘　要:社会正义作为一种价值诉求,一直是人们追求的目标。马克思的社会正义思想有其独特的理论逻辑:通过批判旧世界来发现新世界,即基于批判资产阶级抽象的社会正义观,重新找到唯物史观视域下解决正义问题的现实道路,最终实现对旧正义观的超越,建立新型的共产主义社会。如果说对资产阶级抽象的(虚假的)社会正义的批判是马克思社会正义思想的精神实质,那么超越就是马克思社会正义思想的根本旨趣。

关键词:马克思　社会正义　批判　超越　共产主义

从古至今,社会正义普遍被人们看作一种永恒的价值追求和理想的社会状态。不少学者对社会正义问题进行过研究和论述,对正义的不懈追寻已成为人们构建理想社会的必由之路。在各种纷繁复杂的社会正义思想中,马克思的社会正义思想既极具特色又具有理论指导性。马克思通过"批判旧世界来发现新世界",从最初对社会正义的诉求,到后来对社会正义的批判和超越,这是马克思基于唯物史观对社会正义问题所做的全新阐释,是其历史观转变的必然结果。

一、从诉求到批判——马克思社会正义思想的理论逻辑

(一)在革命民主主义影响下马克思对社会正义的诉求

在早期的马克思看来,社会正义是一种神圣不可侵犯的理性精神和价值。这一时期,马克思受革命民主主义的影响,对资产阶级民主革命所倡导的自由、平等、正义的理性精神和价值充满了激情和向往。他积极呼吁和诉求社会正义,强烈要求推翻普鲁士的封建专制统治,建立符合正义精神的理性国家,对普鲁士政府侵犯公民自由、平等、正义的行为进行了深刻揭露和批判。

首先,马克思对社会正义的诉求基于对封建统治的深刻揭露和批判。在"莱

茵报"时期前后,马克思撰写了大量反映封建统治之下人民生存状况的文章。在这些文章中,马克思对普鲁士政府肆意侵犯人民自由、平等权利的行为进行了深刻揭露和批判,为维护广大贫苦人民的权益而奔走呼号。马克思通过《评普鲁士最近的书报检查令》、《〈科隆日报〉第 179 号的社论》等政论性文章,激烈地抨击了普鲁士的书报检查制度,深刻地揭露了莱茵省议会的封建等级特权的实质,坚决地捍卫了人民的基本权利,动摇了普鲁士政府的封建专制统治,使得自由、平等、正义等资产阶级民主革命的价值观深入人心。

其次,马克思对社会正义的诉求突出表现在"为正义事业而斗争"①的社会政治活动中。马克思早期受革命民主主义的影响,把社会正义当作绝对的理性精神来诉求和颂扬,并将自己对社会正义的追求当作一场"为正义事业而斗争"②的政治活动。他不仅在思想上诉求社会正义的实现,在行动上更加坚决地捍卫了社会正义的神圣不可侵犯。当时,《莱茵报》作为马克思进行政治斗争的主阵地,经常面临被当局政府监控和检查的境遇,并最终遭到普鲁士政府的查封。即便如此,马克思并没有像股东们所希望的那样,"用降低报纸的格调的办法"③来请求政府的原谅。相反,他毅然辞去了《莱茵报》主编一职,用实际行动跟普鲁士封建专制统治做抗争。因此,马克思对社会正义的诉求,不仅表现在思想层面,而且还表现在为推翻封建专制统治而奋斗的社会政治活动之中。

最后,马克思早期对社会正义的诉求带有鲜明的革命民主主义色彩。马克思早期主要是站在革命民主主义的立场上,宣扬资产阶级民主革命所倡导的精神和价值。马克思对社会正义的诉求,最终是为了推翻封建专制统治,建立民主、自由、平等的资产阶级国家。因此,马克思早期对社会正义的诉求,是为资产阶级民主革命服务的,必然带有鲜明的革命民主主义的色彩。

总之,马克思早期受革命民主主义的影响,对社会正义的阐释较为抽象和单纯。这一时期马克思对社会正义的诉求,更多的是从理性和价值层面来呼吁和颂扬,并未涉及社会正义的精神实质。

---

① 《马克思恩格斯全集》第 1 卷,人民出版社 1995 年版,第 339 页。
② 《马克思恩格斯全集》第 1 卷,人民出版社 1995 年版,第 339 页。
③ [德] 弗·梅林:《马克思传》,罗稷南译,人民出版社 1965 年版,第 69 页。

(二) 在历史唯物主义视角下马克思对社会正义的批判

随着研究的深入,马克思逐渐转向唯物主义,并最终彻底抛弃唯心主义,创立了唯物史观。新的历史观的确立,使马克思对社会正义的诠释发生了深刻的变化。在历史唯物主义的视角下,马克思告别了早期革命民主主义影响下对社会正义热情洋溢的呼唤和诉求,转而对社会正义进行了深刻批判。

1. 归结于社会意识层面的正义:马克思对社会正义的重新诠释

在历史唯物主义视角下,马克思对社会正义的内涵进行了全新的阐释,首次把社会正义从至高无上的价值领域拉回到受社会生产制约的意识层面,恢复了社会正义范畴的本来面貌。在《〈政治经济学批判〉序言》中,马克思指出:"必须时刻把下面两者区别开来:一种是生产的经济条件方面所发生的物质的、可以用自然科学的精确性指明的变革,一种是人们借以意识到这个冲突并力求把它克服的那些法律的、政治的、宗教的、艺术的或哲学的,简言之,意识形态的形式。"①"物质生活的生产方式制约着整个社会生活、政治生活和精神生活的过程。不是人们的意识决定人们的存在,相反,是人们的社会存在决定人们的意识。"②在这里,马克思深刻地揭示了社会存在和社会意识之间的关系原理,明确了社会正义属于社会意识领域,必须受客观存在的物质生产方式的制约和影响。可见,在历史唯物主义视角下,马克思抛弃了早期通过积极诉求社会正义来实现社会变革的思维方式,转而从社会物质生产的维度对社会正义进行剖析,彻底颠覆了传统唯心主义从"纯粹思维出发"的逻辑方法,为根本解决社会正义问题提供了科学的理论基础。

2. 唯物史观的确立:马克思批判社会正义的深层原因

在历史唯物主义视角下,马克思对社会正义的态度发生了深刻改变,从早期的积极诉求转向后来的批判。我们认为,马克思在成熟时期批判社会正义,主要是基于以下两方面的原因。(1) 随着唯物史观的确立,马克思对社会正义的内涵做了重新诠释,这是成熟时期马克思批判社会正义的根本原因。在历史唯物主义视角下,马克思明确指出社会正义是意识形态领域的观念,它由社会存在决

---

① 《马克思恩格斯选集》第 2 卷,人民出版社 1995 年版,第 33 页。
② 《马克思恩格斯选集》第 2 卷,人民出版社 1995 年版,第 32 页。

定,受客观存在的物质生产方式的制约。在马克思看来,社会意识是次生的,社会存在才是本原。所以,马克思在后来的写作过程中,一直把重心放在后者,对意识形态领域的考察始终排在后位。也就是说,"社会的发展和变迁,其根本原因要到该社会的生产方式及其与生产力的辩证运动中去寻求,这才是决定社会走向和发展趋势的'发动机';而绝不应该到人们的意识观念中去寻找变革社会的力量。对正义、自由、平等这些范畴我们正应当如此看待。它们都是人们在社会变革中,对社会变革进行解释、说明、回应甚至反抗的价值观念,归根到底,是在思想观念领域中徒劳地进行改造现实的努力"①。显然,与早期相比,马克思这一时期关于社会正义的论述、观点以及研究问题的范式发生了明显的改变,这一切都是基于历史唯物主义视角下,马克思对社会正义所做的重新阐释。

(2)拉萨尔等资产阶级学者对社会正义的误读是马克思批判社会正义的直接原因。马克思对社会正义的批判,集中地表现为对拉萨尔等资产阶级学者企图通过分配正义来实现社会变革观点的批判。拉萨尔等人认为,只要改变资本主义的分配方式,使人们拥有"不折不扣的劳动所得",就能实现社会公平和正义。马克思对此做了深刻批判,他认为,拉萨尔等人过分强调社会正义的观念和口号,忽略了客观存在的资本主义生产方式。从某种意义上说,马克思对社会正义的批判,就是对拉萨尔等人忽视历史唯物主义基本原理的批判。因此,马克思基于现实的需要,对资产阶级学者打着公平正义的旗号"开历史倒车"的行为做了深刻批判。

3. 超越正义:马克思批判社会正义的根本目的

在历史唯物主义视角下,马克思对资产阶级社会正义的批判,并非单纯的否定或拒斥,而是基于批判的超越。虽然马克思拒绝用社会正义的口号来代替彻底的革命活动,但这并不意味着马克思否定或拒斥社会正义本身。在《哥达纲领批判》中,马克思通过对共产主义社会两大阶段的描述,为我们展现了一个超越正义的社会形态。"在共产主义社会高级阶段,在迫使个人奴隶般地服从分工的情形已经消失,从而脑力劳动和体力劳动的对立也随之消失之后;在劳动已经不仅仅是谋生的手段,而且本身成了生活的第一需要之后;在随着个人的全面发展,他们的生产力也增长起来,而集体财富的一切源泉都充分涌流之后,——只

---

① 王广:《正义之后——马克思恩格斯正义观研究》,江苏人民出版社 2010 年版,第 33 页。

有在那个时候,才能完全超出资产阶级权利的狭隘眼界,社会才能在自己的旗帜上写上:各尽所能,按需分配!"①在马克思看来,共产主义社会是超越正义的新型社会。马克思批判社会正义的实质是通过变革资产阶级生产方式,进入共产主义社会,实现全人类的彻底解放。

二、批判正义——马克思社会正义思想的精神实质

对拉萨尔等资产阶级学者的社会正义观的批判,是成熟时期马克思社会正义思想的主要内容。拉萨尔等人认为,社会正义有赖于资产阶级平等权利的实现。他们提出"不折不扣的劳动所得"②的口号,企图用分配方式的改革来替代社会革命,通过改造资本主义社会的分配方式来实现革命的目的。马克思站在历史唯物主义的立场上,对拉萨尔等人的错误观点进行了深刻批判,重申了被拉萨尔等机会主义者遗忘的历史唯物主义的基本原理。

(一)马克思对劳动构成社会正义基础的批判

在《德国社会主义工人党纲领》中,拉萨尔等人提出了用"不折不扣的劳动所得"建构社会正义基础的观点。他们认为,"劳动是一切财富和一切文化的源泉,而因为普遍有益的劳动只有通过社会才是可能的,所以,全部劳动产品属于社会,即在普遍履行劳动义务的条件下,按照平等的权利属于社会的一切成员,按照每个人的合理需要属于每个人"③。马克思针对这一观点进行了深刻批判,他指出,拉萨尔等人脱离客观存在的资本主义社会物质生产方式,空谈"不折不扣的劳动所得",企图用资产阶级法权来建构社会正义的基础,与社会正义的基本内涵存在根本冲突。

1. 忽视自然力对劳动的约束:马克思对拉萨尔关于劳动本身的批判

如前所述,拉萨尔等人把劳动看成一切财富和一切文化的源泉,马克思却认为,劳动本身不过是自然力的表现,它必须受自然力的约束。所谓的自然力,就是被拉萨尔等人忽视的劳动应具备的"相应的对象和资料"④,在资本主义社会

---

① 《马克思恩格斯文集》第3卷,人民出版社2009年版,第435页。
② 马克思:《哥达纲领批判》,人民出版社1965年版,第12页。
③ 马克思:《哥达纲领批判》,人民出版社1965年版,第66页。
④ 马克思:《哥达纲领批判》,人民出版社1965年版,第7页。

中,就是指生产资料的私有制形式。马克思尖锐地指出,在生产资料私人占有的情况下,"一个除自己的劳动力外没有任何其他财产的人,在任何社会的和文化的状态中,都不得不为占有劳动的物质条件的他人做奴隶。他只有得到他人的允许才能劳动,因而只有得到他人的允许才能生存"①。在马克思看来,资本主义社会中少数人占有绝大多数生产资料,社会总产品并不属于社会一切成员,而是属于"有很充分的理由给劳动加上了一种超自然的创造力"②的资产者。因此,他认为,在资本主义私人占有的前提下,劳动者取得不折不扣的劳动所得和按照平等的权利被对待,只是一种不切实际的幻想。拉萨尔等机会主义者忽视了客观存在的自然力对劳动本身的约束作用,回避了资本主义社会中生产资料私人占有的客观事实,所得出的结论是具有欺骗与调和色彩的。因此,马克思深刻地批判了拉萨尔等机会主义者关于劳动本身的错误观点,从根本上揭露其向资本主义私有制妥协退让的阶级本质,提出了彻底消灭资本主义制度,恢复劳动本身的价值和原貌,使其"不仅仅是谋生的手段,而且本身成了生活的第一需要"③。

2. 忽视物质资料生产方式:马克思对拉萨尔把劳动看作正义基础的批判

拉萨尔认为:"劳动是一切财富和一切文化的源泉,而因为有益的劳动只有在社会里和通过社会才是可能的,所以劳动所得应当不折不扣和按照平等的权利属于社会一切成员。"④马克思对拉萨尔由劳动的社会性,推出"劳动所得应当不折不扣和按照平等的权利属于社会一切成员"的结论进行了尖锐批判。他认为,拉萨尔等人并未深入触及资本主义社会的物质资料生产方式,而不过是要把"不折不扣的劳动所得"作为一个口号写在党的旗帜上。马克思指出:"不应当泛泛地谈论'劳动'和'社会',而应当在这里清楚地证明,在现今的资本主义社会中怎样最终创造了物质的和其他的条件,使工人能够并且不得不铲除这个社会祸害。"⑤马克思在此重申了历史唯物主义的基本原理,要求通过彻底的社会革命,

---

① 马克思:《哥达纲领批判》,人民出版社1965年版,第7页。
② 马克思:《哥达纲领批判》,人民出版社1965年版,第7页。
③ 马克思:《哥达纲领批判》,人民出版社1965年版,第14页。
④ 马克思:《哥达纲领批判》,人民出版社1965年版,第7页。
⑤ 马克思:《哥达纲领批判》,人民出版社1965年版,第9页。

改变资本主义社会的物质生产方式,而不是在"劳动所得"和"平等的权利"上大做文章。马克思辛辣地讽刺道,拉萨尔等机会主义者所提出的观点是"在一切时代都被当时的社会制度的捍卫者所承认"的,它不仅"满足政府方面以及依附于它的各个方面的要求",而且"要满足各种私有财产方面的要求"①。

3. 揭示社会正义与"不折不扣的劳动所得"的内在冲突:马克思对拉萨尔正义观的深层批判

首先,"不折不扣的劳动所得"仍属于资产阶级法权范畴。拉萨尔用"经济学原则和策略"②来阐释社会正义,其绚丽的外表之下,掩藏着对自由、平等权利等资产阶级法权的盲目崇拜。马克思对此做了深刻批判,他认为拉萨尔对社会正义的阐述,是打着"不折不扣的劳动所得"的幌子,为资本主义生产关系进行辩护,对部分革命意志不坚定者具有一定的迷惑性,必须从根本上进行批判和否定。拉萨尔正义观的实质是建立在劳动基础上的资产阶级社会正义思想,其出发点是对平等权利的诉求而非生产关系的变革,这与马克思的社会正义思想存在根本冲突。因此,马克思在致白拉克的信中对哥达纲领做了声明,指出拉萨尔等人的原则性纲领与自己和恩格斯的思想观点毫不相干,马克思对拉萨尔正义观的批判,深刻地揭示了拉萨尔将社会正义界定为资产阶级法权范畴的倒退行为,并明确声称自己"和它毫无共同点"③。

其次,"不折不扣的劳动所得"带有鲜明的空想社会主义色彩。拉萨尔把"不折不扣的劳动所得"看作社会公平分配的基础,然而马克思却指出,所谓"不折不扣的劳动"只是拉萨尔等资产阶级学者的幻想,它缺乏必要的社会经济基础和实现条件。原因在于,一个社会要持续不断地发展下去,必须从社会总产品中拿出一部分用以维持继续生产,而这部分劳动产品应该在进行社会分配前予以扣除。马克思认为,"从'不折不扣的劳动所得'里扣除这些部分,在经济上是必要的……"④但是,"这些扣除根据公平原则无论如何是不能计算的"⑤。因此,拉萨

---

① 马克思:《哥达纲领批判》,人民出版社1965年版,第8—9页。
② 马克思:《哥达纲领批判》,人民出版社1965年版,第3页。
③ 马克思:《哥达纲领批判》,人民出版社1965年版,第5页。
④ 马克思:《哥达纲领批判》,人民出版社1965年版,第11页。
⑤ 马克思:《哥达纲领批判》,人民出版社1965年版,第11页。

尔所谓"不折不扣的劳动所得"只能是带有空想社会主义色彩的幻想,它从一开始就忽视了维护全体社会成员,特别是缺乏劳动能力者基本权利的必要性,其结果是"'不折不扣的劳动所得'已经不知不觉地变成有折有扣的了"①。

(二)马克思对仅由分配方式决定社会正义的批判

1. 忽视生产关系的客观存在:马克思对拉萨尔分配决定论的批判

马克思认为,拉萨尔过分强调分配方式的作用,忽视了生产关系的客观存在,割裂了经济运行中各个环节之间的整体联系。在生产与分配的关系问题上,马克思认为,分配关系由生产关系所决定,分配方式是生产条件本身分配的结果。他指出,"分配的结构完全决定于生产的结构,分配本身是生产的产物。"②个人以什么样的形式参与生产,就以什么样的形式参与产品、生产成果的分配,即社会正义由生产关系而非由分配关系决定。这一观点在马克思后期的社会正义思想中得到延续和发展。马克思坚决反对拉萨尔在《德国社会主义工人党纲领》中提出的"公平分配劳动所得"、"废除铁的工资规律"等口号,认为这实质上是从分配决定论的角度来谈社会正义。拉萨尔等企图通过变革资本主义社会的分配关系,使工人获得更多的劳动报酬,从而改善工人的生活水平、缓和社会矛盾、实现社会公平正义,马克思对此做了深刻批判。他指出,拉萨尔等人片面强调分配关系的变革,忽视了资本主义的现实生产关系,而恰恰是资本主义社会的生产关系对分配方式的变革和发展起着决定性的作用。

马克思站在历史唯物主义的立场上,对拉萨尔的分配决定论进行了激烈的抨击。他从生产和分配的关系入手,重申了生产关系决定分配关系的历史唯物主义基本原理,揭露了拉萨尔以分配方式决定社会正义的逻辑漏洞。马克思对拉萨尔分配决定论的批判过程,实际上也是对历史唯物主义基本原理的运用和实践过程。

2. 揭示分配方式并非资本主义社会正义与否的评价标准:马克思对分配方式决定社会正义的根本批判

马克思在批判拉萨尔分配决定论的基础上,进一步阐明了分配方式并非资

---

① 马克思:《哥达纲领批判》,人民出版社1965年版,第12页。
② 《马克思恩格斯选集》第2卷,人民出版社1995年版,第13页。

本主义社会正义与否的评价标准,对分配方式决定社会正义的观点进行了深入的批判。他指出,分配方式不是评价一个社会正义与否的根本标准,在现有的生产方式基础上,资本主义的分配方式恰恰是合乎社会公平正义的唯一分配方案。在《哥达纲领批判》中,他这样写道:"难道资产者不是断定今天的分配是'公平的'吗?难道它事实上不是在现今的生产方式基础上唯一'公平的'分配吗?"① 根据这段话,不少学者指出,马克思一生的著作都在激烈地抨击资本主义社会,但是在正义问题上,他放弃了自己一贯的立场和态度,对资本主义社会从批判转变为赞扬,赞扬其分配方式是"唯一'公平的'分配"。马克思并不主张从分配关系的角度来批评资本主义社会的非正义性,恰恰相反,他认为资本主义社会的分配方式是符合生产方式的必然选择,因此是"唯一'公平的'"分配,这似乎与马克思一贯的立场和观点背道而驰。马克思类似怪异的论述给我们研究其社会正义思想造成了不少困扰,有些学者甚至怀疑马克思对资本主义社会的批判带有鲜明的目的性和功利性,指责其对社会正义的批判不过是为了革命的需要,是为了批判而批判。塔克曾经批评马克思这种前后不一致的做法,他认为,马克思之所以坚持主张资本主义并非不正义,是为了促使工人运动能够采取革命而非改良的方式。按照塔克的说法,马克思对旧社会正义的批判在根本上体现为一种策略性的姿态,这体现了马克思的一种担忧,即"分配的导向最终会指向一条放弃革命目标的道路"②。

马克思对资本主义社会正义与否的评价并不是基于分配方式,而是基于更深层的生产方式。在马克思看来,分配方式不足以作为评价一个社会正义与否的根本标准,因为分配方式本身是由生产方式所决定的,它受生产方式的制约,随着社会生产关系的变革而变革。一方面,在资本主义私人占有生产资料的情况下,资本始终处于主导和统治地位,雇佣劳动始终处于从属和被统治的地位。资本和雇佣劳动之间的对立关系,在分配领域直接表现为工资与利润之间的对立运动。马克思在研究政治经济学的过程中,着重从工资和利润的本质入手,全面而深入地解构了整个资本主义的生产过程,论证了资本主义社会生产的实质

---

① 马克思:《哥达纲领批判》,人民出版社1965年版,第10页。

② Robert Tuker, *The Marxism Revolutionary Idea*, p.51.

就是资本对劳动的无偿占有和剥削。只有彻底推翻资本主义制度,彻底变革资本主义社会的生产方式,才能彻底消灭剥削、实现社会正义。因此,分配方式不能代替生产方式作为评价一个社会正义与否的根本标准,分配方式的变革也不能从根本上实现社会正义。另一方面,马克思之所以认为资本主义的分配方式是唯一公平的分配,主要是基于生产和分配的关系而言。生产关系是分配关系的决定因素,分配方式和结果是与特定社会的生产关系相适应的,一个社会有什么样的生产关系,就有什么样的分配关系。在资本主义社会的物质生产条件下,资本家占有社会的全部生产资料,工人只有依靠出卖自己的劳动力来换取生活必需品和消费资料。因此,在分配环节中,绝大多数生活资料被资本家占有,在工人所付出的看似全部得到补偿的劳动中,真正得到补偿的只有资本家付过工资的那部分而不是全部。资本家无偿地占有了工人的剩余劳动时间,在这段时间内工人进行的劳动,是在工资补偿之外追加上去的,就是它为资本家实现了剩余价值或者利润。由此可见,资本主义社会的分配方式是由资本主义社会的生产方式所决定的,资本主义社会的生产资料私人占有最终导致了工人和资本家之间的对立关系。马克思领导工人运动和社会主义运动相结合,就是要推翻资本主义制度,变革资本主义社会的生产关系。

三、超越正义——马克思社会正义思想的根本旨趣

(一)超越正义的基础:变革资本主义的经济关系

1. 经济关系是社会正义问题的决定因素

马克思对社会正义的探索经历了一个漫长的动态发展过程,最终在唯物史观的视域下,发现了经济关系这个决定社会正义问题的关键因素。从早期的抽象思辨正义到成熟期的具体实践正义,马克思对社会正义的考察前后经历了深刻转变。促成这一转变的重要原因是马克思对政治经济学的研究。恩格斯曾经说过:"社会的公平或不公平,只能用一种科学来断定,那就是研究生产和交换的物质事实的科学——政治经济学。"[①]"德法年鉴"时期,马克思接触了大量的政治经济学著作,基本上抛弃了"莱茵报"时期抽象思辨的社会正义观点,转而从现

---

① 《马克思恩格斯全集》第19卷,人民出版社1963年版,第273页。

实的物质力量上来寻求社会正义的基础。通过政治经济学研究,马克思发现了市民社会和无产阶级。这两大发现,为马克思的社会正义思想奠定了客观的物质基础。随着唯物史观的形成和确立,马克思的社会正义思想逐渐走向成熟。在《关于费尔巴哈的提纲》、《德意志意识形态》、《〈政治经济学批判〉序言》等著作中,马克思在总结人类社会发展的基本矛盾及其运动规律的基础上,明确指出了只有变革资本主义社会的经济关系,才能实现人类解放和社会正义。唯物史观的确立,使马克思对社会正义的诠释发生了深刻的变化。他不再把社会正义视为与平等、自由等资产阶级法权相类似的概念,而是将社会正义归结为受客观社会存在所决定的社会意识。处于社会意识层面的社会正义问题,由特定的经济关系所决定,随着社会经济关系的发展而发展,依据特定社会经济关系的变化而变化。虽然在马克思的著作中很少有对社会正义的直接描述,但经济关系决定社会正义问题的观点始终蕴含其中。交易的正义性必须由生产方式决定,同样,社会的正义性由特定社会的经济关系所决定。

2. 变革资本主义社会的经济关系是超越正义的前提和基础

如前所述,从早期诉求正义到后期的批判正义、超越正义,马克思对社会正义的考察经历了一个深刻的历史演变过程。在成熟时期,马克思站在唯物主义的立场上将社会正义归结为社会意识层面,指明了经济基础是社会正义的决定因素。在资本主义社会中,决定工人受剥削、受压迫命运的并非不公平的分配方式,而是资本主义社会赖以生存和发展的经济关系。马克思通过批判拉萨尔等资产阶级学者的社会正义观,打破了资产阶级改良主义者的幻想,号召工人阶级通过革命的方式彻底消灭资本主义社会的经济关系,从而推翻资本主义制度,最终实现全人类的彻底解放。在马克思看来,只有从根本上变革资本主义社会的生产方式,才能实现社会公平和正义。马克思超越正义思想的前提和基础,就是彻底消灭资本主义社会的经济关系。

(二) 超越正义的目的:建立新型的共产主义社会

1. 超越正义是马克思社会正义思想的根本旨趣

马克思社会正义思想的根本旨趣是超越正义,建立新型的共产主义社会。在马克思的著作中,社会正义观念是从客观的社会经济关系出发,对社会事实的合理性采取的最高表述。马克思反对拉萨尔等资产阶级学者从抽象思辨的层面来阐述社会正义,其对资产阶级的社会正义观的批判,主要是基于资本主义社会的经济关系。马克思反对拉萨尔等人把"公平分配劳动所得"作为行动原则写进党的纲领,他认为,经济关系产生法权关系,特定的生产方式产生特定的分配方式。因此,空谈社会正义只会使工人阶级动摇革命的意志,只有通过彻底的武装革命,才能推翻现存的资本主义社会的经济关系,建立共产主义社会这一超越正义的新型社会。

2. 共产主义社会是超越正义的新型社会

马克思通过对共产主义社会两个阶段的描述,展现了一个超越正义的社会形态。在共产主义社会第一阶段,人们以劳动作为分配的尺度,根据社会成员的劳动来分配消费资料。"每一个生产者,在做了各项扣除之后,从社会领回的,正好是他给予社会的。他给予社会的,就是他个人的劳动量。……他从社会领得一张凭证,证明他提供了多少劳动(扣除他为公共基金而进行的劳动),他根据这张凭证从社会储存中领得一份耗费同等劳动量的消费资料。他以一种形式给予社会的劳动量,又以另一种形式领回来。"①这就是我们所说的"各尽其能,按劳分配"。与资本主义社会的按资分配相比,按劳分配有利于消除人与人之间的冲突,它保证了劳动者处于平等的地位,避免了资本的剥削和压榨。在共产主义高级阶段,则是各尽所能,按需分配。在马克思看来,消灭资本主义制度、建立共产主义社会是历史发展的必然趋势,社会正义问题只有在物质资源丰富、劳动性质变更的共产主义社会,才能得以解决。在这样一个超越正义的新型社会中,人与人之间的联系不再通过商品交换来进行,人们在分配问题上的冲突也将得到消解,人的自由全面发展和社会正义将同时得到体现。

至此,我们从马克思社会正义思想的逻辑理路入手,探究了其社会正义思想的核心内容和根本旨趣。综上所述,马克思对社会正义的批判,并不是单纯的否定和拒斥,而是对其内涵的深刻理解和把握。马克思对社会正义的批判集中表现在唯物史观创立之后,此时他已经清醒地认识到人类社会发展的基本规律。在资本主义生产方式尚未改变的情况下,空谈社会公平和正义没有任何实际意

---

① 《马克思恩格斯全集》第3卷,人民出版社1995年版,第304页。

义。总之,马克思"把公平问题纳入了历史观的视野,把它归结为特定阶级的解放诉求"①,这使其社会正义思想具有鲜明的阶级性和丰富的实践意味。马克思对社会正义的批判,实际上是对拉萨尔等资产阶级学者无视历史唯物主义基本原理的控诉。在历史唯物主义的视角下,马克思摒弃了早期把社会正义看作至高无上的理性精神的观点,进而从生产关系的维度切入,最终把社会正义定位在社会意识的层面。在他所构建的未来社会中,没有剥削和压迫,私有制被彻底废除,整个世界成为"自由人的联合体",社会正义问题也得到根本解决。

马克思对社会正义的态度,不是简单的否定,更不是坚决的拒斥,而是基于批判的超越。如果说批判是马克思社会正义思想的精神实质,那么超越就是马克思社会正义思想的根本旨趣。马克思对社会正义的思考和理解,是一个层层深入的历史演变过程,它符合马克思整体思想的变化轨迹,是马克思思想的重要组成部分之一。研究马克思的社会正义思想,绝不能停留在这一思想表面,也不能仅就其思想发展的某一时期下定论,而要通过全面地考察其思想发展的整个历史过程,从而厘清其从产生、发展到成熟的内在逻辑。

原载《马克思主义研究》2014 年第 2 期

---

① 侯惠勤:《马克思主义公平观的实践意义》,《马克思主义研究》2005 年第 4 期。

当代西方运气均等主义的理论演进及其问题

吴翠丽

摘 要:运气均等主义正成为当代西方平等思想中一个具有重要影响的理论思潮。为实现对所有人的平等关照与尊重,该理论要求政府和社会承担集体责任,尽力抵消由人们不能负责的原生运气产生的不平等,个人要承担个人责任,对自身选择的结果负责。随着运气均等主义的理论演进,其越来越展示出独有的理论魅力,同时也逐渐显露出内在的困境和问题。

关键词:运气均等主义 理论演进 问题困境

平等已成为当代西方政治思想的中心议题。现代各种政治理论都分享着同一种根本价值——平等,不同的只是如何对这一根本价值予以更好的阐释。[①]围绕平等问题的争论焦点主要集中于经济分配领域,"什么的平等"、"如何分配才能合乎平等要求"是当今政治哲学的核心话语,并由此形成了内容丰富各异、纷繁复杂的平等主义思想流派。运气均等主义(Luck Egalitarianism)就是当代西方平等思想中一个具有重要影响的理论思潮。"现在运气均等主义在平等主义者之中是一种占有统辖性地位的理论立场。这可以由认同它的一群理论者所证实,包括阿内逊、柯亨、德沃金、内格尔、拉科斯基和罗默。帕里斯也将这个原则纳入了他的资源或资质平等理论中。"[②]运气均等主义从产生到兴起,越来越展示出独有的理论魅力,同时也渐渐显露出内在的缺陷和问题。

一、从境况平等到个人选择:运气均等主义的理论形成

无论是否符合罗尔斯的本意,一般认为他至少在某种意义上是运气均等主义理论思潮的始作俑者。罗尔斯的正义理论首先关注了自然天赋和社会环境等

---
① [加]威尔·金里卡:《当代政治哲学》,刘莘译,上海三联书店2004年版,第7、9页。
② 葛四友:《运气均等主义》,江苏人民出版社2006年版,第229页。

任意性因素(运气)对平等产生的不利影响,并试图借助于建构一种新的正义原则尽力限制和消除这些偶然因素。① 罗尔斯认为,经济领域中的分配不平等主要源于两种因素:一是社会境况的不同,如社会地位、家庭出身、等级、阶级等;二是自然禀赋的差异,如体力、智商、能力、健康状况等。这两类因素对一个人的生活前景会产生重要影响。优越的自然天赋、良好的家庭出身和社会地位等因素,往往使人在社会竞争中处于较有利的地位,造成人们在机会、收入和财富方面的极大不平等。在罗尔斯看来,自然的和社会的因素从道德的观点来看都是任意专横的,人们并不能自愿选择和随意支配。因此,一个人不能对他天生的禀赋才能和后天所生存的环境负责。如果"一个社会制度的分配原则把这些因素作为分配的标准,则很显然它是奖赏及责罚人们所具有的某些他们不能负责的特殊机遇。从道德的观点来看,这是不能接受的"②。故而罗尔斯认为:"没有一个人应得他在自然天赋的分配中所占的优势,正如没有一个人应得他在社会中的最初有利出发点一样。"③任何人都不会因为其在自然资质的分配中的偶然地位或者社会中的最初地位得益或受损。

要平等地把每一个人看作一个道德人来对待,就应竭力排除由自然和社会偶然因素所造成的经济分配领域中的种种不平等。决不可再根据人们的社会或者自然运气来衡量他们在社会合作中利益和负担的份额。为此,罗尔斯提出了民主的平等观,并通过差别原则体现出来:"社会和经济的不平等应该这样安排,使它们:在与正义的储存原则一致的情况下,适合于最少受惠者的最大利益;并且依系于在机会公平平等的条件下职务和地位向所有人开放。"④该原则以社会最不利者的利益为参照点,通过限制和排除自然天赋和社会环境对利益分配的不利影响,限定了经济利益分配不平等的允许程度:"所有的社会基本善——自由和机会、收入和财富及自尊的基础——都应被平等地分配,除非对一些或所有社会基本善的一种不平等分配有利于最不利者。"⑤即经济利益分配的不平等只

---

① 葛四友:《运气均等主义》,江苏人民出版社2006年版,第229页。
② 石元康:《罗尔斯》,广西师范大学出版社2004年版,第56页。
③ [美]罗尔斯:《正义论》,何怀宏等译,中国社会科学出版社1988年版,第99页。
④ [美]罗尔斯:《正义论》,何怀宏等译,中国社会科学出版社1988年版,第292页。
⑤ [美]罗尔斯:《正义论》,何怀宏等译,中国社会科学出版社1988年版,第303页。

有在合乎最不利者的最大利益的情况下，才能够被允许。只有当一个社会的制度安排能够最大限度地增加处境最差者的最大利益时，那些先天有利的人才能够享有由自然天赋和社会环境等偶然因素带来的优势和好处。罗尔斯民主平等观的实质是主张国家在再分配中发挥积极的作用，以征税的形式向那些最少受惠者进行财富转移，极力消除偶然因素对分配的影响，使他们在财富、收入等方面获得相应的补偿，缩小贫富间的差距，最终实现最大程度的分配结果平等。

然而，平等"是我们所有理想中最不知足的一个理想"①。以德沃金为代表的运气均等主义发现了罗尔斯正义理论的局限和弱点，对之进行了新的修正和超越。

运气均等主义者的质疑源于罗尔斯的差别原则。他们认为差别原则固然有其内在合理性，但只顾及了导致处境最差者的客观原因，致力于境况的平等，却忽略了其中的主观原因，疏漏了个人选择的作用。在他们看来，社会最差者地位的形成，既与自然天赋、社会环境等无法控制的客观因素有关，又和个人的抱负、嗜好、勤奋、努力程度等主观要素相连。个人应该为自己的选择和行为负责，并承担由其所造成的不平等后果。差别原则由于把造成不平等的主观原因排除在外，在解决不平等时又造成了新的不平等。"当收入的不平等是自由选择的结果而非境况左右的结果，企图消除不公平的差异原则反而会制造不公平。"②因此，平等待人既要求尽力实现境况平等，也意味着人们要为个人的选择承担责任、付出代价。

在运气均等主义看来，要使每个公民都获得平等的尊重与关切，在寻求分配平等时，应把造成不平等的客观因素和主观选择都纳入考虑的范围之内，注意区分两种结果："一种是个人对之负有责任的结果（即那些从他们个人自愿选择产生的），另一种则独立于他的选择或者独立于他本来能够合理地预见的各种好的或坏的结果。"③做到既"敏于志向"，又"钝于禀赋"；既实现境况平等，又顾及个人选择。这样的平等才称得上完美周密。围绕这一目标，运气均等主义者纷纷提出了各自富有特色的理论，成为继罗尔斯正义理论后当代平等理论中的一个主要流派。

---

① ［美］萨托利：《民主新论》，冯克利、阎克文译，东方出版社1998年版，第379—380页。
② ［加］威尔·金里卡：《当代政治哲学》，刘莘译，上海三联书店2004年版，第137—139页。
③ 葛四友编《运气均等主义》，江苏人民出版社2006年版，第230页。

德沃金是这一理论思潮的有力倡导者和代表性人物。他把造成不平等的主观和客观因素归结为两种运气:"我们的命运中的一些事情要面对承担责任的要求,因为它是人们选择的结果;还有一些事情不适合责任要求,因为它并非出自人为,而是自然或运气不佳使然,对此区分有着充分的理由。"①前者属于选择的运气(option luck),后者归于原生的运气(brute luck)。所谓选择的运气,是一个经过深思熟虑和计算的赌博如何产生的问题——一个人的得失是否通过接受他本该已经预期到且可以拒绝的孤立风险而产生的。原生的运气则是一个以不同于慎思的赌博方式产生的风险。人们的命运是由他们的选择运气和他们的原生运气(环境)决定的。②"一方面,那些决定着何为成功的信念或态度归属于个人;那些为这种成功提供帮助或阻挠的身心或个人特征归属于个人的环境。"这就是说,外在资源、个人的生理能力(身体的健康、力量等)和精神能力(天赋于各种生产技能等)划归于原生的运气名下,个人的抱负、信念与善观念等划归于选择的运气之下。③ 原生运气名下的各因素从道德观点看都是任意的、偶然的,都是个人无法控制和选择的,所以人们不需要对其承担责任;选择运气之下的各因素则是可控制和选择的,在满足了原生运气的前提条件下,人们要为自己的选择承担责任。为此,德沃金又提出了两种责任,这两种责任分别对应着伦理学个人主义的两个原则。第一个原则是"重要性平等原则:从客观的角度讲,人生取得成功而不被虚度是重要的,而且从主观的角度讲这对每个人的人生同等重要"。该原则"要求人们以平等的关切对待处在某种境况下的一些群体",由此要求政府承担相应的集体责任:"政府采用这样的法律或政策,它们保证在政府所能做到的范围内,公民的命运不受他们的其他条件(他们的经济前景、性别、种族、特殊技能或不利条件)的影响。"第二个原则是"具体责任原则:虽然我们都必须承认,人生的成功有着客观上平等的重要性,但个人对这种成功负有具体的和最终的责任——是他这个人在过这种生活"。该原则要求"政府在它所能做到的范围内,还得努力使其公民的命运同他们自己做出的选择密切相关"。由此个人要承担相应的个人(选择)责任:"就一个人选择过什么样的生活而言,在资源和文化所

---

① [美]德沃金:《至上的美德》,冯克利译,江苏人民出版社2003年版,第331页。
② [美]德沃金:《至上的美德》,冯克利译,江苏人民出版社2003年版,第374页。
③ 葛四友:《运气均等主义与个人责任》,《哲学研究》2006年第10期。

允许的无论什么样的选择范围内,他本人要求对做出那样的选择负起责任。"①

二、从运气识别到责任分担:运气均等主义的理论深化

德沃金关于两种运气、两种责任和原则的区分,被许多持运气均等主义观的自由主义者所采纳,成为该理论思潮的代表性观点。运气均等主义者共同依赖的道德前提是"人们应该因为不应得的不幸而得到补偿,这个补偿应该仅仅来自其他人从不应得的好运气中所得的那部分"②;个人应为自己的选择和行为负责。但具体如何准确识别两种运气,以清晰界定政府与个人的责任分担,实现真正的平等,则是运气均等主义者内部的主要分歧。也就是说,他们的争论焦点主要集中于"什么的平等",即提倡何种平等才最切合平等的真意。③ 这也成为推动运气均等主义理论发展演进的强大动力。其中,以 G.A.柯亨的平等理论最为典型。

柯亨秉承了运气均等主义的基本共识,首先要尽力"消除非自愿的不利,我(在约定上)是指受苦者不应该为之负责的不利,因为这种不利没有适当地反映出他已经做出或正在做出或可能做出的选择"④。同时,个人只对他们能够选择、控制的事情负有责任,那些由人们不能负责的运气因素所产生的影响应该抵消。⑤ 具体到责任识别的操作层面,柯亨的思考路径是:"均等主义的根本目标在很大程度上是消除原生运气对分配的影响。原生运气是正当的平等的敌人;既然真正选择的影响与原生运气形成鲜明的对比,因此真正的选择就对本来不可接受的不平等进行了辩解。"⑥那么,哪些选择才是"真正的选择"、"非自愿的不利"呢? 柯亨通过对德沃金平等思想的对比和反驳,提出了自己的理论设定。

柯亨认为,运气均等主义的试金石是看不利的行为者是否负有应有的责任。德沃金关于个人责任与集体责任的划分标准主要基于个人(偏好)与环境(资源)。该标准因为过于宽泛,致使不利的行为者承担了不应担负的责任,造成了

---

① [美]德沃金:《至上的美德》,冯克利译,江苏人民出版社 2003 年版,第 6—7 页。
② 葛四友编《运气均等主义》,江苏人民出版社 2006 年版,第 229 页。
③ [美]阿马蒂亚·森:《论经济不平等·不平等之再考察》,王利文等译,社会科学文献出版社 2006 年版,第 233 页。
④ 吕增奎编《马克思与诺齐克之间:G.A.柯亨文选》,江苏人民出版社 2007 年版,第 128 页。
⑤ 葛四友:《正义与运气》,中国社会科学出版社 2007 版,第 112 页。
⑥ 吕增奎编《马克思与诺齐克之间:G.A.柯亨文选》,江苏人民出版社 2007 年版,第 139 页。

新的不平等。首先,德沃金只要求对资源不足进行补偿,仅限于人们的能力——即物质资源以及心理和生理能力——的不足,而不要求对疼痛和不幸本身以及那些可以追溯到嗜好和偏好的不足进行补偿。这样,在他的理论中,没有对不同人的福利水平进行比较的空间,也没有对那些疼痛并不减少其能力的人们进行照顾的空间。其次,即使在他同意补偿的单一的资源维度上,德沃金也没有把责任的缺失作为正当补偿的必要条件放在最重要的位置上。依照德沃金的理论,一个人的嗜好和抱负归于他个人,而他的生理和智力能力归于他的环境。因而德沃金主张只能对能力不足给予补偿,而不是昂贵嗜好,嗜好不属于再分配补偿的范围。

但柯亨认为这是不合理的。判断昂贵嗜好的拥有者是否负有责任,首先要对其进行区分。同样是嗜好,有的是自愿培养的,有的则是非自愿培养的。一个人如果拥有自愿培养的嗜好就应该对之负责,承担责任,如嗜饮昂贵香槟酒的人,他们完全能够预先阻止它们或者现在忘却它们,但他们不仅仅沉迷于自己的嗜好,而且还主动培养了自己的嗜好,是真正自愿选择发展的昂贵嗜好,不能得到任何额外资助。非自愿培养的嗜好是一个人与生俱来、情不自禁地形成或者现在不能改变的,完全是出于本人不应负责的不利条件,由不受控制的坏运气所致,应该得到额外的补偿。例如有人饮用日常的自来水会很不舒服,为避免遭受对他来说不堪忍受的刺激味道,只好花更多的钱购买较贵的瓶装水。在柯亨看来,虽然他们完全能够选择是否可以这样做,但是否拥有这种特殊的感官反应并非是他的自愿选择。反之,他的选择是受制于无法选择的身体或人格特征。这种特殊的生理状况是他的运气不好所致,因而应当因自己的不幸得到补偿,使他不会因为购买瓶装水而过得比喝自来水的人更糟。同理,对那些必须用大部分收入购买昂贵的照相机和镜头的摄影者来说,摄影是他的职业并非是他自愿选择的嗜好。他可以自由选择其他职业,但在没有选择其他职业之前,可能会因必须购买这些设备陷入经济困境。由此承担糟糕的经济后果显然是有失公平的,应该得到社会的额外补偿。柯亨认为,这些非自愿的嗜好与那些天生双目失明、天资愚钝等残疾者一样,是不能由自己选择的。那些拥有这些嗜好的个人实际上并"不希望拥有"它们。他并不认同那些嗜好,因此并不是他人格不可剥离的方面,而是更像不幸的周围环境。因而不应承担本不属于他的责任后果。既然没有人应该因为坏的原生运气而受苦,不幸命运的相应对立面就是那种可以追溯到受害者能够控制的命运。那些并非出于自己选择的身体痛苦和非自愿性的昂贵嗜好,都是无法控制的不幸。德沃金把它们排除于原生运气之外而置于个人选择责任的范围,显然是不公平的。

从均等主义的观点来看,一个不用负责任地养成(或无可指责地选择发展)昂贵嗜好的人与一个不用负责任地丧失(或无可指责地选择消费)宝贵资源的人之间,在道德上没有任何差异。因此,正确的划分在责任与坏运气之间,而不是在个人(偏好)与环境(资源)之间。① 在柯亨看来,那些依照德沃金应划归个人主观选择责任范围的情形并不一定都是真正的选择,有的应归于原生运气的范畴,得到应有的补偿。因此,我们应该给予补偿的是一个人无法控制的不利本身,而不应该把不幸的资源天赋和不幸的功能效用分开。不但要补偿生产性能力的不足,还要补偿从消费中获取福利的能力不足。这就是柯亨的"可及利益平等"(equal access to advantage)的基本观点。这里的"利益",是一个比福利更广泛的观念,指的是人们希望获得的不同种类的状态;这些状态既不可降低他的各种资源,也不可降低他的福利水平。所谓"可及",是指只有当一个人确实有获得某物的机遇和能力时,他对他不具有的那个东西才享有可及性。②

这样,柯亨通过非常精致复杂的论证,比德沃金更进一步,把运气识别与责任分担的"主战场"由个人(选择)与环境(境况)的主/客区分,缩小至个人选择范围内非自愿/自愿选择间的细心辨别,运气均等主义的目标是消除所有"非自愿的不利"。那些看似属个人的主观选择实际并非真正的选择,应划至原生运气之内给予相应地资助。这才称得上真正的平等。

三、从平等追寻到目标背离:运气均等主义的理论困境

运气均等主义作为一种新兴的理论思潮,对西方的平等思想发展产生了极大的影响,为越来越多的道德和政治哲学家所接受。该理论既为自由选择和个人责任留下空间,又为解决不平等的自然禀赋问题提供了原则性的标准,克服了以往平等理论的局限,开创了对平等和责任给予完美说明的"第三条道路"③,体

---

① 吕增奎编《马克思与诺齐克之间:G.A.柯亨文选》,江苏人民出版社2007年版,第132—136页。
② 吕增奎编《马克思与诺齐克之间:G.A.柯亨文选》,江苏人民出版社2007年版,第148页。
③ [美]德沃金:《至上的美德》,冯克利译,江苏人民出版社2003年版,第8页。

现了当今自由市场与福利国家两种制度日渐混合的发展趋向。自由市场支配着个人负有责任的那部分利益的分配,促进了效率、选择自由、"消费者主权"和个人责任;福利国家支配着超出个人控制的那部分利益的分配,给予每个人生活中的公平起点,并保护无辜者免于坏的原生运气,保证了集体责任。解除了传统保守主义者和自由至上论者对平等主义的批判。① 然而,正如运气均等主义发现了以往平等理论的缺陷并对之进行修正超越一样,随着理论的不断发展和深化,运气均等主义也逐渐显露出了内在的问题和困境。

首先,现实中难以精确区分造成不平等的原生运气和选择运气。运气均等主义的最大贡献是把选择和责任纳入进来,把个人看作道德主体,承认他们的自主性,认为负责的个人选择是有权利用资源的重要的决定性因素。② 因此,公正的分配必须首先能够精确辨析"个人经济地位的哪些方面来自他的选择,哪些方面是来自于与那个选择无关的各种优势与劣势"③。政府和社会要尽力抵消原生运气的影响,承担集体责任,个人对他们做出的选择承担个人责任。然而落实到实践当中却很难实行。现实中任何个人的主观选择往往会受到能力、天赋、运气、志向、抱负、信念等各种因素的综合影响,很难精确地辨识出个人选择中哪些是出于天赋等原生运气,哪些是出于纯粹的个人志向、抱负等选择运气,进而也就无从说清究竟哪些选择是需要由个人负责,哪些选择应该由政府和集体来承担。况且每个人都有一个社会化的过程,并不是天生就能够具有做出合理选择的理性能力。任何偏好、抱负、善观念等主观因素的形成都"决不能超出社会的经济结构以及由经济结构制约的社会的文化发展"④。不同的制度与环境必定能够影响人们的抱负与信念,形成、培养和发展个人的理性能力。由于人们的主观选择与其所处的社会环境和自身具有的自然禀赋时刻紧密地纠缠在一起,以至于德沃金有时也不得不承认:"技能和抱负相互形成的影响阻挠着我们。技能是培养和发展的产物,而不是完整发现的东西。人们选择哪一种技能加以发展,

---

① 葛四友编《运气均等主义》,江苏人民出版社2006年版,第242页。
② 吕增奎编《马克思与诺齐克之间:G.A.柯亨文选》,江苏人民出版社2007年版,第141页。
③ [美]德沃金:《原则问题》,张国清译,江苏人民出版社2005年版,第271页。
④ 《马克思恩格斯选集》第3卷,人民出版社1995年版,第305页。

反映着他们有关最好成为什么样的人的信念。"①由于无法在才能中分清自然天赋与抱负,辨明哪些是选择的成分,哪些是原生的因素,为了解决由才能导致的不平等,德沃金索性把"才能"等同于"残障",以化解理论内在的困境:"我们可以强调残疾和相对缺少技能的相似性,由此建议在原则上确定后者的补贴水平时,可以问一下在人人拥有平等资源的保险拍卖中,人们针对没有特殊技能水平会购买多少保险。"②因此,把不平等产生的原因归结为原生运气和选择运气两种因素固然有理论上的可取之处,在现实中要对其进行准确的测量和区分则面临着操作的困难。对此阿内逊曾断言道:"我们应首先估计人们应得总额和总体责任,然后再据此调整我们的分配正义体制——这个观念似乎纯粹是妄想。个体并不会在自己的额头上标明自己究竟承担了多少责任。"③也许正是基于此,罗尔斯才拒绝这一区分,把不平等的原因统统归于客观的环境因素。

其次,即使能够精确区分,运气均等主义也面临着新的不平等的困境与悖论。为了实现对所有人的平等关照与尊重,运气均等主义要求在"解除个人因运气不佳的不幸特点而造成的结果的责任"后,应"对那些应被视为出自他们自身选择的结果负责"④。这样看似非常符合我们的道德直觉,趋近于平等的真义。然而,越欲追寻完美的平等,越将导致背离平等目标的"意外后果"。由于厘清了集体与个人的责任,个人要对其选择负责。这就意味着在境况平等的前提下,只要是出于个人自愿的选择,无论结果如何,都要承担责任。即使因之陷入困境,出现巨大的不平等,"他们也应受其不幸,社会没有必要确保他们免于贫穷"⑤。那些希望用公共资源来补贴自己不负责任的生活方式的穷人"没有任何正当的理由"得到相应资助。这实质是默认了不平等的合法存在,任由贫富差距、极端贫困随意发展、恣意蔓延,又回到了"起点平等":只要人们在生活的开始享有公平的份额,它自身并不太关心在自由市场中由人们的自愿同意所产生的苦难与

---

① [美]德沃金:《至上的美德》,冯克利译,江苏人民出版社2003年版,第96页。
② [美]德沃金:《至上的美德》,冯克利译,江苏人民出版社2003年版,第98页。
③ Arneson, Richard:《Egalitarian Justice versus the Right to Privacy》, Social Philosophy and Policy, 17/2:97.
④ [美]德沃金:《至上的美德》,冯克利译,江苏人民出版社2003年版,第332页。
⑤ 马德普等主编《中西政治文化论丛》(第五辑),天津人民出版社2006年版,第90页。

从属地位。运气均等主义本意是要追求更大的平等,结果却是能够容忍更大程度的不平等,这显然与其目标初衷背道而驰。同时,政府在对社会不幸者提供帮助时,为了防止搭便车者的出现,必须首先分清主动的不平等和被动的不平等。这将会"鼓励国家用不信任的眼光来打量弱势公民,把他们当作潜在的欺骗者"①。为得到必需的救济,弱势者必须主动"揭示屈辱",证明自己的困境是受害于无法选择控制的被动劣势,结果是"'值得帮助的穷人'经常会因检查'不该帮助的穷人'而感到了侮辱"②。经过辨别后,如果是被动的不平等者,将被给予必要的补偿,其暗含的道德依据则是:"他们的身体或他们的生活方面有一些相对的缺陷或不足。""人们对均等主义再分配的资源提出要求是根据他们比其他人低劣,而不是根据与他人的平等。……因此,将报酬基于怜悯的考虑,就没有遵守对所有公民表达同等尊重的分配正义原则。"③人们要想得到必要的帮助,必须表明低人一等,是社会的累赘。结果,运气均等主义"用等级的和道德主义的观点来比较人类的差异:负责的与不负责的、先天优良的与先天低劣的、独立的与依赖的。对于标记为不负责的人不提供任何帮助,对标记为先天低劣的人提供了羞辱性的帮助"。既"没有能够对那些排除在帮助之外的人表示关注,也没有对那些包括在受益者之内的人表达尊重"④,最终背离了运气均等主义的本意主旨,走向了平等目标的反面。

由此可以窥见运气均等主义的思想特质:理论上它克服了传统平等理论的缺陷,推进了当代西方平等思想的完善和发展;实践中却是在一方面实现了平等,在另一方面又可能导致新的不平等,与其理论诉求之间有着难以弥合的张力与差距。于是,似乎走进了"我们越是致力于争取更大的平等或更多的平等,我们就越有可能陷入迷津"⑤、导致更大不平等的悖论之中。

原载《伦理学研究》2009年第5期

---

① [加]威尔·金里卡:《当代政治哲学》(上),刘莘译,上海三联书店2004年版,第177页。
② 马德普等主编《中西政治文化论丛》(第五辑),天津人民出版社2006年版,第196—198页。
③ 马德普等主编《中西政治文化论丛》(第五辑),天津人民出版社2006年版,第97页。
④ 葛四友编《运气均等主义》,江苏人民出版社2006年版,第242—243页。
⑤ [美]萨托利:《民主新论》,冯克利、阎克文译,东方出版社1998年版,第380页。

情感观念比较:生活儒学与情感主义德性伦理学

李海超

摘　要:情感观念在黄玉顺构建的生活儒学和斯洛特构建的情感主义德性伦理学中均占有重要的地位,但由于二者探讨情感观念的视域不同,因此生活儒学中的仁爱观念、恻隐观念和情感主义德性伦理学中的关怀观念、移情观念之间存在着根本的分歧。这些分歧进一步影响了两位学者对情感与认知、情感与社会正义之间关系的不同认识。撇开具体的分歧,一方面,生活儒学的本源情感观念可以为情感主义德性伦理学奠基;另一方面,情感主义德性伦理学对情感观念的精致探讨也可以为生活儒学的伦理学建构提供丰富的理论资源。

关键词:生活儒学　情感主义德性伦理学　情感　仁爱　关怀

随着人们对启蒙运动以来的理性主义的反思,当代哲学家对情感观念越来越重视。在中国,李泽厚在 20 世纪 80 年代末就提出了"情本体"的观念,他把情感作为"人生的真谛、存在的真实、最后的意义"①。蒙培元近来也提出:"只有情感,才是人的最首要最基本的存在方式。"②黄玉顺创建的生活儒学认为生活是一切的大本大源,而"生活之为存在,首先显现为爱的情感"③,因此,情感观念在生活儒学中具有十分重要的地位。在西方,从 80 年代初期开始,以吉利根、诺丁斯等为代表的女性主义伦理学兴起,她们十分注重"关怀"情感在伦理学中的地位。当代西方著名伦理学家迈克尔·斯洛特(Michael Slote)也十分重视情感问题,他将"关怀"情感作为德性的基础,从而构建了情感主义德性伦理学(Sentimentalist Virtue Ethics)。生活儒学和情感主义德性伦理学都十分注重情感观念,对双方思想中的情感观念进行比较研究,不仅有助于促进中西方前沿学术思

---

① 李泽厚:《人类学历史本体论》,天津社会科学出版社 2010 年版,第 22 页。
② 蒙培元:《情感与理性》,中国人民大学出版社 2009 年版,第 3 页。
③ 黄玉顺:《爱与思:生活儒学的观念》,四川大学出版社 2006 年版,第 43 页。

想的交流与对话，也将有助于生活儒学和情感主义德性伦理学自身的进一步开展。

一、仁爱与关怀

生活儒学是在不同的观念层级中讨论情感观念的，黄玉顺说："从'前轴心期'以来，一直到今天，一直到现代新儒家，总是涉及两种情，这两种情处在完全不同的观念层级上：一种是关于存在者的、形而下的情，另一种则是更其本源的、关于存在本身的情。"①所谓"关于存在者的、形而下的情"，是指作为形而下存在者的主体的情感，这种情感是在主—客架构的关系中产生的，而且它需要形而上的"性"为之奠基；而"本源的、关于存在本身的情"则是先于主—客架构的，它是作为存在本身之显现的本源情感。本源情感首先显现为爱的情感，也就是儒家所说的"仁"或者"仁爱"，并且"在本源意义上，仁就是爱"②。因此，在生活儒学中，这种本源的仁爱情感乃是一切形而上、形而下建构的源泉。

相比之下，斯洛特提倡并为之辩护的情感主义德性伦理学中的情感观念则仅仅属于形而下层级，这种作为德性基础的情感是主体的情感，或者说是行为者的情感，因为他所要建构的德性伦理学是以行为者为基础的。所谓以行为者为基础，就是"把行为的道德或伦理地位看作完全是从动机、品格或行为者本人的独立的、基本的德性伦理特性中衍生出来的"③，也就是说，道德判断不需要任何独立于行为者的规则。斯洛特将这种以行为者为基础的德性伦理称为"代表德性伦理的一种极端或激进形式"④，他认为，在西方历史上没有真正彻底的以行为者为基础的德性伦理。

斯洛特认为，要想坚持彻底的以行为者为基础的德性伦理，排除任何功利主义、后果主义的影响，只有将德性的评判诉诸行为者内在的情感才有可能。他提出了两种可选择的情感，一种是尽可能考虑所有人的"普遍仁爱"(universal benevolence)，一种是有差等的"关怀"(caring)。在这两种情感中，他认为，基于关

---

① 黄玉顺：《爱与思：生活儒学的观念》，四川大学出版社2006年版，第2页。
② 黄玉顺：《爱与思：生活儒学的观念》，四川大学出版社2006年版，第43页。
③ 斯洛特：《以行为者为基础的德性伦理》，《世界哲学》2010年第1期。
④ 斯洛特：《以行为者为基础的德性伦理》，《世界哲学》2010年第1期。

怀的以行为者为基础的道德要优于那种基于普遍仁爱的以行为者为基础的道德,他说:"我认为关怀比普遍仁爱具有更强的直觉优势,我们赞扬爱自己的孩子和配偶的人而不赞扬不爱的人,但如果某个人的爱和爱的关心被合乎道德地要求施予离他比较近或比较亲近的人,那时作为普遍仁爱的道德就会出问题,因为它要求必须平等地关心每一个人。"①因此,斯洛特将具有差等性的关怀作为他所倡导的德性伦理学的情感基础。这充分体现了他对女性主义伦理学的继承和转化,女性主义伦理学中,关怀伦理主要体现为原则伦理,比如诺丁斯说:"关怀伦理本身就是原则伦理,它的基本原则是:所做的一切都是为了建立、保持或提高关怀关系。"②而在斯洛特这里,关怀伦理已经被转化为德性伦理。

此外,斯洛特认为,以关爱情感为基础的德性伦理还有另一个优势,那就是"它强调一种哲学界不太熟悉的平衡观念"③。这种平衡观念也就是德性中自利与利他的平衡。斯洛特认为,日常道德允许人们在关怀他人时给自己带来不必要的损失和伤害,他将这种允许称为"自我牺牲的许可"(agent-sacrificing permissions)④;同时日常道德也允许人们对自我利益和喜好的偏爱,他将这种允许称为"自我偏爱的许可"(agent-favoring permissions)⑤。但是,在两种许可中,日常道德和康德主义都偏向于前者,而功利主义则可以只考虑后果而不顾及两种许可,这就导致了德性中自利与利他的不对称(self-other asymmetry)。⑥斯洛特认为,自利与利他的不对称会贬损行为者的价值,因此,一种优秀的德性伦理学应该倡导自利—利他的对称性。他认为,以关怀为基础的德性伦理能够体现这种对称性,因为关怀的情感是有差等的,它允许人们更多地关爱与自己亲近和自己喜欢的人,这也就是说,关怀的情感能够在关心他人的同时不违背自己的偏好。而普遍的仁爱则无法做到这一点,因为它要求人们没有偏好地去爱所有人,这使得它与关怀相比要求较多的自我牺牲。

---

① Michael Slote, *Morals From Motives*, New York: Oxford University Press, 2001, p.136.
② Nel Noddings, *The Challenge to Care in Schools*, New York: Teachers College Press, 1992.
③ Michael Slote, *Morals From Motives*, New York: Oxford University Press, 2001, p.137.
④ Michael Slote, *From Morality To Virtue*, New York: Oxford University Press, 1992, p.5.
⑤ Michael Slote, *From Morality To Virtue*, New York: Oxford University Press, 1992, p.4.
⑥ Michael Slote, *From Morality To Virtue*, New York: Oxford University Press, 1992, p.6.

关于自利与利他的平衡性问题,许多人以为儒家只讲差等之爱,而另外很多人则又以为儒家只讲利他而不讲自利,或者说只讲爱他人而不讲自爱。对于这两种偏颇的观点,黄玉顺进行了批判,他在《荀子的社会正义理论》一文中指出:"儒家'仁爱'包括两个方面:差等之爱;一体之仁。差等之爱的逻辑起点、在生活实情中的起点,都是自爱。在荀子思想中,仁爱不仅包括自爱,而且首先就是自爱。"①这里所说的差等之爱,也就是形而下学层级的仁爱,这种仁爱不仅有差等,而且首先表现为自爱。那么,自爱与爱他之间是一种什么样的关系呢?自爱与爱他之间能否达到平衡?黄玉顺在分析了《荀子·子道》中所引的一段孔子与弟子之间的对话后,得出这样一种决定关系:"自爱→爱人→使人爱己",并且说:"惟有自爱,才能爱人;惟有爱人,才能使人爱己。"②也就是说,自爱是爱人的必要条件,但是要实现自爱就一定要爱人,这样一来,自爱与爱人两者都不能偏重,否则两者都不可能实现。由此,生活儒学不仅实际上认可斯洛特提出的"自利—利他的对称性",而且进一步指出了在等差之爱中自爱的优先地位以及自爱与爱他之间的逻辑关系。

二、恻隐与移情

斯洛特要将关怀的情感作为行为者德性的心理基础,就必须回答这样的问题:对他人或对自己的关怀是如何发生的?于是,他找到了"移情"(empathy)观念,并将它作为关怀情感的发生机制。斯洛特认为,移情观念与儒家思想中的许多观念具有很大的相通之处,这是对的,但他认为,当儒家谈论"仁者与天地万物为一体,莫非己也"的时候就是在谈论移情现象③,则显然是对这句话的误解,因为这句话显然不是在讨论一种形而下的心理现象。鉴于国内学者在理解"移情"观念时经常和孟子的"恻隐"观念进行对比,而黄玉顺也对"恻隐"观念非常重视,并在许多文章中对它进行了深入的分析,因此这里有必要对情感主义德性伦理学中的"移情"观念与生活儒学中的"恻隐"观念进行细致的比较。

斯洛特将"移情"观念追溯到休谟,休谟曾说过:"广泛的同情是我们的道德

---

① 黄玉顺:《荀子的社会正义理论》,《社会科学研究》2012年第3期。
② 黄玉顺:《荀子的社会正义理论》,《社会科学研究》2012年第3期。
③ 斯洛特:《情感主义德性伦理学:一种当代的进路》,《道德与文明》2011年第2期。

感所依靠的根据。"①斯洛特认为，休谟使用的"同情"（sympathy）一词在内涵上就是现在人们所说的"移情"，而休谟未能使用"移情"这一词语，是因为它作为德语"Einfuehlung"的译文直到 20 世纪早期才被创造出来。由此可以看出，"移情"是与"同情"不同的。斯洛特说："我们要理解同情与移情之间的区别，当有人说他们感受到了别人的痛苦的时候，其中就包含着移情。然而，感受某人的痛苦或者失望，与同情身处痛苦或失望之中的人们且祝愿他们好起来，这二者之间还是非常不同的。"②从这里可以看出，移情要求主体对他人的痛苦、失望等情感有同种的感受，而同情则不需要这样的感受。

黄玉顺认为，孟子讲的"恻隐"也不是"同情"，因为"同情"首先是主体的事情，而"恻隐"则是先于主客认知的。这样的话，恻隐也不同于移情，因为移情也是主体的事情。黄玉顺认为，孟子所陈述的"今人乍见孺子将入于井"并不是一种认识论事件，而是一种本源情境，而"怵惕恻隐"则是这种本源情境的情感显现，恻隐的主体与对象都是在这种先行的情感之中生成的。③因此，恻隐是先于主客对立的本源情感，它就是本源的仁爱。移情要求主体与对象之间要有同一种感受，对象感受到某种痛苦，主体也感受到对象的这种痛苦。但恻隐则不是这样的，"将入于井的'孺子'自己并无怵惕恻隐之感，而'今人'却产生了这种情感"④，这也说明恻隐不同于移情。

对于移情与关怀情感之间的关系，斯洛特认为，我们对他人的关怀在心理上取决于移情，也就是说，我们首先要对别人的处境有移情性的感受，然后才可能激发自己对他人的关怀之情。同时，移情的强烈程度并非对所有对象都一样，对于我们亲近的人或我们亲身经历的、发生在我们附近的事件中的人，我们的移情感受就强烈；对于我们不熟悉的人或听说别人经历的、发生在离我们遥远地方的事件中的人，我们的移情感受就微弱。因此，移情"有助于解释我们之所以够帮助他人，具有利他心的发生机制，它还有助于解释我们对某些人的关心更甚于其

---

① 休谟：《人性论》（下册），关文运译，商务印书馆 1997 年版，第 268 页。
② 斯洛特：《情感主义德性伦理学：一种当代的进路》，《道德与文明》2011 年第 2 期。
③ 黄玉顺：《儒学与生活——生活儒学论稿》，四川大学出版社 2009 年版，第 151 页。
④ 黄玉顺：《儒学与生活——生活儒学论稿》，四川大学出版社 2009 年版，第 154 页。

他人的发生机制和原因"①。

此外,斯洛特还讲到了两种移情现象:一种是对对象的状况有所了解后发生的移情,这种移情需要预设很多特定的概念和知识;另一种是更深层次的移情,它不需要以理性的深思熟虑为前提,并且不管主体愿不愿意,他都要容纳对象的情绪,因此这种移情具有自发性,可以被称为自发性的移情或容纳性的移情。斯洛特认为,这种移情对他的情感主义德性伦理学来说是最为重要的。在斯洛特最新出版的《从启蒙到容纳》(From Enlightenment To Receptivity)一书中,他将"容纳"作为一个非常重要的观念进行了论述,他说:"我相信容纳是其他两个观念(移情与关怀)的基础,并被这两个观念所预设。因为它是比移情和关怀更加一般、具有更广泛的解释性的观念,它能显示出比移情和关怀更加巨大的哲学价值。"②由此可以看出,容纳是移情得以可能的必要前提,没有对对象情感的容存或接纳,主体也就不可能产生与对象同种的情感,移情也就不可能发生,而没有移情,也就更不会有关怀情感的产生。到此,我们可以看到关怀情感生成的整个心理机制:容纳→移情→关怀。

恻隐作为本源的情感,虽然是前于主体的,但恻隐的显现也同样有一系列细微的情感转化关系,黄玉顺根据前人对恻隐的解释,将其情感转换的过程概括为:"惊骇→畏惧→哀伤→痛苦→不忍。"③也就是说,面对"乍见孺子将入于井"这个本源情境,首先显现的情感是惊骇,接着由惊骇到畏惧,由畏惧到哀伤,再由哀伤到痛苦,本源的情感越来越强烈,最终这种情感转换为"不忍","不忍"是恻隐情感的最终显现。从惊骇到不忍展现了恻隐之情的发生过程,但整个情感关系的转换都是先于主—客认知关系的,因为正是在这种恻隐情感中,作为"仁者"的主体才得以诞生;而斯洛特在主体的心理机制内谈容纳和移情,这本身就预设了主—客的认知关系。至于在生活儒学和情感主义德性伦理学中情感与认知之间的关系究竟如何,则需要进一步探讨。

---

① 斯洛特:《情感主义德性伦理学:一种当代的进路》,《道德与文明》2011年第2期。
② Michael Slote, *From Enlightenment To Receptivity*, New York: Oxford University Press, 2013, p.22.
③ 黄玉顺:《儒学与生活——生活儒学论稿》,四川大学出版社2009年版,第155页。

三、情感与认知

对于情感与认知之间的关系,生活儒学是从两个方面来讨论的:一是本源情感与认知之间的关系,二是形而下的主体情感与认知之间的关系。认知在生活儒学中属于"思"观念的范围,也就是黄玉顺所讲的"认知之思"。他认为,在本源意义上也有一种思,即"情感之思"(比如"相思"之思就是一种情感之思而不是认知之思)。因此,要想了解情感与认知之间的关系,首先就要了解本源之爱与情感之思之间的关系,以及情感之思与认知之思之间的关系。对于本源之爱与情感之思之间的关系,黄玉顺将其概括为:"思源于爱;思不是爱;思确证爱。"①也就是说,有爱才能有思;但思不同于爱,因为爱的情感是当下的,而思不是当下的;思虽然不是当下的,但它却是对爱的确证,有了思便可证明爱的显现。这样说来,本源之爱要比情感之思更为根本。对于情感之思与认知之思的关系,黄玉顺认为,本源的情感之思经过一个观念层级的递转过程(本源之思→意欲之思→认知之思②)便出现了认知之思。这里不去详细地分析观念层级的递转过程,我们只从这个递转就可以看出,本源的情感之思是先于认知之思的,也就是说,是情感之思给出了认知之思。总之,在生活儒学中,本源情感是先于认知的,本源情感为认知奠基;而在本源情感中,爱的情感是最为根本的。

在形而下的层级内,生活儒学认为,形而下不是把存在者整体,而是"把其中的某个存在者领域执定为自己的对象"③,也就是说,只要进入形而下领域,就一定存在着对存在者领域进行划分的主—客认知。这样的话,形而下的主体情感,无论是对自己的情感,还是对某个对象的情感,都是以主—客认知为基础的。此外,主体的认知还参与着有关情感的道德判断,比如当一个人决定是不是应该爱某个对象,或者在判定爱某个对象是否是善的时,都有主体认知的参与。这一点在荀子那里最为突出,黄玉顺指出,依荀子,"仁义之所以能够被确认,其内在根据是作为一种人性的认知能力。这里,伦理学的基础是认识论,价值论的基础是

---

① 黄玉顺:《爱与思:生活儒学的观念》,四川大学出版社 2006 年版,第 101 页。
② 黄玉顺:《爱与思:生活儒学的观念》,四川大学出版社 2006 年版,第 101 页。
③ 黄玉顺:《面向生活本身的儒学》,四川大学出版社 2006 年版,第 50 页。

知识论"①。

而同样是在形而下领域,在斯洛特所构建的情感主义德性伦理学中,他却有意强调情感对认知——而不是认知对情感——的重要性。

首先,斯洛特强调了情感在认知中的必要性。他认为人们不仅可以对别人的情感而且对别人的态度、信念系统、观点也能产生移情,这样的话,如果我们想要客观、公正地捍卫自己的信念,首先就要重视别人的信念和观点。因此,当我们听到或看到别人观点的一瞬间,一定会产生赞许的念头,而这种赞许的念头就是一种喜欢或支持的情感。于是,斯洛特说:"与启蒙思想相反,情感或情绪对于理性的或认知的思想来说是非常必要的,而且除非付出极大的认识的、认知的和理性的代价,否则是不能将它们从这些思想中排除的。"②

其次,斯洛特以移情作为道德判断的依据。他认为,对别人态度的冷淡或温暖是一种移情,而当听到或看到一个人对另一个人的态度的冷淡或温暖而感到心寒或温暖时也是一种移情,并且这种第二序的移情中所包含的寒心或温暖实质上是一种不赞同或赞同的情感,我们依此赞同和不赞同的情感就可以做道德判断。因此,道德上的"对"就是这样一种性质或品性,"它使行为通过移情过程或机制而对我们表现为温暖的"③;道德上的"错"就是通过移情机制而对我们表现为冷淡的那种性质和品性。这样一来,关于道德上的对与错的认知,只需要以情感为依据,而不需要以情感以外的任何规则为依据。

最后,斯洛特以"容纳"作为保证认知之客观、公正的前提。容纳具有两个方面的特征,即对于自己赞同或喜欢的观点可以接受,对于自己不赞同或不喜欢的观念也可以容存或容忍,这就可以保证我们在对他人的观点产生移情的时候不会产生偏颇。他说:"如果移情对于客观、公正地了解他人的观点、讨论是必需的,那么移情中所包含的容纳就是认知理性的先决条件,或者说是认知理性之客观、公正方面中的一个要素。尤其是当我们需要的不是那种能动的、深思熟虑的、计划性的移情,而是那种自动的、关联性的、无意识的、无意志的、接受性的移

---

① 黄玉顺:《荀子的社会正义理论》,《社会科学研究》2012 年第 3 期。
② Michael Slote, *From Enlightenment To Receptivity*, New York: Oxford University Press, 2013, p.14.
③ 斯洛特:《情感主义德性伦理学:一种当代的进路》,《道德与文明》2011 年第 2 期。

情的时候,这时容纳的重要性就被进一步强调了。"①

通过以上三个方面的论证可以看出,在斯洛特的情感主义德性伦理学中,情感比认知占据着更为基础的地位,认知的客观、公正离不开情感,尤其是离不开作为情感发生机制的移情,以及移情中的基础性品质容纳。但是,斯洛特所讨论的认知并不是作为伦理学之基础的主—客认知,而是在主—客认知基础之上的第二序的认知,即对对象境遇、观念、信念系统、行为善恶等的认知。而生活儒学对认知的讨论不仅包括主—客认知,而且包括在此之上的第二序的认知;不仅如此,生活儒学还对认知本身何以可能做了超出形而下层级的探讨。

四、情感与正义

社会正义问题是生活儒学也是情感主义德性伦理学十分关注的问题,黄玉顺和斯洛特都从各自的思想体系出发对社会正义问题进行过认真的探讨。

对于仁爱情感与社会正义之间的关系,生活儒学认为,"差等之爱必将导致利益冲突,所以儒家必须考虑制度安排、确立正义原则;另外一点是一体之仁,这才是建构制度的正义性原则,是对差等之爱的超越。这是对仁爱、正义论的关系的完整把握。"②前文讲过,差等之爱首先显现为自爱,有了自爱才能产生各种欲求,人们本着自己的欲求而相互争夺,就会导致社会的无序与纷乱,为了使每个人的利益都得能到保障,这就需要根据正义原则建立社会制度和礼仪规范。然而正义原则的确立又需要"一体之仁"的奠基。这里的"一体之仁"可以从两个层级来说,首先是形而上层级的作为万物本体的"一体之仁",它直接为伦理学的正义原则奠基,要求必须一视同仁地看待所有事物;其次是本源层级的"一体之仁",它说的是"在本源情境中的共同存在、共同生活的情感显现"③,它为形而上学的"一体之仁"奠基。

---

① Michael Slote, *From Enlightenment To Receptivity*, New York: Oxford University Press, 2013, p.19.

② 黄玉顺:《生活儒学的正义理论》,《当代儒学》(第1辑),广西师范大学出版社2011年版,第24页。

③ 黄玉顺:《儒学与生活——生活儒学论稿》,四川大学出版社2009年版,第178页。

在此基础上,黄玉顺提出了正义的两条原则,即正当性原则和适宜性原则。①正当性原则包括两个方面,一方面是对不可分割的利益物的尊重,这涉及"公正性"问题;另一方面是对可分割的利益物的尊重,这涉及"公平性"问题。也就是说,对于利益物的享有和分配一定要坚持公平、公正的原则,否则就是不正当的。但是,黄玉顺进一步指出,不能单纯地以正当性原则来判断一种制度、一种规范、一种行为是否是正义的,对正义的评判还必须参考适宜性原则,也就是"礼有损益"的原则,任何一种制度、规范、行为只有在合乎正当性的同时也能因时、因地地变化损益,才能被称为是正义的。

斯洛特同样将情感作为社会正义的根据,只不过他所说的情感是基于移情的关怀情感。在《关怀与移情的伦理学》(The Ethics of Care and Empathy)一书的第六章,斯洛特想把基于移情的关怀情感和社会正义结合起来,从而建立一种以关怀伦理为基础的正义理论。但生活儒学与其不同之处在于,作为正义原则根据的"一体之仁"是超越差等之爱的,而关怀情感恰恰是有"爱有差等"的。关怀的情感既然是有差等的,如何才能保证制度、法律的制定者能够关怀所有的人呢?对此,斯洛特寄希望于制度、法律、习俗制定者的教养,他说:"如我所提到的,我们对那些并不熟悉的关系疏远之人,有能力培养出某种实质性的移情和关怀,在此情形下,我们期望人们会对自己的同胞有一种更大程度的移情关怀,或许并不为过。"②不过这种希望和现实之间毕竟还有很大的差距。我们由此可以看到,只在伦理学范围内讨论问题,会出现一个瓶颈,那就是:没有形而上学观念的奠基,伦理学自身不能自圆其说。斯洛特在解决如何使差等之关怀关爱所有人的问题时的捉襟见肘就是证明。

对于正义的评判原则,由于斯洛特坚持彻底的以行为者为基础的伦理学,因此他不愿意让任何除行为者动机以外的原则参与到道德评判中去,这样一来,他就把私人领域的道德评判标准推向了公共生活领域,他认为,关怀伦理学不需过多地强调私人领域和公共领域的区别,它们的道德或正义与否都可以通过关怀

---

① 黄玉顺:《生活儒学的正义理论》,《当代儒学》(第1辑),广西师范大学出版社2011年版,第25—26页。

② 斯洛特:《关怀伦理视域下的社会正义》,《吉首大学学报》2011年第4期。

动机来判定。他说:"移情的关怀伦理能够说明,如果制度、法律以及社会习俗和惯例反映了那些负责制订和维护它们的人具有移情作用的关怀动机,那么它们就是正义的。"①

生活儒学的两个正义原则朝向的是制度、法律、习俗的实施时机、实施范围以及它们所关涉的利益的分配等,而情感主义德性伦理学的正义原则朝向的却是制度、法律、习俗所反映出的制定者和维护者在制定和维护它们时的关怀动机。那么,在用此关怀动机判断一项制度是否正义之前,人们应该首先疑问:一项制度如何能够反映出制定者在制定它时是否具有充分的关怀动机?斯洛特认为,如果一项制度没有考虑到某部分人的利益——比如拒绝对某些弱势群体进行救助,这就说明制度制定者在制定制度时对他们缺少移情的关怀。也就是说,在人们判断制度制定者在制定制度时是否具有充分的关怀动机时,首先要审视制度是否恰如其分地考虑了它所涉及的各方利益以及实际状况,甚至可以进一步说,首先要审视制度的正当性与适宜性,因为这些考虑都是基于移情的关怀伦理所要求的(比如在制定分配制度时关怀伦理要求考虑边际效应和绝对状况)②。于是,如果一项制度不正当或不适宜,这就反映出制度的制定者在制定制度时没有充分的关怀动机,因此这项制度就是不正义的,或者至少有些不正义。这样看来,好像斯洛特提出的正义原则本身就蕴含着生活儒学的两个正义原则,而实际上背离了自己的原则,因为对制度正义与否的评判是通过对关怀动机的评判进行的,而这又需要对各方利益和实际情况进行考量,这也就意味着在关怀原则的背后增加了其他的评判原则。

而且,当斯洛特说考虑各方利益和实际状况是移情关怀的必然要求,然后又反过来依照这些考虑判断制度制定者在制定制度时的移情关怀程度时,他在这里便犯了一个错误,即把移情关怀对英明决策(考虑各方利益和实际状况)的要求等同于移情关怀是英明决策的必然应用,如果这样,因智慧不足而导致的制度制定的失误就不可能发生了。而在现实生活中,人们无法否认这样的"失误制度"出现的可能性。不过,在生活儒学看来,不管这项制度是否是因失误而被制

---

① 斯洛特:《关怀伦理视域下的社会正义》,《吉首大学学报》2011年第4期。
② 斯洛特:《关怀伦理视域下的社会正义》,《吉首大学学报》2011年第4期。

定出的,我们只需根据这项制度本身的正当性和适宜性来判断它的正义与否。此外,如果某项制度所体现出的移情关怀的充分程度与制度本身的英明程度是对等的,那么人们便无法对制定制度时的动机与制定出的制度本身做出不同的评价,即人们不能做出这样的评价:"此项制度制定时的动机是好的,但制定出的制度简直糟透了。"而这样的评价在日常生活中却时有发生。

通过上文的论述可以看出,生活儒学与情感主义德性伦理学讨论情感观念的视域不同,生活儒学是在本源、形而下、形而上三个观念层级及其相互关系中展开对情感观念的探讨的,而情感主义德性伦理学则只是在形而下的伦理学和心理学范围内探讨情感观念。因此,生活儒学中的"仁爱"观念、"恻隐"观念与情感主义德性伦理学中的"关怀"观念、"移情"观念之间有着根本的分歧。这种分歧也影响了两位学者对情感与认知、情感与社会正义之间关系的不同认识。但是,如果撇开一些具体观点的不同,生活儒学中的本源情感观念可以从根本上为情感主义德性伦理学奠基,而情感主义德性伦理学对情感观念的精致探讨也可以为生活儒学之伦理学的建构提供丰富的理论资源。

原载《江西社会科学》2014 年第 5 期

图书在版编目(CIP)数据

思想政治教育前沿问题研究 / 李喜英等编著. —南京:南京大学出版社,2020.9
(马克思主义学院教学与研究系列丛书)
ISBN 978-7-305-23298-5

Ⅰ.①思… Ⅱ.①李… Ⅲ.①思想政治教育-研究-中国 Ⅳ.①D64

中国版本图书馆 CIP 数据核字(2020)第 083468 号

出版发行	南京大学出版社
社　　址	南京市汉口路 22 号　邮　编 210093
出 版 人	金鑫荣
丛 书 名	马克思主义学院教学与研究系列丛书
书　　名	**思想政治教育前沿问题研究**
编　　著	李喜英　等
责任编辑	郭艳娟
助理编辑	杨　括
照　　排	南京紫藤制版印务中心
印　　刷	江苏凤凰通达印刷有限公司
开　　本	718×1000　1/16　印张 20　字数 316 千
版　　次	2020 年 9 月第 1 版　2020 年 9 月第 1 次印刷
ISBN	978-7-305-23298-5
定　　价	88.00 元
网　　址	http://www.njupco.com
官方微博	http://weibo.com/njupco
官方微信	njupress
销售热线	(025)83594756

* 版权所有,侵权必究
* 凡购买南大版图书,如有印装质量问题,请与所购
　图书销售部门联系调换